少年世界史·近代

上册

陆大鹏 / 著

张兴 / 绘

漓江出版社·桂林

给孩子的二战历史课

二战历史课

著名世界史学者陆大鹏，带孩子全方位解析第二次世界大战！

★6集比电影更精彩的战争故事

★影响世界格局的历史规律

★军事、武器、政治、地理多学科的知识

★明辨是非、善恶的价值观

少年世界史·古代篇&近代篇

近代历史课

著名世界史学者陆大鹏，带孩子畅游世界文明5000年！

★20集故事，好听得放不下来

★把握大脉络，里程碑事件一一讲透

★增长大格局，理解今日世界局势的由来

★严谨考证+前沿新知，带来史学界的一手猛料

每个月，都会有数百万家长和孩子打开少年得到APP，挑选满足孩子成长需求的音视频产品。少年得到"集合天下名师、服务一个孩子"，立志成为中国家庭素养教育的首选平台。主要产品包括：

①独立人格成长

邀请国内顶级名师开设"四大名著"和国内外文学经典精讲课程，带给孩子受用一生的人生智慧；原创侦探、科幻类广播剧，给孩子插上想象的翅膀。

②知识面成长

天文、地理、历史、物理、艺术……全方位的优质原创课程，以持之以恒的高标准，帮助孩子开拓视野、汲取海量知识。有趣、严谨，是我们的基本要求。

③家庭教育

前央视著名记者张泉灵主导开发的表达素养课，双师教学、全程陪伴，教会孩子180个阅读写作方法。另有家长教育课堂，阅读营等多项产品，让孩子的成长看得见。

目录·上册

三　纷纷扰扰的二十世纪　　　　　　　　　　　　373

以史为鉴，才能看清今天的世界

你好，我是陆大鹏，欢迎你阅读《少年世界史·近代》篇，跟我一起，看清咱们所处的世界是如何逐渐连为一体的。

在这本书当中，你会读到很多激动人心的故事。你会跟着达伽马、红胡子海盗一起，从一个港口来到另一个港口，碰到许多不同寻常的人和事；你会看到克伦威尔是如何建立英格兰共和国的；你将有机会选择，在南北战争中，成为谢尔曼将军的部下，还是加入罗伯特·李的部队；你会跟随拿破仑的脚步，尝试让整个欧洲融为一体；你可以跟盟军肩并肩，狠狠打击法西斯侵略者……

这些精彩的故事，都是世界近代历史的组成部分。那么，了解这些精彩的故事，又有什么用处呢？

首先，咱们现在所处的世界，实际上是近代以来逐渐形成的。国际新闻里的大事情，要追本溯源的话，常常都会追溯到世界近代史。我们的日常生活也常常受到这些历史旧事的影响。比方说吧，中东地区时不时会爆发军事冲突，即便是咱们中国的经济，也可能会因此受到影响。了解其中的前因后果，也能让你更深刻地理解那些正在影响你，或者未来会影响到你的事情。

其次，由于近代史离咱们今天的生活更近，与当下的社会联系更紧密，所以它提供给咱们的借鉴意义和参考价值也更大，咱们平时也更关注这段历史。等你上了中学就会发现，考试也特别爱考世界近代史，好多大题就考察你对这段历史的了解。

近代史这么重要，为了把它讲好，我有三个法宝。

首先，我能保证，这门世界历史课非常严谨，一字一句都有出处。因为我精通英语和德语，在给你写这本书的时候，我都会先去查阅那些比较有权威性的外文资料。比方说吧，"阿拉伯的劳伦斯"这一课，我参考的是美国的著名传记家安德森的著作《阿拉伯的劳伦斯：战争、谎言、帝国愚行与现代中东的形成》，厚厚一大本。事实上，这本书的中文版就是我翻译的。所以，你在我这里听到的故事，既可靠又原汁原味。我会尽最大努力，让你听到靠谱的世界历史故事。

其次，我知道怎么讲历史才好听。我曾经在南京大学学习英美文学，又长期从事历史写作。我知道什么样的故事才是好故事、怎么讲才能让你觉得有意思。在我的课里，你会听到各种精彩的传奇、认识很多厉害的大英雄，让你一听就舍不得放下。

最后，我知道很多别人不知道的历史故事。

我从事世界历史图书的翻译工作十多年了，如果你跟爸爸妈妈去书店，说不定就能看到我翻译的《金雀花王朝：缔造英格兰的武士国王与王后们》和《阿拉伯的劳伦斯》等作品等。因为这份工作，我能接触到全球各地的西方历史学家那些特别新鲜、好玩的研究，这可是你在其他地方很难看到的。在这本书里，我就会把它们讲给你听。

拥有了这些法宝，在这门课里，我会给你带来两项特别的收获。

第一项收获：近代历史的好多大事，都是中学历史考试的重要考点，我呢，会在这门课里，帮你把这些重点和考点串起来。

当然啦，我不会教你死记硬背。我会给你讲52个特别有趣的故事，让你一边读着故事，一边轻轻松松地就把世界历史的关键点牢牢记在心里。

我给你的第二项特别收获，就是我会帮你打通历史的过去和现在，帮你构建全球化的视野。

近代历史离咱们今天的生活太近了，所以很多事件都和咱们今天的生活直接相关。

比方说，你可能经常在新闻里听到，中东地区的人们在打仗，今天你打我，明天我打你。那么，为什么他们要这样打来打去呢？

还有联合国，你肯定不陌生。不过，联合国的常任理事国为什么是中国、法国、俄罗斯、英国和美国这五个国家，别的国家就不行呢？

掌握了近代历史，你就能知道这些问题的答案，在看待一些事情的时候，你就能站在世界的更高处，拥有更大的格局。

总之，咱们现在面对的是一个越来越开放，越来越彼此交融的世界，只有深入了解世界历史，特别是近代史，知道这个世界是如何一点一点变成现在这个样子的，咱们才能更好地面对它，应对它给咱们带来的挑战。

最后，我也想和你说说，我对如何看待历史这个问题的一些想法。

首先，历史没有终点。历史的轨迹不是固定的，每个文明、每个群体的经验是不一样的，历史充满偶然性和多样性，这也是它妙趣横生的原因之一。

第二，在看待历史时，并没有唯一的、超越时空的绝对真理。对待同一件事情、同一个人，不同时期、不同身份的人有不同看法，这是很正常的。如果别人的看法和你不一样，也不要急于否定他们。不妨锻炼自己多多换个角度看问题。所以，要更深刻地了解历史，光看一套书是不够的，只迷信某一种说法更是不可取的。要更全面地了解对于同一个话题，可以看看不同的书，甚至是意见相反的书。不要迷信任何人。读历史就是不断发展和更新自己思维的过程。所以我也欢迎大家来挑战和质疑我。

少年朋友们，我希望能够成为你们和世界历史之间的桥梁，带你们一起享受学历史的乐趣。

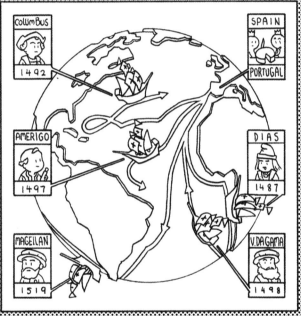

一

近代的曙光

远征新大陆：哥伦布大交换

　　前面我们已经了解了西班牙伊莎贝拉女王的很多事迹：她在丈夫斐迪南的帮助下，在政治上统一了西班牙；她还建立了异端裁判所，来推动西班牙的思想统一。除此之外，她还做过一件特别有名的大事，那就是她出钱赞助了哥伦布的远航。

　　哥伦布的名字你肯定听说过，他是一位意大利航海家，从小就对东方充满了向往。哥伦布相信，只要一直向西航行，绕地球一周，就能到达传说中的东印度群岛。

　　东印度群岛是什么地方呢？其实，这是一个比较模

哥伦布

糊的概念，在今天的世界地图上，是找不到这个地名的。在中世纪的欧洲人心目中，它差不多在东南亚地区，是一片盛产香料的群岛，大概包括今天的印度尼西亚、马来群岛等地。有些人甚至把整个东南亚和南亚都算作东印度。

今天你可能很难想象，香料对古代欧洲人有多么重要。在中世纪，欧洲人的日常生活中有很多地方都离不开香料。一方面，和今天一样，香料可以用来做菜、制造香水；另一方面，香料还被拿来治病、防腐、驱虫；甚至欧洲人在举行一些宗教仪式时，也必须用到香料。当时最受欢迎的香料有胡椒、肉桂、豆蔻、丁香等。可是，欧洲本地没有这些植物，只能从遥远的东方进口。我们知道，在欧洲和亚洲中间还有一个强大的奥斯曼帝国，牢牢地把住了贸易通道。在很长一段时间里，欧洲人要得到香料，只能和奥斯曼人做生意。这些香料经过遥远的运输和多次转手，价格非常昂贵，几乎要赶上黄金。

这么昂贵的香料背后充满了商机。于是，哥伦布就想，如果能坐船向西进发、到达东印度群岛，开辟一条新的贸易路线，直接去原产地买香料，那不就能打破奥斯曼人的垄断、赚到大钱了吗？

当时已经有很多欧洲人知道地球是圆的，不过还没有人能够进行环球航行，因为大洋上航行的距离太远了，途中又没有可停靠的地点，环球航行的难度极高。

哥伦布相信自己有足够的勇气和毅力，也有足够专业的航海技能，可以克服所有困难。于是，他兴冲冲地面见伊莎贝拉女王，向她建言道，这样一次远征的收益肯定能让西班牙的国库更充实，说不定还提供足够的资金，让西班牙发动一次新的十字军东征，从穆斯林手中夺回耶路撒冷。要知道，当时女王刚刚打败格拉纳达王国，国库空虚，哥伦布这么一说，她当然很高兴，便为他的远航提供了支持。

哥伦布雄心勃勃地出发了。不过，他最终并没有到达自己想象中的东印度群岛，而是发现了一片新的大陆，那就是美洲。

说到这里，不知道你有没有想过一个问题：哥伦布发现了新大陆，那旧大陆是哪儿呢？其实，"旧大陆"指的就是在哥伦布之前，欧洲人所认识的世界，包括欧洲、亚洲和非洲，也就是欧亚非大陆。之前我们讲的世界历史，也基本都是旧大陆上的故事。

严格来说，哥伦布并不是第一个发现美洲大陆的人。早在11世纪，来自北欧的维京人就已经发现了北美洲，但他们在那里建立的基地没有维持多久就消失了。在哥伦布之前，新大陆和旧大陆之间几乎是完全隔绝的。1492年，哥伦布发现新大陆之后，全世界才真正连接成一个整体。后来，西班牙人征服了美洲的很多地区，所以今天大部分美洲国家是说西班牙语的。

除了人的流动，新旧大陆之间还发生了更广泛的交流与交换，包括植物、动物、微生物、传染病的交换，甚至是思想观念的交换。这些交换对世界产生了巨大的影响，历史学家给它们起了一个总称，叫作"哥伦布大交换"。

先来看看植物是怎么交换的吧。一个特别典型的例子是番茄。今天几乎世界各地的人们都吃番茄，但它其实原产于美洲，在旧大陆原本是没有的。西班牙人在美洲发现番茄之后，才把它带到了欧洲。起初，欧洲人不敢吃番茄。因为番茄属于茄科，而欧洲本土的很多茄科植物，比如颠茄，是有毒的。所以欧洲人推测，番茄也是有毒的。

虽然不敢吃，但是大家都觉得番茄长得很好看，所以在很长一段时间里，番茄都被当成了观赏植物。曾经有一位英国公爵觉得番茄红艳艳的，很美，便把它带回英国送给了自己的心上人。从那以后，欧洲人就把番茄叫作"爱情苹果"。不过，他们还是不敢吃。一直到了19世纪，欧洲人才开始大量食用番茄。番茄酱也慢慢成为了意大利菜的主要调料。因此，欧洲人吃番茄的历史其实也就才两百年。

除了番茄，还有一种很重要的食物也是因为哥伦布大交换才来到我们的餐桌上，那就是土豆。在1500年之前，土豆只有南美洲才有，后来才传播到全世界，成为了一种主食。番茄属于茄科，欧洲人起初不敢吃；土豆也属于茄科，所以欧洲人一开始也不敢吃。不过，发芽的土豆对人体确实是有毒性的，所以欧洲人的担心也不是完全没有道理。

根据科学家估算，公元1700年至1900年的世界人口增长，有25%要归功于土豆的传播与种植。换句话说，如果没有土豆，光凭人们原来种植的粮食作物，是喂不饱这么多人的。近代欧洲的好几位重要君主，比如普鲁士的弗里德里希大王，还有俄国的叶卡捷琳娜大帝，都因为把土豆引进自己的国家而受到了赞扬。

除了番茄和土豆，原产于美洲的玉米、番薯、木薯等农作物也传播到了很多国家，今天，它们已经是大家非常熟悉的食物了。此外，烟草最早也是产自美洲的。

植物的交换并不是单方向的，也有很多植物从欧亚非传播到了新大陆。比如，咖啡就从非洲和中东传到了美洲，甘蔗从南亚传到了美洲。还有两种大米分别从西非和东南亚传入美洲。香蕉也从西非传到了美洲。

其中，烟草和甘蔗获利极高，最终成为美洲种植园大规模种植的两种农作物。为了赚取更多利润，欧洲殖民者引进了大量非洲黑奴去美洲的种植园干活。从16世纪到19世纪，大约有1000万非洲人被运到了美洲，他们的命运非常悲惨。这场罪恶的奴隶贸易后来造成了许多严重的问题，比如种族歧视，至今还影响着全世界。

说完了植物，再说说动物。很多常见的牲畜，比如马、驴、骡子、猪、牛、羊、鸡、狗、猫和蜜蜂，都是从旧大陆传播到美洲的。在这些动物中，马尤其重要，它改变了很多美洲印第安人的生活方式。有了马匹之后，一些原本生活在山区的部落变成了游牧部落，开始靠追踪和猎杀野牛为生；一些原本生活在平原的部落也开始大范围地迁徙和扩张。

除了动植物，传染病也是哥伦布大交换的一部分。当时，很多传染病已经在旧大陆传播了几千年，所以那里的人多半有了抗体，对这些疾病有抵抗力。但是，这些疾病传播到美洲之后，就变成了可怕的杀人恶魔。今天，历史学家们估计，在哥伦布发现美洲之后的100年到150年里，大约有80%－95%的美洲原住民因为得了旧大陆的传染病而死去，他们对这些疾病完全没有免疫力。

比如麻疹，在今天并不是严重的疾病，大多数人都接种了麻疹疫苗。但是在16世纪，麻疹曾经导致许多印第安人死亡。更严重的是天花，它在美洲造成的死亡人数超过任何一场战争，比黑死病在欧洲造成的死亡人数还要多得多。这里要说一句，天花之所以害死了这么多人，不完全是病毒自然传播的结果。西班牙人在征服美洲的过程中，曾经故意向印第安人传播天花，他们把死于天花的病人的衣服和毯子送给印第安人，故意让他们染上这种致命的疾病。因为天花，美洲很多地区的人口损失达到了100%。

除了物质上的交换，思想的传播也是哥伦布大交换的重要一环。发现新大陆之后，西班牙人向印第安人传播了天主教，后来英国殖民者又向殖民地的人民传播了新教。于是，基督教成为美洲最主要的宗教。

另外，在欧洲人到来之前，很多印第安部落是没有私有财产这个概念的，所有东西，比如牲畜、武器、帐篷，都是大家公有的。有的部落是从欧洲人那里才学会了一夫一妻制度。

值得一提的是，哥伦布大交换和咱们中国也有关系。

在古代，我国的商品，比如瓷器、丝绸、茶叶等，非常受欧洲人的欢迎，欧洲人想要得到这些商品，就要拿白银来购买。哥伦布发现新大陆之后，西班牙殖民者在南美洲开发了大量银矿，白银产量大幅提升。于是，以西班牙帝国为主的西方列强通过和中国的贸易，把大量白银输入东亚，尤其是明朝，结果造成了中国有史以来最严重的通货膨胀，物价越来越高，最终引发了一场严重的经济危机。后来明朝灭亡、清军入关，都和这场危机有关系。可以说，整个亚洲的局势都受到了影响。

今天，很多历史学家把哥伦布发现新大陆作为世界古代历史和近代历史的分界线，在哥伦布之后，全世界人民的交流越来越多，世界最终成为一个整体。

02

探秘阿兹特克：征服者科尔特斯

哥伦布发现新大陆以后，西班牙人就开始了对美洲的大规模探索和殖民。今天，东西半球有好几亿人都说西班牙语、信天主教，这都是西班牙征服和殖民的结果。

在最有名的西班牙征服者中，有一个叫埃尔南·科尔特斯的。作为早期殖民者，科尔特斯开拓了西班牙帝国的边界，传播了西班牙文化，但与此同时，他也摧毁了一种历史悠久的美洲文明，造成了一场令人发指的人道灾难。

征服者科尔特斯

故事还是要从哥伦布说起。

1492年，哥伦布发现新大陆之后，消息很快传回了西班牙。成千上万的西班牙青年涌向美洲，他们怀着发财梦，要去新大陆参加探险、征服和殖民活动。科尔特斯也是其中之一。

科尔特斯来自一个家道中落的小贵族家庭，出身不算特别高贵。在科尔特斯的少年时代，他父亲望子成龙，送他去学了拉丁文和法律，希望他将来能当律师，挣大钱。可是，这个孩子只学了两年就放弃了，他实在不是当律师的料。不过，科尔特斯并没有白学，他掌握的法律知识后来给他的探险事业帮上了大忙。

到了16岁，科尔特斯已经非常厌倦家乡的小镇生活，一天到晚都觉得很无聊、很焦躁。就在这个时候，大批西班牙人开始奔向美洲殖民。虽然去这么一个万里之外的新世界要冒很大风险，不过在很多胆子大又不怕吃苦的人看来，这是一条很不错的谋生之路，很刺激，很新鲜，说不定还能发财。就这样，科尔特斯也去了美洲。

此时，西班牙人在美洲的大本营在伊斯帕尼奥拉岛上，这个岛位于加勒比海地区。今天这个岛上有两个国家，海地和多米尼加共和国。

科尔特斯上岛之后，很快就混得风生水起，还得到了殖民地政府最高长官——总督的赏识。总督喜欢科尔特斯，就向他授予了"监护征赋权"。

"监护征赋权"指的就是把一块地方的土著居民交给监护征赋主，由此人管理。拿科尔特斯来说，土著居民必须为他劳动，比如替他种植农作物、开采矿石；科尔特斯则要负责保护这些土著居民，并且有义务向他们传播基督教。

乍一听，这种制度好像不算特别过分，但它只是说起来好听而已。在这种制度下，土著居民其实已经沦为西班牙"监护征赋主"的奴隶，遭到严酷的剥削。殖民者用这种制度来压榨土著居民，逼迫他们从事高强度的劳动，如果他们反抗的话，就会面临极其残酷的惩罚，甚至是死亡。最终，大量土著居民死去了。

1511年，科尔特斯陪同殖民地官僚迭戈·贝拉斯克斯征服了古巴。贝拉斯克斯成为古巴总督，科尔特斯也在古巴获得了更多土地、奴隶和财产，成了富甲一方的豪强，还当上了总督的秘书和市政长官。

不过，这些西班牙殖民者的胃口还远没有满足。他们听说加勒比海西部有一个叫作"尤卡坦"的地方，那里有很多金银财宝，于是就决定去那里探索，看看是不是真的能找到宝藏。这个尤卡坦就是今天墨西哥的尤卡坦半岛，位于墨西哥的东南部。

一开始，贝拉斯克斯命令科尔特斯指挥这次远征。但是，不知道是出于嫉妒还是怎么回事，两个人的关系变差了。即将出发时，贝拉斯克斯突然取消了对科尔特斯的任命。胆大包天的科尔特斯对此置之不理，还是按照原计划出发了。这可以算是抗命不遵了，后果肯定很严重。

1519年2月，在科尔特斯的领导下，11艘舰船载着600名士兵和水手，还有14门火炮和16匹马，从古巴起航，驶向西边墨西哥大陆的尤卡坦半岛。

据说，科尔特斯到达尤卡坦之后，就做了一件很惊人的事情。他命令手下把大家来时坐的船全都烧了。有人说，他是以此来显示破釜沉舟的决心：如果不成功，就绝不回古巴；不过也有人说，这是因为这些船只已经严重损坏，根本就不能航行了；还有人说，是因为水手们不愿意深入内陆探险，想返回古巴，科尔特斯为了断他们的念头，就烧毁了船只。

总之，科尔特斯带着手下上岸了。他的运气很好，遇到了一位之前来这里探险的西班牙幸存者。此人现在已经精通土著语言，他告诉科尔特斯，内陆确实有一个富饶强大的国家。于是，科尔特斯在尤卡坦建立了一个定居点，舰队的军官们成了这座新城市的市议员，科尔特斯本人被选为行政长官。然后，他带着500名西班牙人和数百名土著，开始向内陆探索。

此时的墨西哥大陆上，确实存在一个欣欣向荣的文明，这就是阿兹特克帝国。这里人口众多，商业繁荣，井然有序，是中美洲的商业中心。在阿兹特克人的集市可以买到金银、宝石、羽毛、布匹、刺绣品、奴隶、家禽、水果、熟食、木材、烟草等各种各样的商品。

阿兹特克帝国的统治者名叫蒙特祖马，他发现一些奇怪的陌生人进入了自己的国度，十分警觉；不过出于谨慎，他没有直接和西班牙人起冲突，而是密切监视他们的行程，还送去了一些礼物以示友好。

1519年11月，在蒙特祖马的热情欢迎下，科尔特斯一行人来到了阿兹特克帝国的首都，被安顿在蒙特祖马本人的宫殿里。有人说，蒙特祖玛的真实目的可能是抓住这群西班牙人并在宗教仪式上将他们献祭给神灵。但是，科尔特斯先发制人，扣押了蒙特祖马，然后派伙伴去搜掠阿兹特克帝国的资源。

眼看这群西班牙人已经占了上风，就在这个时候，传来一个消息：古巴总督贝拉斯克斯派来一支远征军，奉命要逮捕或者处死科尔特斯。

于是，科尔特斯只好留下一小队西班牙士兵看押蒙特祖马和他的臣民，他自己则匆匆地赶往海岸。在那里，他成功地把总督派来的人都拉拢到了自己这边。

不过，他没想到，阿兹特克的居民趁他不在，发动了起义。蒙特祖马被杀，殖民者们只好逃到了100公里之外的另一个地方。

科尔特斯没有善罢甘休。将近一年之后，他带着人马卷土重来，彻底征服了阿兹特克帝国，在那里建立起西班牙殖民统治。他还给这块殖民地起了一个新名字：新西班牙。

尽管这块地盘是他打下来的，但是科尔特斯心里很清楚，自己背叛上级——古巴总督，是严重的罪行。于是，他利用早年学习的法律知识，抢先给西班牙国王，也就是当时的神圣罗马皇帝查理五世，写了一封长长的信。科尔特斯不仅在信中美化了自己的所作所为，还给皇帝送去了很多珍奇的礼物，比如黄金工艺品和鹦鹉。查理五世非常高兴，赦免了科尔特斯造反的罪行，还册封他为侯爵。

之后，科尔特斯就开始在殖民地兴建新的墨西哥城。他的具体做法是，先毁掉阿兹特克的寺庙和建筑，再在遗址上修建新的建筑物。很快，墨西哥城就成为美洲最重要的城市之一；曾经欣欣向荣的阿兹特克文明却最终消亡了。

皇帝虽然赦免了科尔特斯，但对这个曾经造反的人并不信任，没有把墨西哥殖民地交给科尔特斯管理，而是派去了自己信赖的大贵族。这件事让科尔特斯大失所望。他为了殖民事业长年自掏腰包，财政上本来就损失惨重，其他殖民者的嫉妒和攻击也让他逐渐失去了皇帝的好感。最后，这位冒险家和征服者在心灰意冷中病死了。

科尔特斯死去了，但同样的故事还在美洲大陆上不断上演。西班牙殖民者往往只需要很少的兵力就能摧毁庞大的帝国和古文明，比如，另一个西班牙人皮萨罗仅仅带着一两百人，就消灭了面积将近100万平方公里的印加帝国。

为什么在那个时代，几百人就能轻松打败几万人？西班牙人为什么能如此轻而易举就征服广袤的美洲大陆呢？

历史学家们总结了几个原因：

首先，西班牙人巧妙地利用了诸多印第安部落和国家之间的矛盾。比如，科尔特斯就曾经利用阿兹特克帝国不同势力的内斗，与外地的印第安族群联合夹击帝国的统治者。

其次，印第安人从来没有见过白皮肤的欧洲人，比如蒙特祖马就曾经以为科尔特斯是印第安预言中的白皮肤神明，所以对他以礼相待，没有足够的警惕，最后被轻易地俘虏。

再次，我们前面说过，西班牙人带来的天花等很多传染病，对美洲土著人口造成了毁灭性的打击，因为他们没有接触过这些疾病，身体里没有抗体。

最后，美洲地区没有马，所以当时印第安人没有见过马，更没有见过马上的骑兵，因此交战时总是伤亡惨重。此外，西班牙人拥有火药武器和锋利的金属刀剑，印第安人没有发明出冶炼金属的技术，手里只有木棒、石斧、长矛等粗糙的冷兵器，结果就吃了大亏。

西班牙在美洲的殖民只是一个开始，接下来，越来越多的欧洲殖民者开始扩张势力，掠夺财富，世界也进入了一个新的时代。

03

小国的全球霸业：
迪亚士与达伽马

哥伦布远航的目的本是找到通往印度的新航路，但他误打误撞地发现了美洲。真正发现印度新航路的则是葡萄牙人达伽马。他的远航，是"大航海时代"的另一项壮举。

当时的葡萄牙在欧洲算是小国、穷国，人口仅有100万，被排挤在欧洲事务之外，受到强大的邻国西班牙的包围和压制。

葡萄牙位于欧洲的边缘、文艺复兴的外围，只能羡慕威尼斯和热那亚等意大利城市的财富。这些城市垄断了来自东方的奢侈品（如香料、丝绸和珍珠）市场，从亚历山大港和大马士革等伊斯兰城市获取这些商品，然后以垄断高价卖到欧洲各地。

葡萄牙人渴望赢得这场竞争，不再求助于威尼斯中间商，而是直接从原产地印度购买大宗香料。这是葡萄牙人发动远航的第一个原因。

第二个原因和宗教有关。葡萄牙的"收复失地运动"完成得比西班牙要早，早早就把穆斯林势力从葡萄牙驱赶出去，但葡萄牙人对圣战的胃口还很大，所以不断袭击北非的穆斯林国家。1415年8月，一支葡萄牙舰队驶过直布罗陀海峡，攻打了摩洛哥港口休达。葡萄牙王子恩里克参加了这次战斗，并在战场上获得骑士资格。

恩里克本人没有参加过远航，但因为大力支持探索事业，开办航海学校，鼓励航海技术的发展，所以享有"航海家恩里克"的美名。今天的澳门还有一条马路的名字叫作殷皇子大马路，就是纪念他的。

和当时的很多欧洲人一样，恩里克王子相信，世上有一位非常强大的基督教君主——祭司王约翰，他居住在遥远的地方，可能在非洲的心脏地带。传说祭司王约翰统率着庞大的军队，并且富得流油。西方基督教世界或许可以与他联手，消灭伊斯兰势力。金钱与信仰，促使葡萄牙人花了几十年时间在大西洋上劈波斩浪，沿着非洲海岸南下，不断积攒航海和地理知识，寻找去印度的新航路。

1486年，葡萄牙国王若昂二世任命宫廷的骑士巴尔托洛梅乌·迪亚士去指挥沿着非洲海岸的远航。迪亚士于次年夏季率领一支小船队启航。他们需要寻找非洲大陆的最南端。

海流和风向都和他们作对，是向西的。迪亚士根据前人的经验，孤注一掷地选择了一个风险极大的策略：不是费尽力气逆着风向和海流往东去，而是向西驶入了苍茫大海。

果然，他们向西航行，远离非洲海岸，绕了一大圈进入大西洋中部，然后借助那里的西风，向东绕过了非洲大陆的最南端。他后来在返航的途中发现了好望角。

这是一个历史性的时刻：迪亚士明确无误地证明非洲大陆是有尽头的。迪亚士及其伙伴将这个地方命名为风暴角，而国王若昂二世将其改为好望角，"因为它承诺了印度的发现，我们为此渴望了那么久，追寻了那么多年"。

达伽马

　　葡萄牙的下一次探索要由下一任国王"幸运的"曼努埃尔一世和他手下的航海家瓦斯科·达伽马来完成。迪亚士找到了好望角，达伽马的使命就是绕过好望角，继续前进，进入印度洋，找到印度。

　　1497年7月8日，达伽马率领4艘船从里斯本出发，借助有利的风向，沿非洲海岸南下，进入印度洋。

　　印度洋世界与欧洲人熟悉的地中海世界大不相同。印度洋的最大特点是有规律性很强的季风。在风帆时代，印度洋上的航行时机与贸易路线都由季风决定。季风周而复始地轮替，就像一套互相啮合的齿轮一样；借助它的力量，人们得以把货物运过这片大洋。

哥伦布闯入的美洲海域是沉寂的，美洲印第安人几乎没有远航的能力，但达伽马闯入的印度洋可并不冷清。数千年来，印度洋一直是世界贸易的十字路口，有多个贸易体系，以及围绕多个贸易中心交织而成的复杂网络。

这些中心包括：马来半岛上的马六甲，它是来自中国与更遥远的香料群岛的商品的集散地；印度西海岸的卡利卡特是胡椒市场；霍尔木兹是通往波斯湾和巴格达的门户；亚丁是红海的出入口和通往开罗的路径，也是伊斯兰世界的神经中枢。印度洋沿岸还有其他数十座小城邦。印度洋输送着来自非洲的黄金、黑奴和红树枝干、阿拉伯半岛的熏香和海枣、欧洲的金银、波斯的骏马、埃及的鸦片、中国的瓷器、锡兰的战象、孟加拉的大米、苏门答腊岛的硫磺、摩鹿加群岛的肉豆蔻、德干高原的钻石，以及古吉拉特的棉布。

在印度洋上，没人能够形成垄断，因为它太广阔、太复杂了，所以亚洲大陆的各个强国把海洋留给商人。印度洋区域也就形成了一个庞大而相对安定的自由贸易区。

达伽马横冲直撞地闯入印度洋，对这里的水文和地理一无所知。传说是一名来自印度古吉拉特的穆斯林帮助了他。这位穆斯林拥有一幅印度洋西海岸的航海图，并且熟悉四分仪，懂得天文观测。五百年后，穆斯林世界的船长们还会咒骂这个领航员，因为就是他最早向欧洲人泄露了印度洋航海的秘密。

行程309天，航行1.2万英里，损失了大量水手之后，达伽马的船队于1498年5月18日抵达印度的卡利卡特。这标志着世界历史的一个重大时刻。达伽马结束了欧洲的孤立，这也是全球化的漫长过程中的标志性事件。

卡利卡特是一座富裕的印度教城市，与来自阿拉伯半岛的穆斯林商人做生意。当地统治者的头衔是扎莫林，意思是"海王"。

达伽马寻求与卡利卡特通商，于是向扎莫林献上礼物，包括十二块带条纹的布、四顶鲜红色兜帽、六顶帽子、四串珊瑚、六个洗手盆、一盒糖、两箱蜂蜜和两箱油。这些礼物遭到了对方的嫌弃：它们是用来取悦非洲酋长的，扎莫林这样的印度洋帝王根本瞧不上。

由于语言不通，再加上城内有大量穆斯林商人，所以葡萄牙人很难与扎莫林建立友好的关系，甚至还发生了一些武装冲突，双方都有人死伤。

10月5日，葡萄牙船队返航了。他们不熟悉季风的规律，在这个时间返航是个错误的决定。穿越印度洋的航行简直就是一场噩梦。逆风把他们往回推；更恐怖的是无风的平静，船只一连几天在海面上动弹不得。因为饥饿、干渴和坏血病，每艘船上只剩七八个人还能操纵船只。

　　就在葡萄牙人最绝望的时候，突然刮起了有利的东风，把他们吹向西方，而且一连吹了六天。1499年1月2日，遍体鳞伤的葡萄牙船队看到了非洲海岸。他们从非洲好望角航行到印度只花了二十三天，返回却花了九十三天。季风的奥秘是要吃很大的苦头才能掌握的。他们直到1499年9月初才回到里斯本。

　　这是一次史诗般的远航；他们离家将近两年，航行了2.4万英里。这是一桩伟大业绩，彰显了他们的忍耐力、勇气与极好的运气。他们也遭受了沉重打击，全体船员中有三分之二死亡。

　　达伽马受到了葡萄牙全体国民的热烈欢迎。国王封赏他土地和金钱，提升他为更高级别的贵族，并赐给他"东印度海军司令"的荣誉头衔。

　　瓦斯科·达伽马的远航给欧洲的世界地名词典增加

了1800个新地名，并揭示了关于东印度的新信息宝库。葡萄牙人信心大涨，准备好了要争霸全球。

甚至在达伽马返回之前，国王就已经在为下一次远航建造新船了。与此同时，他命令对达伽马远航的所有航海图严格保密，泄露机密者一律处死。知识就是财富和权力。

没过几年，葡萄牙人就征服了卡利卡特和果阿等印度城市，并凭借先进的火药武器掌控了印度洋贸易。1511年，葡萄牙人征服了马来半岛上的马六甲，也就是香料群岛的市场。

16世纪，葡萄牙人经历了数十年的血腥战争，保卫自己在印度占据的领地。印度人无力将葡萄牙人赶走。之后四百年里，果阿始终是葡萄牙殖民地，被誉为"东方的罗马"。

葡萄牙人有效地扩大了市场：在16世纪，欧洲人的香料消费翻了一倍。葡萄牙的扩张也延伸到马六甲以东更远的地方，一直到香料群岛、中国和日本。

在葡萄牙人到来之前，印度洋是一个庞大而大体上安宁的贸易区，也是一片封闭海域，并未与大西洋连接起来。葡萄牙人用青铜大炮和强大的舰队打破了这个自给自足的体系，将世界连接起来。他们是全球化和科学发现时代的先驱。

在他们之后，还会出现新的、更强大的欧洲殖民者，那就是荷兰人和英国人。

04

宗教改革

我们在《少年世界史·古代》关于胡斯的那一章里讲过，在近代以前的欧洲社会，教会拥有极大的权力，也极其腐败。教士通过兜售"赎罪券"等手段从百姓手中敛财。胡斯对教会的这些腐败行为发出了谴责，因此被杀害，这在波希米亚（相当于今天的捷克和斯洛伐克）引发了激烈的宗教战争。

而在德意志，贩卖赎罪券的情况特别严重。教会为了让信徒们多多交钱，甚至允许人们给已经死去的人代购赎罪券，帮去世的亲朋好友赎罪。当时有一句俗话叫作："银币叮当落进箱底，灵魂雀跃跳出炼狱。"

1517年，罗马教皇利奥十世发起了一次规模巨大的出售赎罪券活动。这次售卖的赎罪券很不一样：过去的赎罪券只能赎掉一部分罪孽，而这次的"特别版"可以一次将购买者的罪孽都赎干净。只要买了这种特别版赎罪券，就能变得像刚出生的小婴儿一样纯洁，死后不会受到任何惩罚。

教皇卖赎罪券，表面上的说法是筹钱修建罗马的圣彼得大教堂；实际上，这些钱有相当一部分被教皇及其手下瓜分了。

可是，虔诚的老百姓并不知道这些。毕竟，这种特别赎罪券是很罕见的。消息一出，立刻轰动各地。教会还开展了大规模的"促销活动"，有专门的销售特使到各个地方去举办游行、演讲，一时间搞得热火朝天。

于是，神圣的宗教变成了一桩热闹的生意，兜售者丑态不堪。这引起了虔诚人士的不满，也引起了很多德意志诸侯的不满。因为教皇在德意志的境内兜售赎罪券，得来的钱是要送回意大利的；这就意味着大笔的金银都从德意志流向了意大利。历史上，德意志的世俗权威——也就是皇帝和贵族——与罗马教皇一直有矛盾。结果，这一次，德意志人对罗马教皇的愤怒发生了总爆发。

总爆发的核心人物，是一个叫作马丁·路德的人。

马丁·路德出身于农民家庭，他勤奋好学，年纪轻轻就获得了神学博士学位，成为大学教授。不过，路德并不盲从于教会权威，他有自己的独立思考。

眼看着教皇的所作所为越来越不堪，路德挺身而出。传说，在1517年10月的一天，马丁·路德在一座教堂的大门上钉上了他的文章《九十五条论纲》。文中严厉谴责了天主教会的腐败和销售赎罪券等行为。很快，这就引起了一场轩然大波。

马丁·路德

在当时的欧洲，教会和学术界的通用语言是拉丁文。路德的"九十五条"也是用拉丁文写的，他原本是想要进行一场学术辩论；没想到，有人把文章翻译成了平民百姓用的德文，这下子，很多人都能看懂了。恰巧印刷术当时刚刚在欧洲兴起，于是路德的文章被大量印刷复制，迅速传遍了德意志和整个欧洲。

教皇震怒，他严厉谴责了路德的思想，并下令烧毁他的作品。路德面对教会的批评本来还表现得比较温和，此时在教皇的刺激下，他决定更进一步。1520年8月，他又发表了一篇影响力很大的文章，呼吁皇帝和贵族改革教会，削减天主教会的权力，抵制教皇对德意志的无理要求。路德还认为，贵族的社会作用比教士更重要。当然了，这些观点正是很多德意志贵族喜闻乐见的。两个月后，路德发表了一部言辞更加激烈的作品，对教皇发动了猛烈抨击，直接指控教皇是"邪恶的"敌人。

沸沸扬扬之下，神圣罗马皇帝查理五世主持了一场帝国会议，参加会议的有德意志诸侯，也有教会领导人，皇帝邀请路德到会上来阐明他的立场。

当时的德意志并不是一个统一国家，而是处在四分五裂的状态。在德意志的土地上，有大大小小很多诸侯，分别统治着各自的邦国。在他们之上，还有一个神圣罗马皇帝。从名义上来说，诸侯应该臣服于神圣罗马皇帝，不过在很多情况下，皇帝并没有太多的实权。这个皇帝的加冕（至少在理论上）正是由天主教会说了算。换句话说，只有教皇点头，一个人才能当皇帝。从这点上，也不难看出当时教会的权力有多大。

路德在接到皇帝的邀请之后，勇敢地来到会场，当着皇帝、诸侯和教会领导人的面表达立场。传说，他在会场上发表了一段著名的演讲。他说："我不能单单相信教皇或议会的法令，因为它显然是错误的，并且互相矛盾……我不可以，也不愿意撤回自己的任何观点，因为那是违背良心的，既不安全，也是有罪的。那是我的立场，我别无选择。"

听了路德的话，皇帝怒不可遏。大厅里面乱作一团，皇帝的追随者大喊大叫："烧死路德！烧死他！"但是，很多诸侯支持路德，他们把路德团团围住，保护起来。最后，他们把路德抬在肩膀上，护送他出去了。

先前在邀请路德的时候，皇帝承诺会保障他的通行安全。现在皇帝反悔了。他下令，禁止路德"宣讲或传授他的邪恶教义"，还规定路德不受法律的保护，人人皆可诛之。

德意志的人民对此不以为然。人们群情激奋，反对教皇，也不把皇帝的圣旨当回事。而路德的书只要一出版，就立刻销售一空。

印刷术的普及让路德拥有了更广泛的受众。他出席帝国会议的时候，已经有60万册作品在市场上流通；他在会议上发表的富有勇气的演说，也很快就有了至少十个版本并流传开来。其中既有拉丁文版本，也有德文版本，他的这些话更加激励了支持者。

皇帝下了命令之后，路德随时可能陷入生命危险。幸好，当时德意志最有权势的诸侯之一、萨克森的选帝侯弗里德里希三世保护了路德。他把路德送到一座城堡，让他在那里避难，同时翻译《圣经》。

于是，路德在城堡里将整本《圣经》翻译成了德文。这样一来，不懂拉丁文的普通德意志人也能够读懂《圣经》了。而且，路德在翻译的时候，还融入了一些生动的德意志方言和口语。德国各地的方言差别很大，不同地方的人们很可能听不懂彼此的语言。路德翻译的《圣经》对德文的规范化起了决定性的作用。有了统一规范的语言，德意志人民的民族意识大大加强，变得更团结。

宗教改革运动的范围很快就大大超出了马丁·路德的预期。他的追随者们成立了一个新的基督教派别，称为"路德宗"或者"新教徒"。后来新教又演化出了许多分支，这些分支不一定都完全同意路德的思想。那就是后话了。

新教的教义认为，贵族作为君主和平民之间的中间阶层，在国家中发挥着非常关键的作用；贵族有责任管理教会、统治平民，甚至有责任对抗暴君；同时，新教教义也允许贵族夺取教会的土地。所以，新教对贵族是很有吸引力的。

于是，德意志有将近一半的贵族都改信了新教，成为各自领地上的教会领袖和精神领袖。他们还通过侵占和掠夺天主教会的财产，获得了大量的利益。总之，这场运动让新教诸侯的权力大大增强了。不过，还有差不多一半的德意志诸侯仍然信奉旧有的天主教。这两个派别之间的矛盾越来越深。

值得一提的是，饱受压迫的德意志农民也受到路德的启发，在1524年掀起了德意志农民战争。不过路德本人对农民起义是采取敌视态度的。

新教贵族和天主教贵族之间的矛盾这么严重，神圣罗马皇帝支持哪边呢？他一直坚定地站在旧的天主教会那边。不过，一开始，皇帝本人对新教的反对态度并不是特别激烈，因为他正在与法国和奥斯曼帝国打仗，需要新教诸侯的支持，所以愿意做出一些让步，允许诸侯们成立新教教会，担任教会领袖。

后来，在皇帝出尔反尔，要取消这些让步、重新敌对新教的时候，天主教和新教之间的战争就爆发了。皇帝想要推动天主教一统天下，新教诸侯在法国的支持下发起了猛烈的反抗。最终在1555年，查理五世授权和新教诸侯签订了《奥格斯堡和约》，提出"教随邦立"的原则，也就是由诸侯本人的宗教信仰来决定其邦国臣民的信仰。和约为德意志带来了短暂的和平，也提升了新教的势力，相对削弱了皇帝的权力。不过，德意志的宗教冲突还没有得到彻底解决，这些矛盾在几十年后又引发了著名的三十年战争。

05

圣徒和忠仆:

托马斯·莫尔与乌托邦

马丁·路德的思想很快就传播到了欧洲的大多数国家,所以,宗教改革运动是一场全欧洲的运动,并不局限于德意志。

有人拥护路德的思想,自然也有人反对。当时的英格兰国王亨利八世就是路德的激烈反对者之一。他亲自写了一些文章来反驳路德,表达自己对天主教会的支持。罗马教皇对亨利八世很感激,还赐给他一个称号"信仰的捍卫者"。

亨利八世

　　马丁·路德马上写文章反击亨利八世，还骂他是"猪、傻瓜、骗子"。没想到吧，大学者和国王打笔仗，骂得也够难听的。于是，亨利八世就找了一个专业人士来助阵，这就是他的大臣、著名的大学者托马斯·莫尔爵士。

　　托马斯·莫尔是律师出身，才思敏捷，能言善辩。他写了一篇文章，捍卫天主教会，骂路德是"猿猴、醉汉和浑身虱子的小修道士"。马丁·路德和托马斯·莫尔的这场对骂在欧洲轰动一时。

　　莫尔对路德的攻击是发自内心的，因为他是一位虔诚而保守的天主教徒，敌视路德的思想。而且，路德的思想在德意志掀起了轩然大波，导致了动乱和战争，莫尔不希望这样的事情在英格兰重演。

但问题是，英格兰国王亨利八世虽然命令莫尔写文章攻击路德，但他在宗教信仰上可不像莫尔这样坚定。

罗马教皇和路德争论的焦点主要在宗教学术方面，亨利八世对这些并不是很感兴趣。他真正感兴趣的是权威的问题，换句话说，就是教会权力和国王权力哪个大。这个问题一直是欧洲统治阶层最关心的问题之一；几百年来，大部分时间都是天主教会的力量占上风。当时，英格兰的土地上就存在着大量的教堂和修道院，这些机构拥有大量土地和财富，但是他们只听教皇的，不听国王的。

我猜你已经想到了：亨利八世想要自己控制教会；他作为国王，当然希望自己的权威高于教会的权威了。亨利八世喜欢打仗，连年用兵，导致英格兰国库空虚，所以他看到教会那么有钱，也非常眼红。除此之外，亨利八世还因为自己的私事与教会产生了矛盾。

亨利八世原本有一位王后，名叫凯瑟琳。她是西班牙的公主，身份高贵。不过，这位王后的年纪比亨利八世大好几岁，而且一直没有生出国王渴望的儿子，所以夫妻关系很紧张。后来，亨利八世又喜欢上了年轻漂亮的贵族少女安妮·博林，想要和她结婚。

前面我们讲过马丁·路德发起的宗教改革运动和新教的诞生，而安妮·博林就是一名新教徒，她的家族都是新教的支持者。新教思想就这样传进了英格兰宫廷，传到了国王周围的上层贵族当中。

亨利八世想和凯瑟琳王后离婚，改娶安妮·博林。但他是天主教徒，而天主教会一般是不允许离婚的，离婚需要得到教皇的亲自批准。面对亨利八世的要求，教皇一直不肯松口。这里面有一个缘故，当时的神圣罗马皇帝和西班牙国王是同一个人，也就是查理五世。查理五世是凯瑟琳王后的外甥，他在德意志和意大利都有大片的领地，随时可以找教皇的麻烦。教皇不敢得罪他，也就不愿意让亨利八世和凯瑟琳离婚。

另一边，亨利八世非常坚决，一定要换王后。就连当时的英格兰大法官也因为不能说服教皇允许国王离婚而被免掉了职位。那个时候，英格兰的大法官差不多相当于今天的首相。旧的大法官被免职了后，亨利八世就任命托马斯·莫尔来当下一任大法官，因为国王和莫尔是好朋友，而且莫尔确实是个精明强干的人。不过，就像前面所说，莫尔是一个虔诚的天主教徒，对教皇忠心耿耿，所以他也不能满足国王离婚的心愿。

亨利八世心意已决，就算教会不同意，也非离婚不可。就这样，亨利八世不顾一切地离了婚，然后娶了安妮·博林当王后。他和罗马教皇的关系也彻底决裂了。以此为起点，英格兰教会正式脱离了罗马教廷。英格兰的宗教改革开始了。

亨利八世颁布新法律，规定英格兰国王就是英格兰教会的唯一最高权威，罗马教皇对英格兰教会没有管辖权；在英格兰，主教的任命必须经过国王的批准。法律还规定，亨利八世与凯瑟琳王后所生的女儿不再享有王位继承权；国王与安妮·博林所生的女儿伊丽莎白则被立为继承人。最要紧的是，根据新法律，不承认英王对英格兰教会的最高权威就是犯了叛国罪，会被判死刑。

托马斯·莫尔一直是亨利八世的好朋友，但同时他又忠于教皇，所以，英格兰的宗教改革让莫尔一下子陷入了非常尴尬的境地。他不肯公开承认国王是英格兰教会的最高领袖，但顾及国王的颜面，他也不肯公开否认。

然而，莫尔的这种沉默仍然引起了亨利八世的猜忌。

更糟糕的是，托马斯·莫尔担任大法官期间曾经大力镇压和迫害新教徒。传说，他还曾经对新教徒施以酷刑，并查禁《圣经》的英文译本。所以，莫尔狠狠地得罪了王后安妮·博林，以及她身边的一群新教徒。

最终，莫尔被判定犯有叛国罪。这位学者曾经是英格兰一人之下万人之上的大法官，现在就这样被公开处死了。在受刑之前，莫尔宣称他是"国王的忠仆，但首先是上帝的忠仆"。传说，他还对刽子手说，他的胡须是清白无辜的，不应当受到斧子的惩罚；所以他要把胡须整理好，免得被斧子砍到。这位虔诚的学者，一直到死都维持着自己的体面。

作为天主教会的殉道者，莫尔在1935年被教皇封为圣徒。这件事并不奇怪。不过，英格兰教会，也就是莫尔用生命去反对的以国王为领袖的那个教会，也赞美他的道德勇气、对信仰的坚定和面对死亡时的尊严，并且封他为"基督教会的圣徒与英雄"。

今天的英国人普遍认为，托马斯·莫尔是历史上最伟大的英国人之一。著名的英国历史学家休·特雷弗-罗珀曾经说："莫尔，是我们觉得自己了解的第一位伟大的英格兰人，是人文主义学者当中最圣洁的，也是圣徒当中最有人性的，是我们北欧的文艺复兴当中的博学通才。"

托马斯·莫尔给后世留下的最宝贵的遗产，就是他的著作《乌托邦》。"乌托邦"的字面意思是"不存在的地方"，莫尔以此给他的书命名，并在书里虚构了一个岛国，寄托了他对理想社会的构想。

乌托邦没有私有制，没有"你的钱""我的钱"之分，财产都是共有的；而且人人平等，每个人每天都要劳动。大家的生活都很简朴，没有荣华富贵，也没有贵族和平民，没有阶级上的差别。

有意思的是，在乌托邦里，宗教信仰也是自由的，女性也可以担任神职人员，男性神职人员还可以结婚。这些设想明显违背了莫尔所信仰的天主教的规定。所以，今天人们很难相信，那个曾经镇压新教徒的莫尔，在宗教上居然还有如此宽容的一面。

不过，莫尔想象的乌托邦也有黑暗的一面。在那里，集体的利益优先于个人利益，个人的存在必须依附于集体。为了达成集体利益，势必要牺牲大多数个人的权益。比方说，人们不可以自由地旅行，要随身携带证件，如果擅自旅行，可能会被卖为奴隶；再比方说，职业都是世袭的，理发师的儿子只能当理发师，老师的儿子只能当老师，等等。

莫尔对自己笔下乌托邦的真实态度，一直是后世学者争论的话题。有人相信，乌托邦就是莫尔心中的理想社会；也有人说，他其实是带着讽刺的语调，来说明这样的社会是不切实际的。

不管怎么说，《乌托邦》已经成了西方思想史上的经典之作，今天很多学者还在学习和研究它。"乌托邦"也成了大家耳熟能详的词语，它代表着一个美好但并不存在的社会。

06

从普鲁士到波兰：

哥白尼是哪国人？

　　说起大科学家哥白尼的名字，你肯定不陌生。他是"日心说"的倡导者，写了一本重要的天文学著作《天体运行论》。不过，现在我要和你说的不是哥白尼的科学成就，而是他的国籍问题。

　　哥白尼是哪国人？你可能看到很多书里说他是波兰人；其实，真相比这复杂得多。这个问题与15世纪条顿骑士团和波兰王国的争斗密切相关。

　　在《少年世界史·古代》篇里，我们介绍过"北方十字军东征"和条顿骑士团。骑士团占领了古普鲁士这块地方，建立了条顿骑士团国。与骑士团国相邻的是波兰和立陶宛这两个民族，这两个民族联合起来也建立了一个强大的政权。

俗话说，一山不容二虎，1410年，条顿骑士团与波兰-立陶宛之间爆发了著名的坦能堡战役，条顿骑士团大败。曾经兴旺一时的骑士团，从此走上了下坡路。

不过，条顿骑士团不是被波兰-立陶宛一口气吃掉的，更准确地说，它是缓慢地毁于内部混乱和外部的战争。坦能堡大战之后，骑士团的威信一落千丈，国家在衰落的道路上一发不可收拾。在这种局面下，统治者对民众的压制越来越严厉，还征收各种苛捐杂税，简直叫人忍无可忍。当时，普鲁士的很多城市都有比较强的经济实力，在政治上却没有话语权，必须听骑士团的，这越发加重了人们的不满。

于是，坦能堡战役20年之后，普鲁士的一些贵族、教士和十几座城市的代表在波兰北部集会，联合起来反对条顿骑士团的统治。他们还建立了一个组织，叫作"普鲁士联盟"。这件事标志着骑士团的臣民开始造反了。

这个造反联盟曾经请求神圣罗马皇帝主持公道，但皇帝命令他们服从骑士团。联盟只得转而寻求别人的支持，最后他们就找到了骑士团的死对头——波兰。

1454年2月，普鲁士联盟正式请求波兰国王将普鲁士接纳为波兰的一部分。结果，这就引发了一场战争。造反的普鲁士联盟和波兰联合起来，一起对抗条顿骑士团。因为战争一共打了13年，所以后来人们就称它为"十三年战争"（1454－1466）。

这场漫长的混战带来了深重的灾难，各方势力都被折磨得疲惫不堪。后来，他们实在打不动了，终于决定坐下来谈判。1466年，他们签订了《第二次托伦和约》。和约规定，骑士团国的西半部分被割让给波兰王国。从此以后，这些土地就被称为"王室普鲁士""波属普鲁士"或"西普鲁士"。骑士团保留了东半部分的领土，也就是"东普鲁士"。东普鲁士虽然也要向波兰国王俯首称臣，但还是比较独立的政权，勉强维持着统治。

几年以后，在西普鲁士的托伦城，大科学家哥白尼出生了。他的家族非常显赫，爸爸是有头有脸的商人，妈妈来自当地的权贵之家，外婆出身于波兰的名门望族，外公老卢卡斯则是一位富商，还担任托伦市的议员。

哥白尼

　　当时，西普鲁士的市民大多是说德语的德意志人，哥白尼家也不例外。不过，他们虽然是德意志人，但坚决反对条顿骑士团。哥白尼的外公老卢卡斯早在1453年就参加了普鲁士联盟密谋反对骑士团的会议。在"十三年战争"期间，他还自掏腰包，支持人们反抗骑士团的斗争，因此花费了不少财产。他积极地参与本地的政治事务，甚至还亲自上阵参加战斗。

　　还有一个人值得一提，那就是哥白尼的舅舅小卢卡斯。小卢卡斯受过良好的大学教育，是有权有势的一方诸侯，后来还当上了西普鲁士瓦尔米亚省的主教。

哥白尼能去意大利留学，就是这位舅舅出钱资助的。小卢卡斯和好几代波兰国王都交情甚笃，是王室的朋友和谋臣。他也是条顿骑士团的死敌，骑士团的大团长甚至骂他是"魔鬼的化身"。

在舅舅的资助下，哥白尼先后在波兰和意大利的几所大学读书，获得了教会法的博士学位。没想到吧，这么一位坚持日心说的大科学家，拿的学位却是和宗教有密切关系的。

在求学期间，哥白尼就花费了很多精力去研究自然科学。三十岁那年，他结束学业，从意大利回国，之后在瓦尔米亚度过了余生的四十年。在那里，他担任舅舅的秘书、医生和谋臣，陪着舅舅参加议会，一起维护西普鲁士尤其是瓦尔米亚的利益，反对条顿骑士团，支持波兰王室。舅舅去世后，哥白尼又接着为后续的几任瓦尔米亚主教效力。

1512年，哥白尼在瓦尔米亚的一座海港城镇定居，在那里从事科学研究。此时，东欧的政治形势非常复杂。"十三年战争"已经过去几十年了，可是条顿骑士团仍然不甘心，不断地跑到西普鲁士骚扰和抢劫。

1519年，波兰-立陶宛和东边的莫斯科大公国（也就是后来的俄罗斯）之间爆发战争，条顿骑士团趁机与莫斯科大公国结盟，向波兰发动进攻。骑士团的目的之一就是"收复"瓦尔米亚。

战争期间，哥白尼作为瓦尔米亚主教区的官员之一，坚决主张与波兰王室合作，抵抗条顿骑士团，还建议将瓦尔米亚的货币与波兰货币统一。显然，他明确认为自己就是波兰王国的臣民。

1520年1月，条顿骑士团袭击了哥白尼居住的城镇，他的房子被破坏，一些天文器材可能也被毁掉了。哥白尼被迫搬到另一座城市，结果这座城市也受到了骑士团军队的威胁。在上级的命令下，哥白尼负责指挥守城，传说他还曾经亲自登上城头，指挥作战。最后，哥白尼带领守军打退了骑士团的军队，成功坚持到了波兰援军到来的那一刻。在后来的和谈当中，哥白尼还担任波兰一方的谈判代表。

不难看出，这位大科学家除了在科学上取得了巨大的成就，在政治舞台上也非常活跃，还能担任军事指挥官，可以说是文武双全了。

回到咱们一开始的问题，哥白尼到底是哪里人呢？关于这个问题，其实历来有很多争议，尤其是在各国民族主义者的圈子里。

哥白尼出生于西普鲁士，当时的西普鲁士是波兰王国的一个拥有高度自治权的地区。他的父母都是说德语的，他自己也以德语为母语。当然了，哥白尼肯定懂波兰语，但他的著作都是用拉丁文或者德文写成的，并没有波兰文作品保存至今。一个原因是，当时的波兰文学语言还没有发展成熟。总之，从这个角度来说，哥白尼可能更接近一个德意志人。可是，哥白尼的家族一贯反对条顿骑士团，积极支持波兰王室。从立场上来说，他们更亲近波兰人。

那么，到底应该怎么算呢？

我想告诉你的是，当时还没有今天人们熟悉的民族观念。有的历史学家就说了，哥白尼和当时的大多数人一样，对民族问题基本上并不在意，不用民族认同来定义自己，而是认为自己是普鲁士人，因为普鲁士是他生活的地方。我们可以说哥白尼是德意志人，也可以说他是波兰人，但如果用现代民族主义者的视角来看，他既不是德意志人也不是波兰人。我们学习历史，也要注意历史人物的时代背景，用今天现代人的想法去衡量古人，那肯定是不对的。

最后，我来跟你说一说条顿骑士团的结局。

1552年，条顿骑士团的大团长阿尔布雷希特跑到德意志，向神圣罗马帝国的诸侯请求金钱支援，结果白跑一趟。虽然没有要到钱，但他在那里受到了新教思想的熏陶。别忘了，宗教改革运动当时正在德意志轰轰烈烈地进行着。

条顿骑士团是军事修道会，这意味着骑士们有修道士的身份，是神职人员。根据天主教会的规矩，他们必须生活简朴、不能结婚。但在这个时候，德意志北部的很多主教已经追随路德的教导，娶妻生子了。

于是，大团长阿尔布雷希特大胆地决定将骑士团国世俗化，不再为罗马教廷效命。他要建立一个普鲁士公国，他本人就是首任公爵；并且他还要皈依新教。

这个决定，得到了普鲁士上上下下的支持，波兰国王也同意了。1525年，先前的大团长、现在的阿尔布雷希特公爵向波兰国王宣誓效忠，条顿骑士团国从此不复存在，取代它的是世俗化的普鲁士公国。

你可能要问，公爵宣誓效忠是不是意味着东普鲁士也彻底纳入波兰了呢？不是的。

当初，西普鲁士被吸纳进波兰的时候，就保存了很强的独立性，而如今东普鲁士融入波兰的程度更低。公爵维持着自己的军队、货币和议会，并且有相对独立的外交政策。当地的行政体系几乎没有任何变化，之前的法律也仍然有效。

到了1618年，当时的普鲁士公爵没有子嗣来继承爵位，怎么办呢？普鲁士第一任公爵阿尔布雷希特出身于德意志的名门望族霍亨索伦家族，于是，人们就让这个家族的另外一个分支，德意志的勃兰登堡选帝侯继承了普鲁士公国。从此，勃兰登堡和普鲁士的命运就联系在一起；这两块领土就是后来的军事强国普鲁士王国的核心部分。

07

巴巴罗萨兄弟：

红胡子海盗的传奇

    在之前的故事里，我们说过，葡萄牙这个国家曾经被穆斯林占领过，所以葡萄牙人很不喜欢穆斯林。不只是葡萄牙，它的邻国西班牙也被穆斯林占领过很长时间。后来，西班牙的基督徒花了700多年，才完全收复了自己的土地。不过，这个时候还有大量的穆斯林平民在西班牙生活，这令西班牙的统治者寝食难安。为了巩固自己的政权，统治者对这些穆斯林采取了严厉的镇压措施，把他们赶出了西班牙。很多人一下子就失去了家园。

    没了家，该往哪里去呢？有一大批人选择渡过欧洲和非洲之间的直布罗陀海峡，逃到北非去生活。

16世纪，在北非的巴巴利海岸（也就是今天的摩洛哥、阿尔及利亚和突尼斯一带），生活着大量从西班牙逃来的穆斯林。过去，这一带的海盗活动就很猖獗；现在这群穆斯林一心想对西班牙复仇，索性借着海盗活动来袭击西班牙。这么一来，北非的海盗活动就不再是纯粹的抢劫行为了，而是变成了一场宗教战争。

这些穆斯林海盗对西班牙海岸很熟悉；他们会说西班牙语，甚至可以以假乱真地冒充西班牙人。对西班牙来说，这是一个非常棘手的麻烦。

在所有海盗当中，最出名也最有传奇色彩的是一对兄弟，人们通常叫他们"巴巴罗萨兄弟"。"巴巴罗萨"是意大利语，意思是红胡子。我们之前提到过，有一位德意志皇帝也有这个绰号。而这对海盗兄弟里的哥哥留着红头发和红胡子，所以有了这个外号。

至于兄弟俩的真名，哥哥叫奥鲁奇，弟弟叫赫兹尔。大约在1512年，他们从地中海的东部来到巴巴利海岸。起初，两个小伙子可以说是一穷二白；但凭借他们仅有的资本——高超的航海本领和天不怕地不怕的冒险精神，兄弟俩很快就站稳了脚跟，开始逐步扩大自己的势力。

他们的大本营设在一座岛上，离今天的突尼斯海岸很近。从这里，野心勃勃的海盗可以轻松出击，抢劫在北非与意大利海岸之间来往的船只。海盗的袭击造成了严重的破坏。根据弟弟赫兹尔的说法，他们在一个月之内就俘虏了21艘商船和3800个人。另外，他们还在意大利与西班牙沿海一带掠夺人口，把那里的居民卖为奴隶。

随着巴巴罗萨兄弟的"战绩"越来越辉煌，渐渐地，他们成了传奇人物。在北非居民的口头传说与诗歌当中，在那些被压迫的西班牙穆斯林口中，他们几乎成了伊斯兰世界的侠盗罗宾汉。人们相信，巴巴罗萨兄弟整天劫富济贫，替天行道，甚至还像巫师一样有法力。奥鲁奇和赫兹尔为了从心理上震慑敌人，也刻意推动这些神话的传播。

西班牙人终于意识到，这群海盗是一个很大的威胁，于是他们发动反击，想要消灭巴巴罗萨兄弟。事实证明，西班牙人根本不是这对兄弟的对手，他们总是吃败仗，唯一的收获是用火枪打残了奥鲁奇的一只胳膊。于是，奥鲁奇获得了一个新绰号"断臂"。因为传说奥鲁奇用纯银

红胡子巴巴罗萨的舰队在法国尼斯

打造义肢接在自己的身体上，所以也有人叫他"银臂"。

今天，在很多关于海盗的外国电影和漫画里面，都能看到一个接着半截假胳膊的海盗船长，这个形象也许就是从奥鲁奇的故事里来的。

巴巴罗萨兄弟野心勃勃，并不甘心一辈子做海盗。此时，北非正处于四分五裂的状态，很多城邦和部落一天到晚打来打去，没有任何一方势力能够一家独大。

趁着这个好机会，哥哥奥鲁奇下定决心，要利用北非的权力真空开辟出霸王的基业。1515年，奥鲁奇与东方的奥斯曼帝国取得了联系。他派人去帝国首都伊斯坦布尔觐见最高统治者苏丹，寻求他的保护。苏丹也对这些雄心勃勃的海盗做了封赏，还送了两艘重型战船，上面满载着士兵、火药和大炮。

苏丹为什么这么大方呢？原来，当时的奥斯曼帝国虽然强大，可势力范围还达不到北非沿海一带，所以苏丹就打算招安这些海盗，利用他们去对付北非的穆斯林政权以及地中海对岸的基督教国家。这样一来，奥斯曼帝国就可以从中得利；北非的海盗也能从帝国那里获得合法性，变成苏丹麾下的正规军。可以说，双方是各取所需，一拍即合。

一年后，也就是1516年，哥哥奥鲁奇就在一场政变当中夺得了北非阿尔及尔地区的统治权。他杀死了当地的苏丹，然后带着手下不断袭击西班牙人在地中海南北两岸的据点，烧杀抢掠。

就在这个时候，西班牙迎来了一位新国王，就是我们已经多次提到的神圣罗马皇帝查理五世。

查理五世吸取教训，不敢小看这些海盗。他派遣了一万名士兵去剿灭奥鲁奇。这一次，西班牙人的行动果断坚决，他们快速切断了通往阿尔及尔的补给线，最终打败了奥鲁奇，将他杀死。

对西班牙人来说，这是一场了不起的胜利。他们砍下了奥鲁奇的银臂作为战利品，还将奥鲁奇那颗长有红胡子的脑袋送到北非各地去展示，向大众证明这位传奇海盗确实已经死了。

但是，哥哥死了，弟弟还在。赫兹尔和西班牙人结下了深仇大恨，他永远不会忘记哥哥的惨死，更不会忘记自己曾经受到的侮辱和伤害。

事实证明，赫兹尔比哥哥更狡猾。在奥鲁奇死后，赫兹尔做的第一件事，就是把自己的黑头发、黑胡子都染成了红色。他这么做，是为了彻底继承哥哥的事业，延续他的神话。于是，人们开始把赫兹尔也称为"巴巴罗萨"。赫兹尔就是想告诉人们，巴巴罗萨海盗没有死，他仍然是欧洲人的心腹大患。

接下来，赫兹尔就开始继续哥哥未完成的事业，在地中海西部坚持战斗。

不过，他心里清楚，这么打下去不是办法。赫兹尔认识到，面对强大的西班牙，他们这群海盗在北非的地位是非常危险的。作为外来入侵者，要想在北非海岸生存下去，他不仅需要兵员和装备来加强战斗力，还需要宗教和政治上的权威。

于是，赫兹尔派了一艘船到伊斯坦布尔，给奥斯曼帝国的苏丹献上礼物，并且正式向苏丹俯首称臣。他还请求将阿尔及尔也并入奥斯曼帝国。

现在，阿尔及尔一下子成了奥斯曼帝国的行省。从苏丹的角度来说，这群野心勃勃的海盗为他的帝国开拓了领土，而几乎没有花帝国的一分钱，真是一笔划算的买卖。

就这样，赫兹尔获得了政治上的合法性，也得到了新的资源。苏丹给这位年轻的海盗授予了一个新的荣誉称号：海雷丁，意思是"信仰之善"。慢慢地，人们都开始把赫兹尔叫作海雷丁·巴巴罗萨。

从海雷丁正式向苏丹效忠的那一刻起，斗争的性质就发生了变化。北非这个地方的冲突不再只是西班牙和一些海盗之间的局部摩擦了，它变成了查理五世皇帝和奥斯曼苏丹的斗争，北非也成了基督教世界与伊斯兰世界之间斗争的最前沿。

在这场斗争当中，海雷丁扮演了非常重要的角色。他为人诡计多端、心狠手辣；而且作为一名经验丰富的海盗，他经历过成千上万次航行，对大海了如指掌。他还可以从俘虏的口供和西班牙穆斯林提供的消息中，获得大量准确的情报。有了这些优势，他总是能够出其不意地发起大胆的攻击。

每年，海雷丁都会率领一支小舰队，在地中海扫荡两三次。他在海上拦截商船，烧毁沿海的村庄，抢夺人口。十年过去，仅在巴塞罗那和巴伦西亚之间三百多公里的海岸线上，他就俘虏了一万多人。

除了战斗力强，海雷丁还特别擅长宣传攻势。他把自己包装得神通广大、无所不能，以至于一听到他的名字，欧洲的民众就心惊胆战。他哥哥奥鲁奇的威名渐渐被人们遗忘，海雷丁成了唯一的"巴巴罗萨"。故事越传越离奇，人们甚至编出了很多以他为主角的惊悚故事和歌谣。商人们也从中看到了商机，印刷了大量的报纸，上面都是关于海雷丁的新闻，还有他的肖像画，以此来满足民众的好奇心。海雷丁俨然已经成了"明星"。

1533年，苏丹任命海雷丁为奥斯曼帝国的海军司令。上任之后，海雷丁就开始着手打造一支崭新的帝国海军。奥斯曼帝国的人力、物力资源，他都可以尽情调用。花了一年多时间，海雷丁不负众望，为苏丹建起了一支强悍的舰队。

海雷丁带着新舰队踏上了征服之路。他的死对头查理五世皇帝在意大利南部有一片属地，于是，海雷丁的战船像巨浪一般冲击了那里的海岸。他带着手下烧毁村庄、摧毁船只，将当地的男女居民都卖为奴隶。

这还只是开始。以此为起点，海雷丁不断向意大利的内陆进发。一路上，他带着手下不停地烧杀抢掠。最远的时候，他们打到了距离罗马只有100多公里的地方，吓得罗马人闻风丧胆，纷纷逃离城市。在返航途中，海雷丁又在那不勒斯烧毁了6艘正在建造中的西班牙船只。

人们还没有反应过来，他的舰队就已经离去，消失在蔚蓝大海中。

1545年，年迈的海雷丁在伊斯坦布尔退役，一年之后，他就安详地去世了。这么一位叱咤风云的枭雄居然能得到善终，这在历史上是很少见的。直到今天，在土耳其人的心目中，海雷丁仍然是伟大的海军将领和民族英雄。为了纪念他，土耳其海军的一些军舰还被命名为"海雷丁"号。

在海雷丁的领导下，奥斯曼海军不仅主宰了整个地中海东部，而且经常袭击地中海西部的意大利和西班牙沿岸，给这几个国家造成了很大的损失。万般无奈之下，西方基督教国家终于决定联合起来，向奥斯曼帝国海军发动一次大规模进攻。

08

孤注一掷的冒险：勒班陀大海战

东方的奥斯曼帝国招安北非海盗之后，苏丹借助海盗的力量，建立了一支强大的舰队。然后，奥斯曼帝国和欧洲基督教国家之间就爆发了一场争夺地中海的战争。

这场战争很漫长，前前后后打了几十年，大多数时候以小规模袭击为主，很少发生有双方主力舰队正面交锋的大型海战，而且基本都是奥斯曼海军占上风。一直到1571年，这个局面才终于被打破。

事情的起因是这样的：1570年6月，奥斯曼帝国军队入侵了塞浦路斯。塞浦路斯是地中海东部的一个岛屿，当时属于威尼斯共和国的势力范围。这严重侵犯了威尼斯共和国的利益，对其他基督教国家也产生了很大的威胁。

这么一来，欧洲人坐不住了。在罗马教皇的号召下，地中海世界的几个主要基督教国家，比如西班牙、威尼斯共和国等，终于团结起来，组成了一个"神圣联盟"。他们组建了一支庞大的联合舰队，要把奥斯曼人赶走，保护塞浦路斯。这支舰队的总司令是西班牙国王同父异母的弟弟，名字叫作堂胡安。

神圣联盟舰队大概有200多艘战船，28 000名士兵，还有4万名水手和桨手。可以说，威尼斯和西班牙已经贡献出了它们全部的海军力量。

虽然说是联合舰队，但其实并不团结。因为舰队的大部分成员不是意大利人就是西班牙人，而两个民族之间本来就有矛盾，经常扯皮。神圣联盟舰队就这样吵吵嚷嚷地出发了。

1571年的10月4日，舰队终于抵达希腊的一个岛，可是到了那里才知道，塞浦路斯已经被奥斯曼人彻底占领了。他们本来是要去救援塞浦路斯的，现在还没开打，任务就已经失败了。

接下来该怎么办？舰队内部发生了激烈的争吵。西班牙人觉得，行动已经没有意义了，还是赶紧撤退，保存实力要紧；可是威尼斯人不甘心，他们大吵大闹，要求继续打，一定要为塞浦路斯报仇雪恨。两边吵得不可开交，这个时候，总司令堂胡安发话了。他力排众议，命令舰队继续前进，开往希腊的帕特雷湾，计划到达之后，就把奥斯曼海军的主力引出来，跟他们打一场。

神圣联盟这边吵个不停，在60多公里之外的奥斯曼海军基地勒班陀，奥斯曼人也在开会讨论，而且讨论的话题完全相同：打还是不打？

根据奥斯曼海军的侦察，基督教舰队最多只有150艘桨帆船，实力远不及他们。所以，这看起来是个将敌人一举全歼的好机会。可是，他们并没有十足的理由去冒险求战：首先，当时的风浪很大，不适合航海；第二，因为才打完塞浦路斯不久，士兵们还非常疲惫；第三，他们在勒班陀的位置易守难攻，完全可以以逸待劳，没必要跑出去主动出击。

该怎么选择呢？奥斯曼舰队总司令阿里帕夏感到很为难。可是，苏丹一直在给他下命令，要求他一举消灭敌人。根据历史学家的记载，阿里曾说："我不断收到伊斯坦布尔的命令，我为自己的地位和生命担忧。"听了这话，其他指挥官没法再反对了。于是，大家决定离开港湾，主动迎战。

第二天是大决战的日子。在奥斯曼舰队离开勒班陀的时候，一大群黑乌鸦呱呱叫着从空中飞过，这可不是个好兆头。总司令阿里虽然表现得很自信，但他心里明白，他的船员并不是个个都愿意打仗。为了凑足人数，他不得不从勒班陀周边地区拉了不少壮丁。来到战场，奥斯曼人更是大吃一惊：敌人舰船的数量比之前侦察到的多得多。

战斗开始之前，两支舰队都在大海上摆开阵形。基督教神圣联盟这边，总司令堂胡安把全军分为左中右三个编队，中军由堂胡安亲自指挥。他把不同国家的战船都混编在一起，这一方面是为了防止某个国家的舰队叛变，另一方面也是为了加强大家的凝聚力。

堂胡安努力将战船排成一条直线，奥斯曼人则偏爱弯弯的新月阵形。他们的总司令阿里帕夏乘坐旗舰，占据中军，和堂胡安正好相对。

双方使用的主力舰船都是桨帆船，顾名思义，这种船既有桨，又有帆。当风向合适的时候，就用帆；不合适的时候，就划桨。桨手大多是奴隶，生存条件很恶劣。由于人的体力有限，快速划桨的时间维持不了太久，所以，战船的高速航行只能维持很短的时间。

这种桨帆船的攻击能力集中在船头。船头通常装有三到五门大炮，它们能旋转的角度很小，主要指向正前方。船头也是船上唯一能够聚集大量士兵的地方。桨帆船的船体很脆弱，很容易被撞坏或被炮弹炸毁。如果船的侧舷或者船尾遭到另一艘桨帆船的攻击，那就只能坐以待毙了。

当时海战的常规战术是先用大炮、火枪和弓箭来扫射敌船的甲板，然后用一种尖锐的小桥撞击敌船，让士兵们通过小桥登上敌船的甲板，再展开近战。

奥斯曼舰队摆成弯弯的新月阵形，目的是从侧翼包抄，围住敌人，然后通过近距离混战打乱敌人的阵形；这么安排是因为他们的船更灵活，比较容易从侧舷攻击和消灭敌人。

相比之下，神圣联盟舰队虽然灵活性比较差，但是他们的船更重，火力也更强，其战船的平均火炮数量是敌人的两倍。他们还拥有一种特殊武器，叫作加莱赛战船。这种船比桨帆船大得多，非常笨重，速度很慢；但是它吃水比较深，航行稳定，还能搭载更多、更强大的火炮，以及数量可观的水兵，因此战斗力很强。

在战前动员时，堂胡安努力鼓舞各个国家的官兵。面对威尼斯人，堂胡安敦促他们为塞浦路斯报仇雪恨；对西班牙人，他则提醒大家的宗教义务："为上帝的圣名而战，无论死亡还是胜利，你们都将永垂不朽。"另外，堂胡安还向划桨的奴隶许诺，如果他们表现良好，就给他们自由，他甚至下令让人打开所有奴隶身上的锁链。

战斗打响了。神圣联盟舰队的秘密武器——6艘加莱赛战船已经摆开阵势。在船上，炮手们的心提到了嗓子眼，他们弯下身子，用手拿着引火线，盯着奥斯曼舰队快速逼近。

当两军之间的距离缩短到130多米的时候，长官终于下达命令，加莱赛战船开始射击。

一轮惊天动地的猛轰开始了。加莱赛战船证明了它的威力。在两军短兵相接之前，奥斯曼战船就已经有三分之一被击沉，或者遭到了重创。一时间，海面上漂满了挣扎的士兵、桨叶、木桶，还有一大堆武器装备。仅仅6艘加莱赛战船，居然能造成这么大的杀伤，这让交战双方都觉得不可思议。

　　神圣联盟舰队一边尽力保持队形，一边缓缓地驶向敌人。奥斯曼舰队虽然已经被打得七零八落，但还是迅猛地冲向对方，火炮不停地轰轰作响。

　　整条战线上，到处都是猛烈的冲撞，两军战船激烈厮杀，乱作一团。每个人都极其勇猛地战斗，一心想要置对方于死地。很多土耳其人和基督徒都登上了对方的桨帆船，用短兵器贴身肉搏；也有很多人被逼跳海，不幸淹死。

　　慢慢地，局面开始向有利于神圣联盟舰队的方向发展。这一方面是因为战斗初期，加莱赛战船的当头猛击打了敌人一个措手不及；另一方面是因为，奥斯曼舰队内部的士气本来就不高。

　　奥斯曼舰队的左翼指挥官乌卢奇·阿里起初打得不错，在敌方战线上撕开了一个口子，还捞到了不少战利品。可就在这个时候，奥斯曼舰队的中军崩溃了。

狡猾的乌卢奇显然不打算为一场已经失败的事业献身，于是，他拿走了敌船的旗帜作为战利品，然后带着自己部下的14艘桨帆船转向北方，直接溜走了。

勒班陀海战打了4个小时，一共有4万人死亡，其中2.5万人都属于奥斯曼帝国舰队，大海上飘满了尸体。这是西方历史上规模最大的海战之一，直到1915年第一次世界大战期间，勒班陀海战的死伤规模才被超越。

值得一提的是，在神圣联盟舰队当中，有一个年仅24岁的军人，名叫米格尔·德·塞万提斯。大决战的这天早上，塞万提斯发了高烧，但他还是爬下床来，跌跌撞撞地走到自己的岗位上去指挥一小队士兵。在战斗当中，他的胸部中了两弹，左手也永久性地残废了，不过万幸，他还是活了下来。

后来，塞万提斯写了一部小说《堂吉诃德》，成了名垂青史的大作家。今天大家都认为，塞万提斯是最伟大的西班牙语作家，也是人类历史上最卓越的小说家之一。

直到去世，塞万提斯都对曾经参加勒班陀海战而自

勒班陀海战场景

豪。用他自己的话说，这场海战是"过去、当今和未来最辉煌的伟业"。

勒班陀海战结束后，欧洲基督教世界欢欣鼓舞，奥斯曼帝国则大受震动。不过，奥斯曼人很快就重建了舰队。他们的首相曾经对威尼斯大使嘲讽地说："我们从你们手中夺得塞浦路斯，就像砍掉了你们一只胳膊；你们打败了我们的舰队，就像割掉了我们的胡须。胳膊被砍掉就再也长不出来；胡须被剃掉却长得更快。"

有人认为，勒班陀海战是最重要、最有决定性的海战之一；也有人觉得勒班陀海战对基督教世界来说不过是一次侥幸的成功，对奥斯曼帝国来说，只是一个小挫折。

但是，假如当初基督教神圣同盟打了败仗，又失去了可供防御作战的舰队，那么，地中海的所有主要岛屿都很可能落到奥斯曼人手中，奥斯曼人就能够以这些岛屿为跳板进攻意大利，一直打到罗马。事实上，这就是奥斯曼苏丹的最终目标。因此，直到战役结束一年之后，西班牙人还在后怕。总司令堂胡安当初真可以说是孤注一掷，冒了巨大的风险。尽管战役的结局很辉煌，但他们的胜利实在很侥幸。

奥斯曼人虽然对这次失败不以为然，但海上力量毕竟受了损失。在勒班陀海战之后，奥斯曼海军还是几次三番袭击基督教国家，但再也没有能力发动大规模进攻了。

后来，塞万提斯曾经在小说中借堂吉诃德之口评价了勒班陀海战的影响："那一天……对基督教世界来说是如此幸福，因为全世界都了解到，以前他们相信土耳其人在海上不可战胜，是多大的错误。"

09

疯狂的沙皇：伊凡雷帝

今天很多欧洲人的祖先都和北欧的维京人有莫大的关系。维京人热爱冒险，喜欢到处探索，而且战斗力强、很会打仗。在古代，有些维京人入侵了英格兰，与那里的原住民盎格鲁－撒克逊人作战；有些维京人入侵了诺曼底，后来在那里繁衍生息，演化为诺曼人，而诺曼人又征服了英格兰；还有一些诺曼人征服了西西里，建立了西西里王国。

事实上，好动的维京人不仅在欧洲中部和西部留下了印记，他们当中有些人走得更远，一直来到遥远的东斯拉夫人的土地上。传说，有一位名叫留里克的维京人领袖，在公元862年受到东斯拉夫人和东欧其他一些部落的邀请，去当他们的首领。于是，维京人留里克就在公元9世纪建立了俄罗斯历史上的第一个王朝，也就是留里克王朝。注意，我们把这个时代的东斯拉夫人称为"罗斯人"，他们是今天的俄罗斯人、白俄罗斯人和乌克兰人的祖先。

公元988年，留里克的后代、罗斯大公弗拉基米尔皈依了基督教的分支东正教，和东正教的中心拜占庭帝国建立了密切的联系。从这位罗斯大公开始，留里克王朝不断扩张，后来几乎囊括了从波罗的海到黑海之间的所有土地。

但是，公元1238至1240年，成吉思汗的家族率领蒙古军队打垮了留里克王朝。接下来的整整两个世纪，蒙古人成了罗斯的主宰。蒙古人允许留里克王朝的王公们统治一些小国，作为蒙古人的附庸。其间，出现了罗斯人与蒙古人杂居、通婚的现象，因此后来很多著名的俄罗斯贵族家族都有蒙古人的血统。

不过，就这么被蒙古人压一头，罗斯人肯定是不甘心的。渐渐地，罗斯王公们开始挑战蒙古人的权威。比如莫斯科大公伊凡三世，就兼并了罗斯的许多城邦，将它们纳入莫斯科大公国。1480年，伊凡三世正式停止对蒙古人纳贡，这也意味着莫斯科大公国从此开始与蒙古分庭抗礼。

留里克王朝信仰东正教，而东正教的中心过去一直是拜占庭帝国。1453年拜占庭帝国被奥斯曼帝国灭亡之后，东正教的中心就不复存在了，因为奥斯曼帝国信仰伊斯兰教。在这种局面下，莫斯科大公伊凡三世就自封为东正教世界的领袖。又因为拜占庭的首都君士坦丁堡曾被称为新罗马，所以莫斯科现在作为东正教的精神首都，就被称为"第三罗马"。为了方便起见，我们就把从这个时候开始的以莫斯科为中心的那个民族称为"俄罗斯人"。

伊凡三世娶了拜占庭末代皇帝的侄女，借着这层亲戚关系，他自命为拜占庭皇帝的继承者，甚至开始自称"恺撒"。恺撒本来是古罗马的大英雄，后来他的名字变成了罗马皇帝的头衔，在俄语中呢，又变成了"沙皇"。今天我们常常看到的"俄罗斯沙皇"这个说法其实就是从恺撒这里来的。伊凡三世得了"沙皇"的新称号之后，他手下的宣传家们就开始鼓吹，说他已经着手要重新统一留里克王朝的土地了。

伊凡三世死后，他的儿子瓦西里三世继承了他的事业。瓦西里三世的继承人伊凡四世是他的孙子，也就是伊凡三世的重孙，后来人们也称他为"伊凡雷帝"，或者"恐怖的伊凡"。

伊凡雷帝还是个三岁小娃娃的时候，祖父瓦西里三世就去世了，于是他继承了莫斯科大公的宝座。此时，国家朝政主要由他的母亲和一些权贵把持。不幸的是，在他8岁那年，母亲也去世了，而且很可能是被毒死的。

伊凡雷帝

大臣之间的权力斗争越来越激烈，甚至演化成了暴力冲突，这对小小的伊凡造成了很大创伤。等他长大成人之后，他的性格变得很有魅力，充满活力，但与此同时也有反复无常的一面。

1547年，年仅16岁的伊凡雷帝加冕成为沙皇。他也是第一位被正式加冕为沙皇的莫斯科大公。

登上皇位之后，他就开始为自己寻觅妻子。遵照过去蒙古可汗和拜占庭皇帝的传统，伊凡举行了一场选秀。选秀的目的是让沙皇本人从中层乡绅家庭中挑选一位姑娘，以此来减少大贵族之间的争斗。全国各地的五百名少女被召集来参加这场选秀，最终的胜利者是一个名叫阿纳斯塔西娅·罗曼诺芙娜·扎哈林娜-尤里耶娃的少女。这位姑娘的家族有一定的声望，但不是特别有势力，与最有权势的贵族距离比较远。从这个角度来说，她是很理想的人选。

很快，伊凡雷帝就迎娶了新娘。这是一段非常成功的婚姻。皇后为他生下了六个孩子，其中有两名男孩最后长大成人。皇后还有一项神奇的本领，能让他疯狂的暴躁脾气平静下来。

一开始，伊凡雷帝的统治可以说是一帆风顺。他发动了一场宗教战争，率领军队打败了东南方信奉伊斯兰教的鞑靼人。这些鞑靼人是成吉思汗统治的蒙古人的后代，但现在他们分裂成了许多小汗国。为了庆祝胜利，伊凡雷帝还在莫斯科红场兴建了雄伟的圣瓦西里大教堂。

伊凡雷帝打败东南方的鞑靼人之后，开始派遣商人和冒险家征服庞大而富饶的西伯利亚；同时，他又从欧洲引进专家与商人，推动莫斯科大公国的现代化。我们前面说过，莫斯科大公与波兰－立陶宛联邦打过仗，这也是伊凡雷帝的手笔，他想用战争来压制波罗的海一带富有的城市。此外，他还常常与另一个区域性强国——南方克里米亚鞑靼人的汗国发生战争。

1553年，伊凡雷帝得了重病，危在旦夕。于是，皇后阿纳斯塔西娅的哥哥就开始劝说贵族们向沙皇与皇后的儿子效忠。当时，这个孩子还是个小婴儿。贵族们拒绝了，因为他们更支持沙皇已经成年的表弟弗拉基米尔公爵。

后来，伊凡雷帝的病好了。他听说这些事情之后，就开始怀疑贵族们的忠诚，对他们的猜忌越来越重，也越来越敌视表弟弗拉基米尔公爵。

1560年，皇后阿纳斯塔西娅去世了，当时她只有29岁。伊凡雷帝十分哀恸，他坚信皇后是被不怀好意的权贵毒死的。今天我们回过头看，皇后确实有可能是被毒死的，但也完全可能是死于疾病或药物的副作用。不管怎么说，权贵们的背叛和阴谋，再加上他自己的疑心病，促使伊凡雷帝发动了一连串疯狂的暴力活动。

伊凡雷帝突然离开莫斯科，跑到外省的一座要塞隐居。然后，他把国家分成了两部分，一部分是他的私人领地，也就是沙皇特辖区；剩下的土地属于另一部分，即普通区。他还组建了一支令人胆寒的亲信队伍"特辖军"。特辖军的成员穿黑衣，骑黑马，以扫帚和狗头图案为徽记，以此来象征他们不可腐蚀、绝对忠诚。特辖军属于特务机构，是统治者镇压权贵与民众的工具。

恐怖统治就这样开始了。伊凡雷帝行为反复无常，令所有人胆战心惊。有时候，他让手下疯狂地杀人；有时候，他会虔诚地祈祷；有时候，他又开始纵情享乐。总之，在他的魔爪下，没有人能高枕无忧。

家庭和继承人的问题更加剧了他的反复无常。伊凡雷帝的小儿子身体不好，看起来似乎只有大儿子伊凡一个男孩能够长大成人。在这种局面下，他必须再娶一位皇后。于是，再婚也成了他的执念。

娶谁呢？伊凡雷帝想找一位外国新娘，最好是瑞典或者波兰王族的公主，以便赢得波兰王位；或者娶一个英格兰女人，他甚至还想过娶英格兰女王伊丽莎白一世本人。

结果，伊凡雷帝前前后后一共娶了八位妻子，其中三位可能是被毒死的，还有几位可能是被他下令杀死的。1569年，他的第二任妻子，一位鞑靼公主，不幸去世。有人怀疑她是被毒死的。伊凡雷帝大发雷霆，杀了一堆大臣，然后疯疯癫癫地派遣一队特辖军，去镇压特维尔和诺夫哥罗德这两座城市，因为他怀疑两地的市民反对他。结果，特辖军几乎把这两座城市的市民斩尽杀绝。

说到这里，你可能会想了：一个国家的皇帝发疯了，那它的敌人不是正好趁虚而入吗？没错，南边的鞑靼可汗就趁着伊凡雷帝发疯的机会，侵略了莫斯科大公国，一度占领并烧毁了莫斯科城。不过，伊凡雷帝很快就打败鞑靼军队，重新统一了他的领土。

没过多久，他又做了一件莫名其妙的事情：宣布退位，并指定一位鞑靼可汗的儿子来当俄罗斯的统治者。但后来他自己又夺回了皇位。

伊凡雷帝确实是个虐待狂，不过，他的血腥手段也不是完全没有目的的。事实上，他的残酷镇压粉碎了区域性权贵的力量，加强了俄罗斯的中央集权。

到了晚年，伊凡雷帝越来越疯癫。1581年，他居然在狂怒之下打死了自己的长子伊凡。俄罗斯已经被他搞得一塌糊涂，而现在皇位又只能由他与阿纳斯塔西娅的另一个儿子、体弱多病而头脑简单的费奥多尔来继承，这给俄罗斯的命运蒙上了一层更深重的阴影。

伊凡雷帝为俄罗斯到处开疆拓土，立下了不小的功业。但是，他也几乎从内部毁掉了俄罗斯。他死后，俄罗斯陷入内乱，又遭到了外敌的入侵，于是俄罗斯进入了一个"混乱时期"。谁能拯救俄罗斯呢？

这就又要说到伊凡雷帝的第一位皇后，阿纳斯塔西娅。皇后有一个兄弟，名叫尼基塔·罗曼诺维奇。他的孙子后来被推举为沙皇，开创了延续三百年的罗曼诺夫皇朝。关于罗曼诺夫家族的故事，我们后面还会讲到。

历史之旅的下一站，我们先去法国看一看，波旁王朝是如何建立的。

10

三亨利之战：波旁王朝的建立

在之前的故事里，我们讲了宗教改革对德意志和英格兰的影响。德意志发生了激烈的宗教战争，出现了新教徒和天主教徒分庭抗礼的局面；而英格兰由于国王亨利八世的离婚案，干脆就彻底脱离了天主教会，成了一个新教国家。不过，宗教改革的影响范围还不只是这些，它还波及了另一个大国：法国。

这段故事有两位女主角。第一位是一个意大利人，她的名字叫作卡特琳·德·美第奇。

美第奇家族这个名字你可能听说过，他们来自意大利的佛罗伦萨，是欧洲历史上赫赫有名的一个重要家族。今天，人们说起美第奇家族，说得最多的就是他们对意大利文艺复兴做出的贡献。这家人热衷于收藏艺术品，并且很慷慨，乐于赞助杰出的艺术家和伟大的艺术创作。波提切利、达芬奇和米开朗琪罗等多位大名鼎鼎的艺术家都曾经受过美第奇家族的赞助。

与很多其他的大家族不同的是，美第奇家族并非生来就是贵族。他们最早是从事羊毛加工的生意人，后来生意做大了，就进军银行业，开起了银行。由于美第奇家族精通财政和金融知识，有好几位罗马教皇都委托他们帮忙管理财产。一时间，美第奇家族成了全欧洲最富有的家族之一。

有了财富，美第奇家族又开始参与政治。他们凭借着自己的财力和影响力，成为了佛罗伦萨的实际统治者。甚至，美第奇家族还曾经出过四位罗马教皇。

我们要讲的第一位女主角卡特琳·德·美第奇，就是其中一位教皇的侄女。在教皇的安排下，卡特琳嫁给了法国王子亨利。后来亨利王子登上王位，成了法国国王亨利二世。于是，卡特琳，这位意大利商人家族的女儿，就当上了法国的王后。传说正是这位卡特琳把吃饭用的叉子，还有莴苣、意大利面等美食，从意大利引进到了法国。

亨利二世在位时，卡特琳并没有什么影响力，国王也不宠爱她。结果，1559年，亨利二世在一场比武大会中不小心受伤，最后伤重而死。于是，他和卡特琳的长子，15岁的弗朗索瓦二世就继承了法国的王位。

说到这里，你可能想起了前面的一些历史故事：如果国王登基的时候年纪小，那么很多时候都是由太后来主持大局。但是，卡特琳虽然当了太后，却仍然没有掌握实权。权力在谁手里呢？当时法国有一位大贵族吉斯公爵，他的外甥女嫁给了小国王弗朗索瓦二世做王后。吉斯公爵就以外戚的身份掌握了法国的朝政，把太后卡特琳架空了。

尽管小国王弗朗索瓦二世和卡特琳太后等王室成员与吉斯公爵政治立场不同，但他们都信仰天主教。而此时在法国民间，宗教改革运动已经非常兴盛了。很多法国人出于对罗马教皇的不满，皈依了新教。法国的这一支新教徒又被称为胡格诺派，"胡格诺"的意思是"结盟者"。而且不止是平民百姓，就连很多有权有势的大贵族也加入了胡格诺派，波旁家族就是其中之一。

波旁家族是法国王族的一个分支，算是王室的至亲。由于大权在握的吉斯家族坚决主张严厉地镇压胡格诺派，法国出现了两股势力对峙的局面。一派是信仰天主教的吉斯家族，他们是外戚，即王后的亲戚；另一派就是加入了胡格诺派的王族分支波旁家族。小国王弗朗索瓦二世势单力薄，太后卡特琳更是处于被架空的状态，没有足够的力量去掌控局面。

更糟糕的是，年轻的弗朗索瓦二世只做了一年国王就病死了，没有留下子嗣。按照顺序，弗朗索瓦的弟弟、也就是卡特琳太后的二儿子、年仅9岁的查理九世继承了王位。

此时，法国的中央王权已经崩坏，天主教徒与胡格诺派、吉斯家族与波旁家族之间打得不可开交，而且他们都不怎么把太后和小国王当回事。卡特琳太后和查理九世这对孤儿寡母，可以说是危机重重。

卡特琳该怎么办呢？她出身于美第奇这样的商人家族，所以性格里面有商人的特点，比较务实，考虑问题从实际出发。因此，卡特琳虽然是天主教徒，但她对宗教问题其实并不是特别执着；相反，她对胡格诺派的态度是比较温和、宽容的。为了维护法国的统一和安定，她用了很多办法，想要促成天主教派和胡格诺派的和解。

就在这个关键时候，咱们的另一位女主角登场了，她就是纳瓦拉女王胡安娜三世。

纳瓦拉虽然只是一个小国，但胡安娜女王的身份很不一般。她的母亲是一位法国公主，所以胡安娜有法国王室的血统。另外，胡安娜的丈夫是波旁家族的一位公爵，波旁家族也有法国王室的血统，所以胡安娜女王和她的儿子——波旁的亨利都对法国王位拥有主张权，就是说有资格继承法国王位。

胡安娜是坚定的胡格诺派，从宗教立场上来说，她跟卡特琳本是水火不容的。但是，在激烈内战的局面下，恰恰是这两位女性出人意料地结成了同盟。为了促成和解，卡特琳把女儿许配给胡安娜的儿子，也就是波旁的亨利。这是信仰天主教的法国王室和胡格诺派的联姻，这门婚事如果顺利的话，似乎就有希望给法国带来久违的和平。

1572年8月18日，婚礼在巴黎圣母院举行。巴黎原本是天主教的大本营，不过很多胡格诺派的贵族为了参加婚礼，此时也来到了巴黎。他们还带来了大量武装随从和卫兵，一时间巴黎城内的气氛非常紧张，火药味十足。

不幸的是，婚礼刚过了三天，胡格诺派的一位重要将领科利尼就被人行刺，受了很重的伤。今天人们还没有搞清楚，这场刺杀是谁指使的。有人说就是卡特琳干的；有人说是吉斯家族，因为吉斯公爵几年前被胡格诺派刺杀了，所以他们要复仇；也有人说是西班牙国王策划的，因为西班牙国王极其仇视新教徒。

不管卡特琳是不是真正的幕后黑手，她收到消息之后，立刻就去看望科利尼，泪流满面地承诺要严惩刺客。虽然她的表态好像是向着胡格诺派的，但其实出了这么大的事情，卡特琳和查理九世心里都很不踏实，生怕胡格诺派会发动战争向天主教派报仇。所以他们决定，趁着胡格诺派的很多领导人刚刚参加了婚礼，人还在巴黎，索性先下手为强。传说，22岁的查理九世下了一道狠毒的命令："把他们斩尽杀绝！"

于是，8月23日到24日这两天，巴黎发生了一起震惊世界的大屠杀。因为8月24日是天主教圣徒圣巴托罗缪的纪念日，所以，这场屠杀被称为"圣巴托罗缪大屠杀"。

许多胡格诺派领导人被杀，伤重在床的科利尼也被杀害。血洗巴黎的行动持续了一周；在其他很多地方，屠杀甚至持续了几个月。因此有历史学家说，圣巴托罗缪的纪念日不是一天，而是一个季节。今天，人们估计在这场灾难当中，可能有1万到7万人惨遭杀害。所以，这场婚礼并没有给法国带来安定和团结。

甚至就连刚结婚的波旁的亨利，也面临着生命危险。为了保住性命，他不得不承诺放弃胡格诺派信仰，改信天主教。据说，卡特琳太后看到女婿亨利跪在祭坛前瑟瑟发抖，居然发出了一阵大笑。从那以后，在胡格诺派眼中，卡特琳就是一个邪恶的敌人。而波旁的亨利也并没有遵守誓言皈依天主教，这是后话了。

你可能会疑惑，卡特琳太后原本是倾向于两个教派和解的，怎么变成了胡格诺派的死敌？这个问题很复杂，因为人性本来就是很复杂的。卡特琳毕竟是虔诚的天主教徒，她之前对胡格诺派的让步是出于政治考虑，不是因为她喜欢胡格诺派；而且她的儿子查理九世是狂热的天主教徒，极端仇视胡格诺派，太后也是身不由己。

内战还在继续，双方各有胜负，僵持不下，整个法国都笼罩在血雨腥风之下。

两年后，查理九世驾崩。他没有子嗣，于是继承人就轮到了卡特琳的三儿子亨利。其实亨利刚刚当选为波兰国王，得知哥哥查理九世驾崩后，他迅速抛弃了波兰，返回法国，登基成为亨利三世。

亨利三世和他的两个哥哥不一样，登基时已经成年，身体也更健康一些。但是，亨利三世对朝政不感兴趣，性格也很古怪，并不是一位能够稳定局势的国王。

宗教战争还在持续升级。此时，亨利三世的弟弟，也就是卡特琳最小的儿子，为了争权夺利，居然跟胡格诺派结盟，站在一起来反对王室。

不过，这个小弟弟终究还是年纪轻轻就病死了，而卡特琳太后已经没别的儿子能继承王位，亨利三世国王也没有子女。这就导致波旁的亨利成了下一顺位的王位继承人，而他是胡格诺派的。这可是法国天主教徒绝对不能接受的，他们组成了一个"天主教联盟"来反对王室，希望剥夺"波旁的亨利"的王位继承权。就这样，天主教联盟、法国王室和胡格诺派这三派之间，爆发了一场大混战。

天主教联盟的领袖是新一代的吉斯公爵，碰巧，他的名字也叫亨利。这三个派别的领导人都叫亨利，所以这场战争也被称为"三亨利之战"。

其中，亨利三世国王是比较弱势的一方，他要同时对抗天主教联盟和胡格诺派，而这两个敌人的军队都比他的军队更强。天主教联盟的吉斯公爵一度把亨利三世逼得走投无路，所以国王非常憎恨吉斯公爵，派人刺杀了他。不久之后，亨利三世自己也被狂热的天主教徒杀死了。

就这样，三个亨利当中的两个互相残杀，只剩下了一个亨利，那就是波旁的亨利。亨利三世临死前，还是把王位传给了他，法国王位就这样落到了波旁家族手中，亨利四世成了法国波旁王朝的第一位君主。

经过三十多年内战，法国已是国库空虚、民不聊生。亨利四世在一次演讲中说："交到我手中的法兰西已近乎毁灭，对法国人而言，可以说，法兰西已经不复存在了。"

为了让国家安定下来，亨利四世对两大教派都采取怀柔政策。他本人皈依了天主教。他有一句名言："巴黎值得一场弥撒。"意思是，为了得到巴黎，也就是得到法

亨利四世

国王位，他放弃原本的信仰，接受天主教的弥撒仪式也是值得的。

凭借着优异的才干和性格魅力，亨利四世逐渐赢得了天主教徒的信任和支持。至于胡格诺派，亨利四世颁布了《南特敕令》，给予他们信仰自由与持有武装的特权。这是法国第一部承认新教徒信仰自由的法令。亨利采纳和解与宽容的方针，努力化解新教徒和天主教徒之间的仇恨，终于为法国带来了和平与安定。

在多年内战的废墟上，亨利四世开始着手重建经济、财政与秩序。他整顿税收、重修公路、疏通河流、扶助工商业，法国的元气在他手中渐渐恢复。他还有一句话也很有名："我希望法国的每个农民在每个星期天都能吃上一只鸡。"今天吃鸡肉是很平常的事情，在当时的法国，这可以说是豪言壮语了。

直到今天，亨利四世仍然被视为法国历史上最伟大的君主之一。

11

莫卧儿帝国的崛起

在古代的欧亚大陆，草原征服者曾经是非常强大的力量。比如咱们熟悉的成吉思汗建立了强大的蒙古帝国；还有14世纪的帖木儿建立了横跨欧亚大陆的帖木儿帝国。帖木儿死后，他的帝国就分崩离析，分裂成许多小国家，分别由他的后人统治着。这些小国位于亚洲的中部，彼此之间经常起冲突。后来，在这些小国当中，又出现了一位强大的征服者，他在印度建立了一个大帝国，就是莫卧儿帝国。

15世纪末，在今天乌兹别克斯坦的费尔干纳生活着一位小王公，他的爸爸是帖木儿的后代，妈妈是成吉思汗的后代。虽然血统高贵，但他也只是在中亚混战的许多诸侯之一。他的名字叫作扎希尔·丁·穆罕默德，因为大家都觉得这个名字太长，就给他取了一个绰号"巴布尔"，意思是"老虎"。

巴布尔12岁就登上了费尔干纳的王位。由于他年纪太小，好几位亲戚都发动了叛乱，想要取代他。不过，巴布尔很快就打败了反叛者，开始野心勃勃地对外扩张。没过几年，他就占领了乌兹别克斯坦一座富裕而强大的城市：撒马尔罕。

但是命运最会捉弄人。巴布尔正在春风得意的时候，敌人趁他在外远征，夺走了他的老家费尔干纳。他匆忙率领军队回去收复失地，结果敌人又趁这个机会夺走了撒马尔罕。于是，巴布尔一无所有了。后来他功成名就之后，回忆起这段伤心的往事，他说："当时我遭受的打击实在是太大了，我情不自禁地号啕大哭。"

虽然伤心，但巴布尔并没有气馁，而是很积极地寻找盟友。他得到了波斯萨非王朝的支持，在阿富汗建立了新的大本营，然后征服了中亚的一些土地，其中就包括撒马尔罕。可惜，好景不长，中亚的敌人实在太强大了。没过多久巴布尔又把撒马尔罕丢掉了。

该怎么办呢？巴布尔觉得自己在祖先的这片土地实在难以生存下去，于是把目光转向了南方的印度。这个时候的印度也处于群雄割据的状态，有的君主信奉印度教，有的信奉伊斯兰教，互相之间打个不停。巴布尔在印度征战多年，战胜了很多强大的敌人，终于成为印度北部的主宰，建立了莫卧儿帝国。"莫卧儿"是波斯语，意思是蒙古。之所以起这个名字，就是因为巴布尔是成吉思汗的后代。

在印度征战的这些年，巴布尔带着自己的军队，经常是以一当十，打了很多以少胜多的大胜仗。

为什么他的军队战斗力那么强呢？因为他有一件法宝：火药武器。他的军队一方面从葡萄牙人、奥斯曼人和波斯萨非王朝那里获得先进的火药武器，另一方面也自己发展枪炮技术。事实上，火绳枪和大炮都是经过他传入印度的。有了这些武器，面对以冷兵器为主的印度人，巴布尔的军队就经常能够以少胜多了。

统治莫卧儿帝国很不容易，因为印度的民族、语言和文化众多，更重要的是，这里的宗教信仰也非常复杂。巴布尔和其他的统治精英信奉的是伊斯兰教逊尼派，然而他们的人数太少了。为了巩固统治，也为了赢得印度人的支持，巴布尔采取宽容和怀柔政策，对被征服的人民给予足够的尊重。虽然他自己是逊尼派穆斯林，但他并不强迫其他人皈依自己的信仰。他还告诫儿子胡马雍，"要靠爱之剑，而不是暴力之剑，去传播伊斯兰教"。

在文化方面，巴布尔也尊重不同民族的差别。在他眼里，五彩缤纷的多元文化是一件好事。他曾经说："看到子民的千姿百态，就好比看到了各个季节的多姿多彩。"

巴布尔是莫卧儿帝国的开国皇帝，但他主要是一位军事征服者。帝国虽然建立起来了，但还不够稳固，势力范围也不够大。巴布尔死后，他的儿子胡马雍继承了皇位。结果胡马雍登基之后不久就被阿富汗人打败，丢掉了自己的国家。不过，胡马雍和他的父亲一样，也获得了波斯萨非王朝的帮助。他带着军队卷土重来，收复了失地，又开始了更大规模的扩张。从那以后，莫卧儿帝国的宫廷文化就染上了浓厚的波斯色彩。波斯的语言、艺术、建筑和文学对印度产生了极大的影响。波斯语也成为印度宫廷和上流社会的语言。

可惜的是，胡马雍还没来得及将帝国的政局彻底稳定下来，就因为一场意外而死去了。胡马雍的死法很奇特：他很爱读书，有一次他在自家的图书馆里抱着满满一摞书下楼梯时不小心摔了下去，结果就伤重而死了。

胡马雍死后，他的儿子阿克巴继承了皇位。可以说，这位阿克巴才是莫卧儿帝国的真正奠基者。他的爷爷巴布尔作为开国皇帝在位时间只有3年，他的爸爸胡马雍在位大约11年，而阿克巴在位将近50年。莫卧儿帝国正

阿克巴大帝和巴布尔

是在他的手中真正强盛起来的。

阿克巴登基时只有14岁，还不能掌握朝政，而此时的莫卧儿帝国已经是摇摇欲坠。不仅众多印度土著政权发动了叛乱，就连很多莫卧儿贵族也图谋不轨，想要夺取皇位。所幸当时朝中有一位文武双全的大臣白拉姆汗担任摄政王，他连续打赢了好几场战役，帮助阿克巴坐稳了江山。

然而，阿克巴长大亲政之后，对他来说，"功高盖主"的白拉姆汗就变成了障碍，甚至是威胁。年轻的阿克巴不甘心继续被白拉姆汗掌控，但又不能和他撕破脸皮，因为白拉姆汗的势力很强大，也非常有能耐，是个危险的敌人。

该怎么办呢？阿克巴用了一个非常巧妙的办法。他免去了白拉姆汗的摄政王职务，不过，用了一个白拉姆汗无法拒绝的理由：他劝白拉姆汗去麦加朝觐。去伊斯兰教的圣地麦加参拜，是每一位穆斯林一生中都要努力去做的一件事情。作为一个虔诚的穆斯林，白拉姆汗绝对不能说他不想去朝觐；但他心里很清楚，阿克巴这么做，其实就是要把他排挤出去。

在朝觐的路上，心怀怨恨的白拉姆汗受了一些人的怂恿，参加了反对阿克巴的叛乱。这下子，阿克巴就完全站在道义的制高点了：从大义上来说，他没有对不起白拉姆汗的地方，而白拉姆汗这下彻底成了乱臣贼子，阿克巴镇压他就是理所当然的了。可以说，阿克巴挖了个陷阱，而白拉姆汗自己走了进去。

很快，朝廷的军队就打败了白拉姆汗，并活捉了他。阿克巴可以处死叛贼；但这么做虽然合法，却不合理，因为白拉姆汗毕竟为皇帝立下过汗马功劳。

于是，阿克巴非常高姿态地宽恕了白拉姆汗，给了他两个选择：回到宫中任职，或者是继续去麦加朝觐。皇帝的宽宏大量让白拉姆汗没法下台，只能继续他的朝圣之旅。不过，就在去麦加的路上，他被一个仇人杀死了。

阿克巴对付白拉姆汗的手段非常高明；面对其他的敌人，阿克巴的做法更是心狠手辣。比方说，当时有一位很厉害的将领，名字叫作阿德哈姆汗。他是阿克巴的奶娘的儿子，和阿克巴情同手足。不过，在征服一些印度邦国的时候，阿德哈姆汗曾经血腥地屠城，并且独吞了所有战利品。这违反了阿克巴定下的规矩，也挑战了他作为皇帝的权威。阿德哈姆汗和阿克巴之间因此产生了矛盾。最终，两个人在皇宫里面大吵了一架，阿克巴把自己的好兄弟阿德哈姆汗从阳台上给扔了下去。阿德哈姆汗没有摔死，但这并不是什么值得庆幸的事，因为阿克巴让人把他再摔一次。

这么一看，阿克巴简直是个残忍的暴君。但他的这些手段主要是用来对付敌人和不听话的大臣。他对待莫卧儿帝国的人民，却是相当宽厚仁慈的。

作为皇帝，阿克巴面临的最大问题和他的爷爷巴布尔遇到的难题差不多，那就是印度的民族和宗教实在太多、太复杂了；莫卧儿帝国作为外来的伊斯兰征服者，很难解决这些民族和宗教问题。

和爷爷一样，阿克巴也选择了尊重各宗教和民族的风俗习惯。他还更进一步，鼓励莫卧儿贵族与印度教徒通婚，并从各种宗教的信徒当中选拔人才。按照传统，穆斯林统治者会对非穆斯林的臣民征收额外的人头税，但是阿克巴废除了这种税，减轻了百姓的负担。这些做法都赢得了人们的好感。

当时在印度的其他宗教群体当中，也存在一些陋习，对这些不好的习俗，阿克巴就没有那么客气了。比如，印度教有寡妇殉葬的风俗，丈夫死后，妻子必须自杀。阿克巴禁止了这种残酷的风俗。他还颁布法律允许寡妇再嫁，并且提升了结婚的最低年龄，禁止早婚。这些改变都是非常文明和进步的。

为了调和各种宗教之间的矛盾，阿克巴还做了一种很特别的尝试。他创建了一种新宗教，融合了伊斯兰教、基督教、印度教、拜火教等许多种宗教的元素。他请各种宗教的专家和神学家一起来辩论，吸收他们每个人的观点来丰富自己的新宗教。新宗教的核心思想只有一条："世上只有一个神，神的哈里发是阿克巴。"

这项宗教试验最后没能成功。遗憾的是，阿克巴的后继者不再奉行他那种兼收并蓄、宽容自由的精神。直到今天，印度的宗教和民族关系仍然非常复杂。要想解决这些问题，还有很长的路要走。

12

大国争霸：德意志三十年战争

我们之前讲过马丁·路德的宗教改革，以及它在德意志引发的一系列冲突和内战。1555年，《奥格斯堡和约》给德意志的天主教和新教两大阵营带来了短暂的和平。然而，到了1618年，双方的矛盾又变得激烈起来，一场规模更大、时间更长的战争爆发了，这就是德意志三十年战争。随着更多欧洲国家的卷入，德意志也成了大国争霸的战场。

三十年战争的起源可以追溯到波希米亚王国。波希米亚差不多相当于今天的捷克和斯洛伐克，当时是神圣罗马帝国范围内一个比较强大的王国。波希米亚王国之前就发生过宗教引起的胡斯战争。到了1618年，波希米亚王国已经被奥地利的哈布斯堡家族控制了，神圣罗马皇帝的位置也被哈布斯堡家族垄断了。事实上，此时的波希米亚国王和神圣罗马皇帝两个人就是堂兄弟。

神圣罗马皇帝在名义上是整个德意志的统治者，不过他手里缺少实权，对很多强大的德意志诸侯国都没有掌控力。另外，哈布斯堡家族和德意志南部的很多诸侯信奉天主教，而北部的诸侯大多信奉新教。所以，当时的德意志存在两种矛盾：皇帝与诸侯的矛盾；天主教与新教的矛盾。

随着宗教改革的发展，波希米亚信奉新教的人越来越多，数量超过了信奉天主教的人。哈布斯堡家族对此忍无可忍，决定在波希米亚恢复天主教的主宰地位。皇帝和波希米亚国王这对堂兄弟联起手来大力镇压新教徒，这就引起了波希米亚新教徒的激烈反对。

1618年5月，一群新教徒在波希米亚的首都布拉格发动起义。他们冲进布拉格城堡，把三个忠于哈布斯堡家族的官员从城堡的窗口扔了下去，说他们犯了侵害宗教自由的罪行。这就是著名的"布拉格掷出窗外事件"。

按常理来说，从这么高的窗户摔下去，就算不摔死，也会摔个重伤；可是出乎人们的意料，这三个人都只受了轻伤，爬起来就逃走了。对于他们的侥幸逃生，当时有两种说法。新教徒说他们正好掉到了粪堆上面，所以没摔死；天主教徒则说是因为他们得到了圣母马利亚的保佑。

不管怎么说，这下双方算是彻底决裂。波希米亚的新教徒正式发动起义，反抗哈布斯堡家族。他们建立了新政府，并邀请德意志西部的一位新教诸侯来担任波希米亚国王，领导他们的起义。

这个时候，波希米亚的贵族们就需要做出选择了。有的人加入了起义军；有的人继续支持皇帝。1619年，也就是战争的第二年，神圣罗马皇帝病死了，于是他的堂兄弟波希米亚国王继承了皇位。

1620年年底，波希米亚起义军在白山战役中惨败，最终皇帝领导下的天主教军队征服了波希米亚。这一下，当地的人民就必须皈依天主教了。

本来战争打到这里就可以结束了，但是法国、荷兰等国家一直把哈布斯堡家族看作眼中钉肉中刺，他们不想让皇帝这么轻松就解决问题。于是，他们跑去劝说信仰新教的丹麦国王出兵，还表示要为丹麦军队出钱出力。丹麦军队就这样杀气腾腾地闯入了德意志。战争不得不继续打下去。

在对抗丹麦人的帝国军队里，有一位主将很值得一提，他的名字叫作华伦斯坦。

华伦斯坦是一位名将，他的长处不是冲锋陷阵，而在于组织、经营和管理。他出身于家境一般的小贵族家庭，不过为人非常精明，很有生意头脑。他娶了一位有钱的寡妇，这给他带来了第一桶金。然后，在之前波希米亚那段战争期间，他主动投奔皇帝，成为皇帝器重的得力大将。后来波希米亚人起义失败，大量新教贵族的土地和财产被没收，这其中有不少被皇帝赏赐给了华伦斯坦。这么一来，他就成了当时最有钱的大富翁之一。

虽然成了大富翁，但是华伦斯坦并没有大肆挥霍，而是拿这些钱来投资。

在这么一个兵荒马乱的时代，投资什么好呢？答案是：军队。

当时的神圣罗马皇帝四面受敌，军力和财力都捉襟见肘。于是，华伦斯坦主动提出，他可以自掏腰包组建一支精干的军队，为皇帝效劳，还不要皇帝花一分钱。听到这话，皇帝当然求之不得，一口答应了他。

此时的华伦斯坦已经名声在外，所以他很快就招募到了一支兵强马壮的军队，战斗力相当可观。对阵丹麦军队和德意志的新教诸侯时，他的军队经常打胜仗，立下了赫赫战功。

华伦斯坦立了功，皇帝当然要赏赐他。可是，皇帝手里没有钱，只能赐给他土地和头衔作为代替。于是，原本只是一个小贵族的华伦斯坦，现在居然平步青云，当上了公爵。这个时候，华伦斯坦擅长经营的特长又发挥了作用。他一边利用自己的地位和名气大举借款，然后用借来的钱购买土地；一边给缺钱的皇帝放贷款，借钱给他花。皇帝已经穷得叮当响，当然没钱还了，于是又继续用土地和头衔来补偿华伦斯坦。

在战场上，丹麦国王不是华伦斯坦的对手，很快被赶出了德意志。对皇帝来说，胜利又一次近在眼前。华伦斯坦也不停地加官晋爵，可以说是春风得意。

不过，就像一句成语所说，"兔死狗烹"。战争的胜利、华伦斯坦的如日中天，都让皇帝十分担忧，也让很多贵族非常嫉妒。贵族们指控华伦斯坦图谋不轨，还说他纵容军队烧杀抢掠、为害百姓。于是，皇帝在1630年罢免了华伦斯坦的职务。

华伦斯坦只好忍气吞声，回到自己的庄园。不过，他没有放弃，而是密切关注局势，伺机东山再起。

这个时候，接连取胜的神圣罗马皇帝，势力已经发展到了德意志北部，这就引起了北欧另一个新教强国瑞典的猜忌。当时的瑞典是一个横跨波罗的海的大国，在德意志也有很多领地。这一次，哈布斯堡家族的死对头法国人又插了一脚，他们出钱出力，怂恿瑞典出兵。于是，瑞典人向皇帝开战了。

瑞典国王古斯塔夫·阿道夫是历史上著名的军事天才。他一连杀死了神圣罗马皇帝手下的好几员大将，从德意志北部一口气杀到了南部的巴伐利亚，还一度占领了波希米亚，距离奥地利只有咫尺之遥，对皇帝构成了直接威胁。

十万火急之下，神圣罗马皇帝没有别的办法，只能硬着头皮再去请华伦斯坦出山。事实证明，华伦斯坦宝刀未老，他迅速组建了一支新的军队，与瑞典国王对战。

瑞典国王古斯塔夫·阿道夫

古斯塔夫·阿道夫国王与华伦斯坦可以说是棋逢对手。1632年，在德意志发生了著名的吕岑战役。华伦斯坦输掉了战斗，但是瑞典国王在混战中阵亡了。所以，瑞典人虽然打了胜仗，却是得不偿失。

此后，战争进入了胶着状态，双方都没有大的动作。皇帝几次催促华伦斯坦主动进攻，可是他都以各种理由推脱。这就让皇帝对他更加怀疑和不满了。很多敌视或嫉妒华伦斯坦的人也趁机在皇帝耳边煽风点火。

让人没想到的是，华伦斯坦竟然在和瑞典人秘密谈判。有人指控他卖国求荣，企图背叛皇帝；也有人说，这种秘密接触是战争中的正常策略，目的是摸清敌人的情况、给自己争取时间；还有人说，华伦斯坦打了十几年，已经厌倦了战争，他认识到了战争毫无意义，所以希望和谈。不管怎么说，皇帝对华伦斯坦彻底失去信任，最后居然派人将他暗杀了。华伦斯坦虽然是国家的栋梁之才，但最终还是死于政治阴谋。

华伦斯坦死后不久，法国终于正式参战，也来反对神圣罗马帝国。在这之前，战争还有比较浓厚的宗教色彩，主要是天主教徒与新教徒的对立。但是，法国是一个天主教国家，当法国站在新教徒一边参战之后，战争的性质就变成了法国、瑞典、奥地利和西班牙等几个国家争霸的大战。

从1618年波希米亚新教徒的起义算起，战争一共打了三十年，所以叫"三十年战争"。这是欧洲历史上破坏性最强的战争之一。战火、饥荒和瘟疫造成了深重的灾难。因为战场主要在德意志，所以德意志的损失最惨重。很多邦国的人口减少了25%到40%，有的邦国甚至75%的人都死去了。这场战争的结果是哈布斯堡家族的霸权受挫，德意志继续处于四分五裂的状态，没能像法国、英格兰、西班牙那样发展成统一的中央集权国家。法国则成为欧洲的霸主。

说到这里，我想带你回顾一下。我们的世界史之旅已经讲了不少战争，你可能发现了，古人留下来的战争记载大部分都是围绕帝王将相展开的，很少讲到普通士兵的故事。在几百年前的欧洲，大部分人都是文盲，很多贵族都不认识字，更不要说老百姓了。所以，普通人几乎没有机会留下自己的故事。不过，三十年战争里有一个有趣的例外。

1988年，在德国柏林的普鲁士国家图书馆，研究人员发现了12张用绳子扎起来的纸，上面整整齐齐写满了字。

历史学者看到这些材料之后非常吃惊：这是三十年战争时期一名普通士兵的日记。历史学家经过细心挖掘，最终确定日记的作者名字叫作彼得·哈根多夫。

根据这些记录，哈根多夫几乎经历了整个三十年战争。他在德意志、意大利、西班牙统治下的尼德兰以及法国都参加过战斗，而且活到了战争结束。根据历史学家的计算，他的行军路程加起来竟然长达22500公里。

哈根多夫是个小人物，他笔下的战争记录多是小兵生活里的鸡毛蒜皮，一天到晚为了活下去而拼命挣扎，并没有什么大战略、国家命运之类的宏大叙事。但是，从他笔下，我们可以很好地了解当时普通士兵和老百姓的日常生活。日记中写道，当时每一支军队里都有很多随军的妇女儿童；军营里的妇女需要从事很多劳动，比如洗衣做饭、兜售商品，等等；他还写到了伤员得到的救治是什么样的，比如他记录了自己负伤之后接受的急救和外科手术，这对我们了解当时的医学技术很有帮助；哈根多夫还写到了围攻城市之前如何与守城者谈判，如何向对方宣战；他也写到了战争当中最丑恶、恐怕也是相当常见的一面，那就是一支军队在攻克一座城池之后如何洗劫和屠杀平民。

1631年，神圣罗马皇帝的天主教军队攻破了新教徒控制的城市马格德堡，随后实施了残忍的屠城。2万人被杀害，1万名妇女被掳走；到最后，整座城市只剩下了400个老百姓。马格德堡原本是一座繁荣的大城市，经过这次屠城之后，它始终没有恢复元气，变成了一个不起眼的小城市。后来，德语里甚至出现了一个词，叫"马格德堡化"，意思是彻底摧毁、血洗、恐怖大屠杀。

哈根多夫作为胜利者的一员，也参与了这次屠杀。

不过，他的运气不好，当他兴冲冲地准备进城抢劫发财的时候，却在城门口身中两弹，差一点把命都丢了。

在二十多年的战争生涯中，哈根多夫见到了无数残忍的暴行和生灵涂炭的景象，他自己的妻子和七个儿女也在战争中悲惨地死去了。更可怕的是，从日记的内容来看，包括哈根多夫在内的很多士兵，都在漫长的战争中变得麻木不仁，完全是为了生存而机械地活着，失去了善恶的观念，也没有什么人性可言了。哈根多夫的这些日记不仅是帮助我们了解三十年战争和17世纪欧洲社会的珍贵史料，也在今天时时刻刻提醒着人们和平的可贵。

从香料到股票：资本主义的诞生

  世界历史之旅的这一站，我们要到低地国家看一看。

  低地国家指的是荷兰、比利时和卢森堡三国。这三个国家挨在一起，夹在德国和法国之间。它们在地理上有个特点，那就是地势很低、河流和运河众多；因此得名"低地国家"（音译是尼德兰）。在几百年前，尼德兰曾经是作为一个整体存在的。

  尼德兰的大部分土地都处于海平面以下。为了避免土地被海水淹没，人们花了很大的力气，建造了复杂的堤坝和水闸系统。这些工程特别需要全社会的协作，所以这个地方的人民格外团结，很有社群意识。

尼德兰人还有一个特点。在中世纪和近代早期，在其他大多数欧洲国家，社会等级都非常森严，有钱的地主和贫苦的农民互相对立；而在尼德兰，因为可耕种的农田很少，人们主要靠打渔和做生意挣钱，所以当地的人民特别有商业头脑。

当时的尼德兰是西班牙国王的领地，这位国王也是哈布斯堡家族成员。当宗教改革的风暴吹袭到尼德兰之时，很多当地人皈依了新教。西班牙国王想要镇压新教势力，恢复天主教的主宰地位；同时加强中央集权，剥夺尼德兰人的自治权；再加上尼德兰人和西班牙人不是一个民族，本来就存在着民族矛盾；所以，两边发生了冲突。

经过几十年的血腥战争，最终尼德兰的北半部分脱离西班牙独立，建立了尼德兰联省共和国（简称为荷兰共和国），地理范围大致相当于今天的荷兰；尼德兰的南半部分后来发展成今天的比利时。

荷兰人是精明的商人，也是优秀的水手和造船匠。在1600年到1700年这一个世纪里，尼德兰联省共和国经历了一个黄金时代，在贸易、科学和艺术方面都取得了辉煌的成果。

那么，荷兰的黄金时代是怎么来的呢？它的繁荣建立在造船业和航海技能的基础上。荷兰人建造大规模、标准化的商船队，而且速度快、价格低，所以他们能够打败所有竞争对手，抢到最多的航运生意。到1560年，荷兰人已经拥有1800艘商船，这是全欧洲规模最大的商船队。他们垄断了整个航运业。到1600年，荷兰人已学会了铸造便宜的铸铁大炮并把大炮安装到船上的技术，所以他们在海上遇到谁也不害怕。

荷兰的国土面积很小，又不适合农耕；所以荷兰人知道，做生意才是最适合他们的生财之道。

当时欧洲最赚钱的生意是香料贸易。豆蔻、胡椒等香料主要产自南亚和东南亚，因为路途遥远、物以稀为贵，香料到欧洲之后就成了奢侈品。

荷兰人也想做香料贸易，但当时亚洲的香料贸易已经被葡萄牙人垄断了。更重要的是，葡萄牙人牢牢地守着从欧洲航海去亚洲的秘密，他们对航海图、水文地理等知识严格保密，不肯和其他欧洲国家分享。

荷兰人有船、有技术，也有钱，唯独缺少关于亚洲航线的知识。

怎么办呢？在荷兰的首都阿姆斯特丹，九位大商人和一位精通地理学的神学家聚到了一起，他们要想办法解决这个问题。

这里要特别说一下这位神学家。他的名字叫作普朗修斯，是当时最优秀的地图绘制师之一。两年前，普朗修斯从一位葡萄牙地图师那里买了一份通往亚洲的航海图。但是，想去亚洲，光有航海图还不够，还需要具体的地理水文知识，比如风向、海潮等。这些荷兰商人经过一番讨论之后，决定派一个间谍去葡萄牙首都里斯本窃取他们想要的知识。

间谍的名字叫豪特曼，他假扮成商人，带了大批货物去里斯本，在那里待了两年，成功搜集到大量有价值的情报。豪特曼返回阿姆斯特丹之后，九位商人和普朗修斯大受鼓舞，合伙出资成立了一家公司，叫作"远方公司"；他们要发动荷兰人第一次去往东南亚的远航，并且让豪特曼担任远航的总司令。

1595年春天，由四艘船组成的豪特曼舰队从阿姆斯特丹扬帆起航。这次远航的名气肯定比不上哥伦布或达伽马的探险，但也是很有历史意义的。

荷兰人的航程非常不顺利。他们对热带航行没有经验，受不了炎热的天气，准备的食物和淡水也不够。大批船员由于吃不到新鲜水果和蔬菜，缺少维生素C，得了坏血病，把命给丢了。另外，船员内部还发生了冲突，总司令豪特曼和他的二把手决裂，最后还把二把手关了起来。再加上非洲沿海土著的袭击，荷兰人又是损失惨重。一路上历尽艰辛，他们终于到达了目的地，也就是今天印度尼西亚的爪哇岛。不得不说，这真是一个奇迹。

爪哇岛是香料贸易的重要集散地，那里有许多来自印度、中国和其他地方的商人。让荷兰人大失所望的是，当时岛上已经有葡萄牙人在活动了。葡萄牙人马上意识到荷兰人是来抢生意的，于是他们在爪哇苏丹那里挑拨离间，说荷兰人图谋不轨，导致荷兰人和爪哇人之间发生了武装冲突。

岛上的情况复杂危险，总司令豪特曼只搞到了一点点香料，然后就没办法推进自己的工作了。这个时候，荷兰人又发生了内讧。据说，豪特曼毒死了另一名荷兰航海家，大家把豪特曼也关起来，然后就动身返航了。

1597年8月，豪特曼舰队终于回到了阿姆斯特丹。他们用了两年多时间，航行距离差不多有半个赤道那么长，出发时的249人只剩下89人，并且个个瘦得皮包骨头，正副司令官都被关了起来，并且只剩下了3艘船。这可真是太惨了！

这次远航的投资人，也就是"远方公司"那九位商人和一位神学家，并没有因此而心灰意冷，恰恰相反，他们喜出望外。原来，回来的这三艘船虽然只装了一点点香料，但就是这一点点香料，就足以让他们回本，甚至再赚上一大笔钱，因为香料的利润实在是太丰厚了。

更重要的是，在这次远航过程中，荷兰人认真地研究了东南亚的海域，还画出了南半球的星象图，这大大增补了荷兰人的东南亚航海知识。换句话说，他们已经基本上摸清了去往东南亚的航线。此外，豪特曼对葡萄牙人的情况也有了了解，他发现葡萄牙人的殖民统治已经走上了下坡路，甚至可以说是摇摇欲坠。长远来看，葡萄牙人已经不是荷兰人的对手了。

大受鼓舞的荷兰人开始建造更多的船只，投入更多的资本，训练更多的水手。除了"远方公司"之外，还有很多荷兰商人也加入了东方香料贸易。黑胡椒、肉桂、豆蔻、丁香等香料像潮水一样涌入荷兰，然后荷兰商人再把它们分销到欧洲各地，发了大财。

虽然形势大好，但敏锐的荷兰商人很快就发现了问题：首先，参与香料贸易的人太多，大家互相竞争，很容易产生摩擦；其次，进入荷兰的香料太多，价格上不去，这影响了大家的利润。于是，荷兰商人决定停止互相竞争，他们要团结起来合作。在荷兰政府的领导下，各地的商人联合组建了一家史无前例的公司，就是著名的荷兰东印度公司。

荷兰东印度公司不同于人类历史上出现过的任何商业组织。首先，它是一个以营利为目的的私营机构，但要接受政府的领导和监管；其次，虽然它是企业，但它有权力代表荷兰共和国对外开战，并且有义务为了荷兰的利益而开战；另外，它也有权力建造军事要塞，有权与外国政府谈判。所以这家公司的成员不仅仅是商人，也是海军军官和政治家。

毫不夸张地说，荷兰东印度公司改变了世界。它通过贸易和殖民活动，把欧洲、亚洲、非洲和美洲连接了起来；它推动了全球化，把各种各样的动物、植物、人和思想运输到世界各地。它把中国的丝绸和瓷器、爪哇的香料、咖啡、糖和纺织品运到欧洲，改变了欧洲人的生活习惯。与此同时，中国、印度、西非和东南亚各国

荷兰东印度公司货船"小鸽子"号

人民的生活也因此发生了变化。以前当地的人们种地主要是为了满足本国的需求，现在有了东印度公司的连通，他们也参与到全球经济当中。

然而，东印度公司在扩张过程中也征服了很多不肯合作的小国，屠杀了当地的居民，犯下了滔天罪行。

在东印度公司之前，人们组建一个公司通常只是为了做一笔生意，比如去东南亚的一次远航，这笔生意做完，公司就解散了。但东印度公司是长期存在的，所以人们投资它，投资的不是一笔生意而是一家公司，并且这笔投资可以持续很长时间，赚来更丰厚的回报。这种理念在当时可是头一回。

东印度公司还有一种新发明：股票。东印度公司通过发行股票，把自己的所有权拆成了许多小份，人人都能买。于是，全体荷兰人都被拉进了公司的生意。不光是大商人能投资东印度公司，手工艺人、农民或退休老人等普通人只要有钱，都可以买东印度公司的股票，成为投资人，从中获取丰厚的回报。这样一来，老百姓有了发财的机会，公司也可以最大限度地吸收资本、扩大经营。今天我们所熟悉的很多金融工具都是在东印度公司股票的基础上发明的。

荷兰原本是一个人口较少、资源匮乏的小国，但荷兰人凭借着高超的航海技能、精明的商业头脑、优越的金融手段和垄断香料贸易带来的巨额利润，让小国成为了世界强国，也让阿姆斯特丹成为欧洲商业之都。今天，很多人认为，现代资本主义就是在荷兰诞生的。

14

议会的胜利：英国内战

　　说完了荷兰人的商战，我们再来看看同一时期的英国内战。这场17世纪的英国内战和之前历史上的任何一场内战都不一样，它要决定的不仅仅是谁来统治英国，还要决定如何统治英国。

　　我们前面讲过英格兰国王亨利八世的离婚案。他为了与第一位王后离婚并改娶安妮·博林，不惜和天主教会决裂。后来，他如愿以偿娶到了安妮·博林，两个人还生下了女儿伊丽莎白。后来，伊丽莎白登上了王位，也就是著名的伊丽莎白一世女王。

伊丽莎白一世在位44年，终身未婚，也没有儿女。最后，她把王位传给了自己的远房亲戚，苏格兰国王詹姆斯。于是，詹姆斯成了英格兰和苏格兰两个国家的国王，他的称号是詹姆斯一世。

这么一来，英格兰和苏格兰就组成了一个"共主邦联"。"共主邦联"是欧洲历史上很常见的一种现象，指的是两个国家由同一位君主统治，但两国是相互独立的，各有自己的一整套政府，法律制度和风俗习惯也不同。

虽然有同一位国王，但是英格兰和苏格兰的政治传统存在很大的差别。早在13世纪，英格兰就有了《大宪章》。在这份文件的作用下，英格兰的王权是受到限制的：议会的权力比较大，国王不能任意妄为；国王征税也必须得到议会的批准。议会经常利用这个条件与国王讨价还价，约束后者。相比之下，苏格兰的议会力量很弱，国王的权力非常大。

因此，詹姆斯一世到了英格兰之后，感到很不习惯。后来，他的儿子查理一世继位当了国王，和议会的关系就更差了。

这是怎么回事呢？首先，查理一世相信"君权神授"，也就是说，他的权力来自上帝，议会没资格管，所以他可以想干吗就干嘛。但英格兰议会肯定不是这么认为的。结果，国王和议会之间的隔阂就越来越深。

其次，在伊丽莎白一世的时代，新教在英格兰已经完全巩固了，当时的英格兰人普遍敌视天主教。查理一世虽然是新教徒，却娶了一位信仰天主教的法国公主做王后，这就让很多英格兰人不高兴，他们担心国王会皈依天主教。

恰恰在这个时候，朝廷里又出现了一位奸臣，白金汉公爵。如果你看过大仲马的小说《三个火枪手》，肯定对白金汉公爵有印象，其实这是一个真实的历史人物。查理一世对白金汉公爵非常宠信，但是这位公爵很无能，指挥打仗输得一塌糊涂，在朝廷里又把持朝政、贪污腐败，所以议会很讨厌他。这就是国王与议会矛盾的第三个来源。

白金汉公爵又打败仗又贪污，议会就想把他送上法庭接受审判。查理一世听到这个消息，气得暴跳如雷，一怒之下把议会给解散了。在接下来的11年（1629—1640）当中，英格兰一直没有议会，这段时期被称为"十一年暴政"。

不过，查理一世如果以为解散了议会就可以为所欲为，那他可是大错特错了：因为按照英格兰的法律，国王征税需要得到议会的批准，现在查理一世不愿意和议会打交道，那他就没办法征税。但是不征税就没有钱，他又需要钱，这该怎么办呢？

为了钱，查理一世开始胡作非为。比如，他规定贵族们如果不参加国王的加冕礼，就要被罚款。再比如，过去英格兰的规矩是，沿海的地方和伦敦这样的内陆港需要缴纳一笔专门的船税，用来建设海军，保卫沿海地区；可是现在查理一世规定，内陆每个地方都要缴这笔税。这些无所不用其极的办法引起了轩然大波，很多英格兰人坚决反对新规定，并且认为查理一世是个暴君。

另外，查理一世还推行了新的宗教政策，他把英格兰国教的仪式改得很像天主教，这引起了更多人的激烈反对，人们更加担心国王企图皈依天主教。当查理一世把新宗教政策往苏格兰推行的时候，苏格兰人干脆发动了武装起义来抵制。

要镇压苏格兰人的起义，查理一世就更缺钱了。可是，广征船税这种小伎俩是不可能凑到足够的军费的。查理一世没有办法，只好在1640年重新开启了英格兰议会。

国王召开议会的唯一目的是让议会批准他征税，议员们却利用这个机会发出了猛烈的抗议，要求改革、约束国王的权力。这让查理一世更加恼火，他再次解散了议会。

但是这么一来，查理一世还是没钱对付苏格兰人。在战场上，英格兰军队一败涂地，苏格兰人入侵了英格兰北部。这就出现了一个非常滑稽的局面：查理一世是英格兰国王，也是苏格兰国王；但是苏格兰正在入侵英格兰，而查理一世需要从英格兰搞钱去对付自己的臣民苏格兰人。

走投无路的国王终于再次向议会低头，重新开启了议会。这就是著名的"长期议会"，因为它延续的时间比上一次要长。

你肯定能想到，长期议会比过去的任何一届议会都更加敌视国王，议员们向查理一世提出了很多新的苛刻条件。比如，议会至少每三年召开一次、国王无权解散议会，等等。议会还处决了查理一世的一个宠臣。

就这样，查理一世和议会之间的关系越来越紧张，最终在1642年，内战爆发了。在这场战争当中，国王的支持者叫作保王党，也叫骑士党；议会的支持者叫议会派，也叫圆颅党。

为什么议会派会叫这么一个怪名字呢？这是因为当时英格兰贵族一般留长长的卷发，而议会的平民议员一般留短发，看上去头比较圆，所以就叫"圆颅党"了。

那么，什么样的人支持国王，什么样的人支持议会呢？总的来说，当时经济欠发达的英格兰西部和北部更支持国王，而商业贸易发达的东部和南部支持议会；农村地区支持国王，工业中心和港口城市支持议会。所以，有一些历史学家认为，英国内战其实是"资产阶级革命"，它是新兴资产阶级与以国王为代表的封建贵族之间的战争。不过，这也不是绝对的。当时也有很多贵族支持议会，很多资产阶级人士支持国王。

内战早期，保王党的骑兵很占优势，打了不少胜仗。但后来圆颅党中出现了一位名将——奥利弗·克伦威尔，改变了这种局面。克伦威尔组建了一支全新的军队，纪律严明，组织有序，被称为"新模范军"。有了强有力的军队之后，圆颅党逐渐占了上风。另外，圆颅党控制的地区经济比较发达，这也是一个对他们有利的因素。

17世纪的英国内战实际上一共打了三次，分别是

圆颅党的名将克伦威尔

1642年—1646年, 1648年—1649年, 1649年—1651年。
战争范围也不仅限于英格兰, 还波及了苏格兰和爱尔兰。
因此, 有历史学家把这场内战称为"三国大战"。

当时, 爱尔兰的天主教徒站在保王党那边, 反对以
新教徒为主的议会, 结果遭到了议会圆颅党军队的血腥
镇压。苏格兰人虽然曾经起兵反叛查理一世, 但他们和
英格兰议会之间的隔阂很深, 所以后来也加入了保王党。

这场内战对英国造成了严重的破坏。根据现代历史
学家的估算, 在漫长的内战当中, 英格兰人口损失了
4%, 苏格兰损失了6%, 而爱尔兰在克伦威尔的镇压之

下，人口损失竟然高达41%。正因如此，有人指控克伦威尔实际上是对爱尔兰实行了种族灭绝。在随后的几百年里，结下血海深仇的爱尔兰与英格兰之间长期关系紧张，经常发生血腥冲突。

我们说回内战。随着圆颅党的节节胜利，国王查理一世最终落入了议会手中。

议会通过了一项法案：设立特别法庭，审判查理一世。要知道，以前历史上失败的国王几乎都是被推翻或者谋杀的，从来没有国王被公开审判过。不过，议会的胆子比这还大。经过审理，法庭宣布查理一世犯有叛国罪，他必须对所有战争和流血负责，法庭判他死刑。查理一世拒绝认罪，因为他相信君权神授，在他看来，没有任何法庭有权审判国王。

事实证明，国王的权力再大、地位再高，现在也没有用了。

1649年1月30日，查理一世被斩首。据说，由于那天天气很冷，查理一世在上刑场的时候穿了很多衣服，因为他不想让公众看到他冻得发抖，误以为他是胆小怕死的人。

国王的脑袋被砍了，这可是惊天动地的大事。查理一世死后，他的儿子查理二世继续与议会斗争，直到1651年，保王党彻底失败，查理二世被迫流亡到法国。

圆颅党的领袖克伦威尔因为掌握军队，大权在握，后来干脆推翻了议会，建立了他个人的军事独裁。克伦威尔把英国变成了英吉利共和国，自封为护国公，死时还把护国公的位置传给自己的儿子。克伦威尔的儿子比较无能，没有办法掌握英国的政坛。于是，在1660年，当时掌权的英国权贵又迎回了查理二世，请他继续当国王。

讲到这里，你可能想问了：英国内战打了整整九年，造成了巨大的损失，最后还是查理一世的儿子当国王，好像没有什么根本性的改变呀？

其实，经过这九年内战、共和国与君主复辟的时期，英国稳固地确定了一个传统，那就是君主的统治必须得到议会的合作与同意。即便是查理二世复辟，也改变不了这一点。等到1688年的光荣革命，更是为英国确定了国家主权由议会掌控的制度。

总之，在随后的几百年里，英国一直奉行君主立宪制度，国王的权力很小，实际权力掌握在议会手中，而议会是由选举产生的。相比欧洲其他国家，英国的政治制度是较早开始民主化的，英国的政局也相对比较稳定。这是英国后来能够称霸全球的一个重要原因。

15

翼骑兵的胜利：驰援维也纳

你吃过可颂面包吗？这种面包酥酥脆脆的，形状有点儿像角，所以也有人把它叫作牛角面包或者羊角面包。不过，不知道你有没有想过，这种美味的面包是怎么来的。

"可颂"这个词是法语，它的字面意思是新月，也就是月牙儿。那可颂面包是不是法国人发明的呢？但是，深入研究就会发现，法国人曾经把可颂面包叫作"维也纳面包"，所以，可颂面包是维也纳人发明的吗？

这个问题的答案我先不说。我们先来了解一场发生在奥斯曼帝国和奥地利哈布斯堡家族之间的战争。传说，可颂面包的起源就和这场战争有关系。

奥斯曼帝国是一个横跨欧亚非的超级大帝国，欧洲东南部的很多地方都曾经是奥斯曼帝国的一部分。直到近代，奥斯曼帝国还在努力向西方扩张。

17世纪，奥斯曼帝国已经打到了匈牙利。匈牙利再往西，就是奥地利了，这里是哈布斯堡家族的老家。

哈布斯堡家族统治着欧洲的许多国家和地区，族长还担任神圣罗马皇帝，势力非常强大。当时奥斯曼帝国在欧洲大陆上最主要的对手，就是哈布斯堡家族。所以，奥斯曼帝国对奥地利的首都维也纳，一直是志在必得。

1529年，奥斯曼帝国首次攻打维也纳，结果失败了；到了1682年，奥斯曼苏丹决定，再次向维也纳发动进攻。

苏丹选择这个时间攻打维也纳，是有原因的。事实上，当时的形势对奥斯曼人很有利。首先，三年前，维也纳发生了瘟疫，人口大幅减少，实力也衰弱了很多；其次，当时神圣罗马帝国和法国发生了许多冲突，哈布斯堡家族要对付法国这个强大的敌人，无法专心抵挡奥斯曼人的进攻；最后，哈布斯堡家族正在中欧推行"反宗教改革"，也就是镇压新教徒、恢复天主教的主宰地位，所以他们得罪了匈牙利等国的很多新教徒，这些人就很愿意协助奥斯曼帝国。

总之，占据这么多的有利因素，奥斯曼苏丹当然不会错过时机。他任命帝国首相卡拉·穆斯塔法担任军队的总司令。1682年1月，穆斯塔法发布了动员令，集结了近17万大军。当年8月6号，奥斯曼帝国就向哈布斯堡家族正式宣战了。

不过有一件事很奇怪。奥斯曼人虽然又动员、又宣战，搞出了很大动静，但是没有立刻出征，而是等到第二年春天才出动。事实上，从他们发布动员令到最后出兵，过了整整15个月。在这15个月里面，哈布斯堡家族做了很多准备工作，他们修理了要塞、堡垒和防御工事，还集结了大量的军队。

奥斯曼人为什么如此拖延，以至于错过了好时机呢？有一个原因是，17世纪的交通和道路条件很差，运输主要靠骡子和马匹，将近20万大军从奥斯曼帝国开到维也纳城下差不多需要三个月时间。如果军队在8月宣战时出发，那到达维也纳就是11月了，那时候已经进入冬天，后勤补给会非常困难。因此，只能把出兵的时间往后推，到夏天和秋天再作战。

你可能要问了，既然8月不能出征，奥斯曼人为什么不能晚一点再宣战？宣战了又不打，白白给敌人留出了准备时间。这确实是一个重大失误。今天来看，应该是奥斯曼人的筹划和准备工作出了差池，才会导致这种情况。

结果，哈布斯堡家族的领导者、当时的神圣罗马皇帝利奥波德一世不仅在军事上做了大量准备工作，还在外交方面积极地做文章，与波兰国王扬·索别斯基缔结了军事同盟。双方约定，奥斯曼人进攻任何一方的首都，另一方都要提供支援。事实证明，这次结盟非常关键。

1683年3月31日，奥斯曼军队的总司令卡拉·穆斯塔法正式向奥地利下了战书，15万主力大军开往维也纳。奥斯曼帝国的盟友克里米亚汗国也派了4万大军前来支援。也就是说，一时间，逼近维也纳的兵力足足有19万。

奥地利虽然做了准备，但因为同时还要分兵提防法国，所以兵力远不及敌人。眼看兵临城下，皇帝利奥波德一世带着宫廷人员和6万维也纳市民急急忙忙逃到了城外，他手下的大将洛林公爵也率领2万军队撤到了维也纳的西边。

7月14日，奥斯曼大军终于抵达维也纳城下，这个时候，守城的哈布斯堡军队只有15 000人，连敌人的十分之一都不到。形势万般危急。

不过，哈布斯堡军队并不是孤军奋战。一些德意志的邦国派出了援军。另外，在波兰，国王扬·索别斯基整个夏天都忙着动员军队，准备履行自己和哈布斯堡家族的军事盟约。为了救援维也纳，波兰军队可以说是倾巢出动，以至于整个波兰都处于无人防守的状态。假如有敌人趁机进攻波兰，波兰很可能就危险了。所以，扬·索别斯基这么做是一场豪赌，也可以说是无私的牺牲。当然，波兰人这么做是为自己的考虑：因为一旦奥地利被打败，那么唇亡齿寒，波兰也会孤掌难鸣，所以他们必须支援奥地利。

让波兰人做出了这么大的牺牲，再让他们自己掏路费就不合情理了。于是，皇帝利奥波德一世和扬·索别斯基达成协议，只要波兰军队跨过边境进入奥地利境内，

索别斯基

衣食住行和军饷都由奥地利承担。

7月14日，卡拉·穆斯塔法来到维也纳城下，要求城里的军民投降，并许诺只要维也纳人投降，就可以饶他们性命。然而，守军总司令施塔尔亨贝格伯爵断然拒绝了他。伯爵知道，就在几天前，维也纳南边一座小城镇的居民主动投降了，却还是遭到了屠杀。所以维也纳人决心死守家园，等待波兰和德意志的援军到达。

之前，维也纳人已经拆掉了城墙之外的所有房屋，露出了一片光秃秃的平原，让敌人没有隐蔽掩护的地方，让守军的大炮可以轻松地射击敌人。他们还把一些粗壮的树干深深插进地里，构成了一道坚固的屏障。所以奥斯曼人推进得非常缓慢。

但是，奥斯曼人的兵力毕竟太强了，他们把维也纳城围得水泄不通，断了城里的粮草。奥斯曼人可以轮流上阵，保证休息，但维也纳人只能昼夜不歇地保持警惕，很快就非常疲劳了。为了严肃纪律，总司令施塔尔亨贝格伯爵还下令枪决了几名在放哨时睡着的士兵。

维也纳人拼死坚持了一个多月，到了9月6日这一天，远道而来的波兰军队终于渡过了多瑙河，与来自德意志的援军会师。这支多国部队一共有7万到8万人，他们来自很多不同的地方，说着各种各样的语言。大家一致推举波兰国王扬·索别斯基来指挥这支军队，因为他地位最高，又是经验丰富的老将。

9月8日，奥斯曼军队通过地下爆破，在维也纳城墙上打开了12米宽的缺口。对奥斯曼人来说，胜利似乎已近在咫尺。与此同时，扬·索别斯基仅用了五六天，就把复杂的联军整顿得井井有条，建立了有效的指挥系统。奥斯曼军队虽然人多，指挥却很低效。卡拉·穆斯塔法名义上是总司令，却指挥不动克里米亚汗国的4万兵力。

在波兰军队横渡多瑙河时，卡拉·穆斯塔法就曾经命令克里米亚军队趁着波兰人渡河最脆弱的时候去攻击他们，结果克里米亚人不肯出动，错失良机。奥斯曼帝国的很多附庸，比如罗马尼亚人派来的军队，也靠不住。

扬·索别斯基的联军到达维也纳附近，就在夜里点燃了篝火。这是一个信号，火光一亮，维也纳城里的人们就知道，援军到了。

守军总司令施塔尔亨贝格伯爵派了一名会说土耳其语的间谍偷偷溜出城，混过奥斯曼军队的包围圈，去找扬·索别斯基，两边商定了内外夹击奥斯曼军队的计划。

9月12日凌晨4点，奥斯曼军队先发制人，攻击了扬·索别斯基的联军。不过，他们并没有占到便宜。先前撤到城外的洛林公爵带着军队打退了奥斯曼人的好几轮进攻，让他们损失惨重。卡拉·穆斯塔法一边攻击城外的联军，一边还要加紧攻城，结果两边的战斗都不顺利。扬·索别斯基和洛林公爵都取得了不错的进展，到了下午，他们已经逼近奥斯曼军队的指挥部。

傍晚6点，在扬·索别斯基的命令下，联军的18 000名骑兵向敌人的指挥部发动了一次大规模冲锋。其中，扬·索别斯基亲自率领着3000名波兰翼骑兵，表现得非常英勇。

关于波兰的翼骑兵，我们可以多说几句。"翼"就是翅膀的意思，看到这个名字，你可能要问了：难道这种骑兵是有翅膀的吗？

没错。这些战士们骑着马，手里握着长矛，铠甲或马鞍上固定一个巨大的木框，框架上还装饰着羽毛，看起来就像长了一对巨大的翅膀。据说，翼骑兵之所以配备木头翅膀，是因为它们在风中能发出一种响亮的"咔哒咔哒"的声音，让翼骑兵显得特别威武雄壮，在战场上就能震慑敌人和他们的坐骑。还有人说，这种翅膀的作用可能是为了保护骑兵的背部不受伤害。翼骑兵是最具有波兰特色的兵种，在差不多两百年的时间里，他们是波兰军队的绝对精英，经常能够以少胜多，甚至曾经轻轻松松地打败数量五倍于自己的敌人。

这天傍晚，扬·索别斯基就带着骑兵，从山顶往下向奥斯曼军队发起了冲锋。有的历史学家认为，这是世界历史上规模最大的一次骑兵冲锋。

成千上万的骑兵从高处向下猛冲，他们背后的翅膀在空中呼啸，呐喊声震耳欲聋，气势排山倒海。而山脚下的奥斯曼军队已经打了整整一个白天，非常疲惫，根本无法抵挡如此猛烈的冲击，很快就溃散了。这个时候，维也纳城里的守军也冲杀出来，与城外的援军配合，夹击敌人。

就这样，维也纳战役最终以联军的辉煌胜利宣告结束。扬·索别斯基将恺撒的那句名言"我来，我看见，我征服"稍作变化，改成了"我们来，我们看见，上帝征服"，以此来感谢上天。

有意思的是，在维也纳城里，总司令施塔尔亨贝格伯爵还不敢相信危机已经解除，看到奥斯曼军队撤退，他赶紧让人修理维也纳的城防工事，防止敌人卷土重来。事实证明，伯爵大人多虑了，这就是奥斯曼军队在欧洲大陆向西方的最后一次大规模进攻了。随后几年里，哈布斯堡家族的军队乘胜追击，屡战屡胜，从奥斯曼人手中夺取了匈牙利。哈布斯堡家族最终成为中东欧的头号霸权，奥斯曼帝国则是一蹶不振。败军之将卡拉·穆斯塔法也被苏丹赐死了。今天历史学家们普遍认为，这场维也纳战役就是奥斯曼帝国向外扩张的转折点。

波兰人在这场战役中起到了非常重要的作用，尽管他们没有捞到太多实惠，但经过这一战，扬·索别斯基的威名传遍了欧洲，他被誉为西方基督教世界的捍卫者，这极大地提升了波兰人的民族自豪感。

最后，回到咱们开头说的可颂面包。据说，奥斯曼军队曾经想在夜间偷袭维也纳，结果被城里的凌晨就起床干活的面包师傅发现了。师傅们拉响了全城警报，挫败了敌人的阴谋。为了纪念这次胜利，面包师傅们就把面包做成了号角的形状，这种形状也很像奥斯曼帝国旗帜上的新月标志。因为许多号角是由牛角制成的，所以有人说，今天的可颂面包也叫牛角面包，就是这么来的。

16

朕即国家：太阳王路易十四

我们之前讲过17世纪的英国内战，也有人把它叫作英国资产阶级革命。经过这场战争，在英国，议会掌握了实权，国王的权力受到了很大的约束。相信君权神授的国王查理一世，甚至被砍掉了脑袋。

在几乎同一时间，邻居法国却走上了一条截然相反的道路。

在法国，出现了一位特别强大的君主路易十四，他成功地压制了国内其他势力，成为了说一不二的专制君主。路易十四有一句名言：“朕即国家。”他的意思是，他路易十四就是法国的唯一代表，他就是法国。他不仅牢牢掌控了法国，还领导法国成为欧洲的霸主，所以人们又给他取了一个绰号，叫"太阳王"。

路易十四并非生来就如此强大。他的父王路易十三驾崩时，路易十四只有四岁多。按照常理，在小国王未成年期间，应当由太后摄政，代表小国王统治国家；但是路易十三对妻子安妮的政治才干不放心，于是在遗嘱里面留了一道命令，要求朝廷在他死后组建摄政会议，由安妮与数位大臣共同摄政，一起治理国家。

后来的事实证明，路易十三多虑了。安妮出身高贵，

太阳王路易十四

原本是西班牙公主，所以她对权力并不陌生。路易十三死后，安妮很快就表现出强有力的政治手腕，她废除了丈夫的遗嘱，换句话说，废止了由多人组成的摄政会议，改成由她担任唯一的摄政者来统治法国。至于那些忠于路易十三的大臣，安妮要么把他们关起来，要么把他们流放得远远的。然后，她在朝廷的重要位置上都安插上了自己的亲信。尤其值得一提的是，安妮太后选择了红衣主教马扎然担任首相，主持朝政。马扎然才识过人，而且他的权势完全依赖于太后，太后对他也是特别看重。

我们可以通过一个小例子，来看看安妮太后到底多厉害。当时法国和西班牙经常发生战争，而她本来是西班牙的公主，所以路易十三还在世时，曾经有人怀疑安妮偷偷向西班牙传递情报，背叛法国。接到这个指控之后，路易十三就派一位大臣去审问安妮。大臣对待安妮的态度非常粗暴，几乎把她当成罪犯一样审问。如果换成一个心胸狭窄的人，肯定会想办法报复回去。可是，安妮掌握大权之后，不但没有报复和惩罚这位大臣，反而对他非常器重，因为她知道此人相当有才干。从这件事中，我们就能看出安妮心胸宽广，头脑过人。

除此之外，安妮太后和儿子路易十四的关系也特别好，可以说是母慈子孝。这种融洽而亲热的家庭关系在帝王家可是非常罕见的。正是安妮太后，从路易十四小时候起就给他灌输君权神授的理念，让他把权力牢牢抓在手里。事实上，安妮做了这么多事，目标就是帮助儿子获得绝对权力，让他拥有一个强盛的法国。

这个目标可不容易实现。因为在安妮太后摄政期间，法国存在着一种深刻的矛盾，那就是王权与贵族的矛盾。此时的法国封建色彩还很浓厚，很多贵族割据一方，拥兵自重，对中央王权毫不尊重，还经常惹是生非。

安妮太后和她的心腹马扎然首相决心改变这种局面。安妮掌权之后，谁敢挑战王权——也就是挑战太后，那么不管这个人是多么显赫的贵族，安妮都会把他投入监狱或流放。

为了对抗传统的封建贵族，安妮太后还用了一种手段，那就是设立新的贵族。她将一些平民出身的人册封为贵族，然后任命到重要的职位上去。这当然引起了旧贵族的不满。

此外，法国的旧贵族原本享有免纳税的特权，这导致赋税的重担几乎全都压在农民的肩膀上。更糟糕的是，地方上缴纳的赋税，只有很少一部分真正送到国王手中，大部分都被贵族截留和霸占了。所以，在当时的法国，贵族很富有，国王却没几个钱。

这在安妮太后看来当然也是不可接受的。当时，巴黎的高等法院是旧贵族的大本营，其大部分成员都是旧贵族。于是，安妮太后决定拿高等法院开刀，命令对法院成员征税。这下子可戳了马蜂窝。高等法院的一些贵族拒绝服从，还烧毁了太后发出的御旨。安妮太后在震怒之下就逮捕了一些贵族。

这么一来，矛盾迅速激化，最后巴黎发生了暴乱。历史上，这次暴乱被称为"投石党运动"，因为很多参与暴乱的人都用弹弓弹掷石块，打碎敌人的房子窗户。甚至有一大群暴民直接闯进王宫，要求面见国王。路易十四当时只有十岁。暴民冲进了他的卧室，而小小的路易十四只能假装睡觉，一动都不敢动，直到暴民散去。后来，他和母亲安妮太后慌慌张张地逃离了巴黎，非常狼狈。

这一天给路易十四留下了刻骨铭心的记忆。从那以后，他就非常讨厌巴黎和巴黎市民，也非常厌恶贵族的横行霸道，他决心把权力紧紧抓在自己手里。

那么，投石党运动是如何结束的呢？

当时王族中有一位著名的军事家，孔代亲王。安妮太后就在他的帮助下，镇压了投石党运动。但是好景不长，孔代亲王也很有野心，他想控制太后和小国王，推翻首相马扎然，独揽大权。于是，法国又爆发了第二次投石党运动。这回的投石党运动其实就是一场内战，很多高级贵族，包括王族成员，都参与了。孔代亲王打的旗号是"驱逐奸臣马扎然，保护国王"；于是，马扎然被迫宣布辞任首相，要流亡去别的地方。这就让孔代亲王等人失去了攻击的靶子。再加上路易十四在1651年，也就是他13岁时被宣布成年，并且在三年后正式加冕为国王。于是，第二次投石党运动也只能不了了之。马扎然卷土重来，重新做回了首相。

1661年，马扎然首相去世。年轻的国王路易十四作出了一个惊人的决定。他宣布不再设立首相，他亲自主持朝政。权力终于到了国王手里。

掌握大权之后，路易十四改革了财政和税收政策，向贵族征税，充实了国库，把经济资源集中到中央政府。他还沿袭安妮太后的政策，大量册封新贵族，重用他们，从而制约旧贵族。过去，只有旧贵族才能在军队中担任高级职位，而在路易十四的改革之后，平民出身的人也可以成为高级将领，甚至当上陆军元帅。

为了进一步驯服不听话的贵族，路易十四在巴黎之外的凡尔赛建立了金碧辉煌的凡尔赛宫。然后，他就一年到头都在凡尔赛宫生活，不怎么愿意去巴黎。这么一来，很多贵族也就跑到那里去陪伴国王。但是，凡尔赛宫的生活非常奢侈，在宫廷规矩的要求下，贵族们必须付出巨款，才能维持体面。结果，除了少数超级富豪之外，大多数贵族要想在美丽、优雅的凡尔赛宫生活、参与各种隆重的仪式并得到机会面见国王、讨他的欢心，就必须一年到头地待在宫里侍奉。

而且，路易十四记忆力惊人，哪些贵族整天簇拥在他身边，他都记得一清二楚，并且会抬举他们，赏赐他们额外的金钱、官职和地位。至于哪些贵族长年累月不来凡尔赛宫，国王也是一清二楚，这些人也会因此被彻底边缘化，没有出头之日。

凡尔赛宫就像一块磁铁一样把贵族们吸引过去，让他们一天到晚围着国王转，再也无暇管理自己的封地和庄园。另外，贵族们整天都在国王身边，国王要监视和控制他们也方便得多。这么一来，贵族割据一方、拥兵自重的局面就逐渐消失了。

通过这种手段，路易十四软化了贵族集团，让他们从一方豪强变成了国王的仆人。可以说，从路易十四的时代一直到1789年法国大革命，法国国王基本不需要再担心贵族给自己找麻烦了。

控制了贵族，又改革了财政，法国成了当时欧洲的一流强国。接下来，路易十四就把追寻所谓的"荣耀"放在首要位置。他频繁用兵，与西班牙、英国、荷兰、德意志等邻国都发生了长期而激烈的战争。不打仗的时候，路易十四就忙着为战争做准备。他还告诉自己的外交官，说他们的任务就是为法国军队创造战略和战术上的优势。

路易十四统治下的法国国力强盛，人口也多，又拥有先进的军队和一大批优秀的将领，所以经常打胜仗。但是，这也让其他国家非常害怕法国；于是，他们联合起来，对法国群起而攻之。常年的战争几乎耗尽了法国的国库，也让人民蒙受了许多苦难。

路易十四是一个有争议的人物，后世对他褒贬不一。比如，大思想家伏尔泰就认为，路易十四对权势与荣耀的喜好导致了法国社会的贫困与灾难；后来的法国皇帝拿破仑则称："路易十四是一位伟大的国王，是他造就了法国在国际上的一流地位，自查理曼以来又有哪位君王能够与他相比？"不过，就连伏尔泰也承认，路易十四的统治是一个"永远值得怀念的时代"。

17

彼得大帝

法国的"太阳王"路易十四幼年经历过暴乱，留下了深重的童年阴影。在东方的俄国也有一位强大的帝王与他同病相怜。这就是著名的彼得大帝。

前面讲述伊凡雷帝的故事时，我们提到过俄国的罗曼诺夫王朝。这个王朝的创始人出自伊凡雷帝第一任皇后的家族。

彼得大帝的父亲是罗曼诺夫皇朝的第二位沙皇阿列克谢。阿列克谢结过两次婚，家庭关系有点儿复杂。阿列克谢的第一位妻子出自米洛斯拉夫斯基家族，阿列克谢和她生了两个儿子，大儿子叫费奥多尔，小儿子叫伊凡；他们还有一个女儿，叫索菲亚。这位妻子生病去世后，阿列克谢娶了第二任妻子，她是纳雷什金家族的人。阿列克谢和她生了一个儿子，就是本章的主角彼得。

阿列克谢沙皇家族关系图

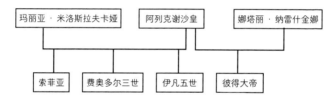

阿列克谢驾崩之后，他的长子费奥多尔继承了皇位。然而，费奥多尔体弱多病，无力掌控朝政，只能眼睁睁看着自己母亲的家族，尤其是他的舅舅，把持朝廷，胡作非为。彼得和他母亲落在那群掌权的外戚手里，日子很不好过。

体弱多病的费奥多尔21岁就驾崩了，而且他没有孩子继承皇位。问题来了：费奥多尔的亲弟弟伊凡和同父异母的弟弟彼得，谁来做下一任沙皇呢？

伊凡当时15岁，是掌权的米洛斯拉夫斯基家族的后裔，但是他智力迟钝，身体也很弱。彼得只有10岁，但身体健康，他是纳雷什金家族的希望。

于是，俄国贵族分成了两派：一派支持彼得和纳雷什金家族；另一派支持米洛斯拉夫斯基家族。别忘了，阿列克谢和第一任妻子还有一个女儿索菲亚。索菲亚此时年仅25岁，但是她聪明绝顶，擅长权术，一心要捍卫亲弟弟伊凡的利益。

索菲亚故意散播谣言，说纳雷什金家族杀害了她的弟弟伊凡。王宫近卫军听信了谣言，又被索菲亚收买，浩浩荡荡地闯进皇宫，要求面见伊凡，确认他的安全。士兵们嚷嚷着要伊凡当沙皇，还要求处死纳雷什金家族的所有人。他们把一名企图反抗的大臣从阳台上扔下去摔死了。更过分的是，粗野的士兵还当着小彼得的面，用长矛杀死了他的舅舅。年幼的彼得永远都不会忘记这惨无人道的场面。

经过一番明争暗斗之后，伊凡和彼得这对同父异母兄弟被加冕为"共治沙皇"。从理论上说，他们地位平等，一起治理国家；事实上，大权不在他们任何一个人手里，而是在他们的姐姐索菲亚手上。两位所谓的"共治沙皇"，其实都只是索菲亚的傀儡而已。朝会的时候，彼得和伊凡一起坐在王座的前半部分，由彼得来和臣民交流。在王座的后半部分，人们看不到的地方则坐着索菲亚。王座在彼得背后的位置开了一个小口子，索菲亚通过这个开口给彼得下指示，告诉他如何处理朝政。如果你去俄罗斯的克里姆林宫博物馆参观，还能看到这个特殊的王座。索菲亚是俄国历史上的第一位女性统治者，在她之后，还会有多位女皇统治俄国。

我们说回彼得。在索菲亚的安排下，彼得在莫斯科城外的一个小村庄生活，远离宫廷的是非。他从小喜欢动手，向大人要玩具的时候也总是要木匠工具，比如凿子和锤子，甚至是复杂的车床。彼得长到十几岁时，就开始要求人们给他军服和木头大炮当玩具。他骄傲地自称"炮手"，还在做游戏的时候操练小伙伴，把300个小伙伴组建成了他的第一个"作战单位"。后来，这支队伍发展成了俄国陆军著名的精锐部队。

彼得的兴趣还不只是这些。当时的俄国还是个内陆国，没有出海口，也很少有俄国人懂得航海。有一年，一位俄国贵族前往西欧，他从巴黎给彼得带回了一件礼物：一台六分仪。这是一种航海仪器，可以测量太阳与海平线或者地平线之间的夹角，帮助人们计算海船所在的位置。彼得对六分仪非常感兴趣，可是，居然没有一个俄国人知道这种仪器怎么用。最后，彼得把六分仪拿给一个生活在莫斯科的荷兰人看，才搞清楚它的用法。彼得从这位荷兰人那里学到了不少关于船只的知识，从那以后，他就对航海和海军产生了强烈的兴趣。

到了彼得17岁的这一年，也就是索菲亚掌权7年之后，精明的彼得发动了政变。他推翻了姐姐索菲亚，让她去修道院里当修女，再也不许出来。智力迟钝、体弱多病的伊凡也在几年后去世了。于是，彼得成了俄国的唯一统治者。现在，他终于可以一展身手了。

此时的俄国非常落后。西欧各国已经争先恐后地在大海上开始了自己的霸业，可是在俄国，连一个懂六分仪的人都没有。彼得心里对这一点也很清楚。他对西欧充满好奇，想要从西欧人那里学习最先进的科技和知识，让俄国迅速强大起来。尤其是关于造船、航海与海军的知识，他特别有兴趣。

怀着这种强烈的愿望，彼得坐不住了。这位高高在上的沙皇亲自率领一群贵族去西方国家学习。彼得去了造船和航海大国荷兰的一家造船厂，靠着"造船匠米哈伊洛夫"的假身份跑到船厂去做工，亲身学习造船技术。彼得自己学了还不算，后来又派了50名贵族也到荷兰的造船厂去学习。彼得还在水手、商人和修理工当中大规模地网罗人才，不管他们是什么阶层、年龄或民族，只要有本事，彼得都愿意给他们职位和赏赐。

除了造船技术，当时的荷兰在其他很多方面也处于世界领先的地位，比如医学和解剖学。这些，彼得当然也不会错过。在荷兰的首都阿姆斯特丹，彼得特别喜欢观看一位著名解剖学家的验尸工作。看得多了，他也开始跃跃欲试。他买了一套外科手术器材，出门的时候总带着，如果身边的亲信需要做手术或者拔牙，彼得就要亲自操刀帮他们做手术，任凭别人怎么劝都不放弃。结果，大家害怕沙皇的操作，就算牙痛也只好忍着不说。

可惜的是，彼得在西欧只待了一年，俄国就发生了叛乱，他只得结束游学，回国平乱。不过，彼得改变俄国的强烈决心丝毫未减。

举个例子吧，除了学习西方的科技，彼得还要让俄国人在打扮上也更接近西方。当时的俄国男性贵族都留着长长的大胡子，穿着笨重的长袍。彼得从西欧回国之后，贵族们蜂拥赶来向他请安。他们吃惊地发现，彼得沙皇已经按照西欧人的风俗把脸上的胡须都刮得干干净净，只留了一点小胡子，身上穿的也是西式服装。更大的惊吓还在后面。贵族们请安之后，彼得热情地扶他们

彼得大帝

起身，拥抱他们，然后突然拿出一把剃刀，咔嚓咔嚓刮掉了贵族们的大胡子，把大家都吓了一跳。还有一次，彼得亲自剪掉了贵族们穿的长袍的长袖子。总之，彼得想要改变俄国的这股劲头，谁也阻挡不了。

在彼得风风火火的改革之下，俄国的国力逐渐增强。与此同时，彼得对海军梦念念不忘，他决心向波罗的海进军，为俄国争夺一个出海口，让俄国成为一个滨海国家。

波罗的海地区属于瑞典的势力范围。年轻的瑞典国王查理十二世是历史上最优秀的军事家之一，对彼得来说，查理绝对是一个可怕的对手。

果然，1700年11月，在今天爱沙尼亚境内的纳尔瓦城外，查理十二世把俄国陆军打得落花流水。对于这个结果，彼得丝毫不感到吃惊。他说，"我们这些毫无经验的小学生被这样一支纪律严明的军队打败"，再正常不过了。因为对"瑞典人来说，这简直就是儿戏"。

但是，彼得又告诫部下："逆境之中，万不可失去冷静的头脑。"面对这么强大的敌人，他毫不气馁，而是继续拼命学习西方最先进的军事技术、加强俄国的军事化改革，动员贵族们为国效力，号召大家做出牺牲。

九年之后，即1709年，在今天属于乌克兰的小镇波尔塔瓦，彼得和查理十二世再次交手。彼得提醒官兵们，他们"不是为了彼得沙皇……而是为了国家"而战，彼得"对自己的生命毫不吝惜，只要俄国的荣耀能够永存"。在演讲中，彼得和官兵们分享了他振兴俄国的恢弘梦想，正是这种梦想，让彼得成为了俄国人的伟大领袖，让他的追随者甘愿为国家做出牺牲。

这场波尔塔瓦战役打得非常激烈。彼得的马鞍中弹，还有一发子弹差点儿就打中他的前胸。幸好，彼得在胸前佩戴了一枚小圣像，子弹被弹飞了。经过8个多小时的激烈战斗，瑞典军队瓦解了，他们的国王查理十二世身负重伤，侥幸逃走。俄国人终于取得了胜利。

彼得举办了庆功宴。宴会上，瑞典的两位高级将领被押进来，而彼得很客气地向他们祝酒，然后问："我的兄弟查理在哪里？"但瑞典国王已经逃走了。彼得归还了一位瑞典元帅的剑，还说："我要向传授我战争艺术的老师敬酒！"

瑞典元帅问："陛下的老师是谁？"

彼得答道："就是你们呀，先生们。"

你看，彼得这个学生已经打败老师了。

经过这一战，瑞典丧失了波罗的海的霸主地位。彼得如愿以偿，在波罗的海之滨拥有了出海口。他在海边建造了一座新城市，那就是圣彼得堡。接下来的近两百年时间里，圣彼得堡就是俄罗斯帝国的首都。彼得沙皇也因为自己的丰功伟绩，被俄国人誉为"大帝"。

彼得大帝的改革对俄国的影响非常深远，今天人们一般认为，他是俄国走向现代化的关键人物。

18

弗里德里希大王：

普鲁士的开明专制君主

上一站，我们的历史之旅前往俄罗斯，了解了彼得大帝的故事。他从小就喜欢舞刀弄枪，长大后成了卓越的军事家和征服者。而比他稍微晚一点的另一位著名军事家和帝王小时候却是个文艺青年，对军事一点兴趣也没有。这个人，就是普鲁士国王弗里德里希二世。人们为了表示对他的尊敬，也经常称他为"弗里德里希大王"。

与彼得大帝所在的俄国不一样，弗里德里希的家乡普鲁士是个不折不扣的欧洲小国。这块穷乡僻壤土地贫瘠，没有什么像样的自然资源，人口也稀少。

弗里德里希大王

但是，小国普鲁士有一个特殊之处：它拥有一支强大的军队。这支军队的建立者就是弗里德里希的父亲、普鲁士国王弗里德里希·威廉一世。普鲁士军队由8万人组成，当时该国的总人口才224万；也就是说，平均每28个普鲁士人当中就有一名军人。而同时期的英国，平均每310名国民当中才有一名军人。而且，普鲁士军队还被训练得兵强马壮、战斗力极强，在欧洲属于一流水平。

建立了这么一支军队的普鲁士国王，是个什么样的人呢？弗里德里希·威廉一世个性古怪、粗暴，没有幽默感，不喜欢荣华富贵，不爱享乐，生活节俭，甚至可以说是吝啬，特别喜欢攒钱，是个守财奴，这在帝王当中非常少见。但是，他为人勤奋，办事公正，对自己要求严格，对部下的要求也极高，非常讨厌懒惰和贪赃枉法的人。在他的严格要求下，普鲁士培养出了一个高效而清廉的官僚班子。所以，本章故事的主角弗里德里希继位时，就从父王那里继承了一支强大的军队和一套高效的政府。这可是丰厚的遗产。

不过，很遗憾，这父子俩的关系非常差。弗里德里希的个性与父亲截然不同。爸爸粗暴，儿子温和；爸爸喜欢军事，儿子爱好文艺。弗里德里希从小喜欢读书，但是老国王觉得读书没用，所以弗里德里希只好把书藏起来，根据记载，他偷偷藏了3000本诗歌、古典文学和哲学书。另外，他还爱好音乐，擅长吹长笛，喜欢看戏、听音乐，自己也演奏音乐，是个十足的文艺青年。

这些爱好在老国王看来毫无用处，他一心向儿子灌输军事和行政管理的知识，但儿子就是提不起兴趣。所以，老国王认为儿子不长进，经常殴打和辱骂他。这么一来，父子俩的关系当然就非常紧张了。

少年时代的弗里德里希个性很敏感，他受不了父王的管教，对军事和治国也没有兴趣。18岁那年，他甚至打算远走高飞，和一名年轻朋友一起逃到英国去，因为弗里德里希的外公是英国国王。

但是，有人走漏了风声，弗里德里希被抓了回来。老国王震怒之下，想把这个不听话的儿子处死。他最后还是没有下手，而是把儿子囚禁起来，强迫他看着那位朋友被处以死刑。可怕的场面把年轻的弗里德里希吓得晕了过去。从此以后，他只好在父王的强迫之下老老实实地努力学习军事和治国的本领。

十年后，老国王驾崩，弗里德里希成为普鲁士国王。虽然与父亲关系很差，但弗里德里希最终也承认："他很公正，很聪明，办事能力极强……正是通过他的努力，他孜孜不倦的劳作，我才能取得一些成就。"

那么，弗里德里希取得了哪些成就呢？要理解他的成就，首先要了解普鲁士王国在地理上的一个缺陷。

看看今天的世界地图，你就知道，绝大多数国家的版图都是连续的；然而，在几百年前的欧洲，领土不连续的情况很常见。在这个时代，普鲁士王国的领土主要有两大部分，一块是勃兰登堡加上波美拉尼亚，一块是东面的东普鲁士。这两块领土之间隔着属于波兰的西普鲁士。普鲁士的历代国王一直有一个长期目标，那就是把两大块领土连接起来。实现这个目标，最方便的做法当然就是吞并西普鲁士。所以，弗里德里希的父亲才会那么努力地建设军队。

1740年，28岁的弗里德里希继位。这一年，德意志的另一个大国奥地利发生了一件大事：哈布斯堡家族的皇帝查理六世驾崩了。查理六世的独子很早就夭折了，因此只能由大女儿玛丽亚·特蕾西亚来接班。查理六世在世时，曾经想方设法让各国承认并保证他女儿对奥地利、匈牙利和波希米亚等国的继承权；但皇帝驾崩后，很多国家就违背承诺，欺负23岁的玛丽亚·特蕾西亚。曾经不可一世的哈布斯堡家族陷入了严重的生存危机。

普鲁士和德意志的其他几个最主要的诸侯国，以及法国和西班牙都不肯承认玛丽亚·特蕾西亚的继承权。弗里德里希抢先带着强大的普鲁士军队趁火打劫，向奥地利的一个富裕省份西里西亚发动了进攻，只花了七周时间就占领了这块地方，并且连续多次打败了奥地利军队。

玛丽亚·特蕾西亚掌控下的奥地利则联合了英国、波希米亚、匈牙利、荷兰、俄国等国来抵抗敌人的入侵，这就是历史上的奥地利王位继承战争。

这场战争一共持续了8年，很多国家都卷入其中，每个国家都各有所图。其中，奥地利是德意志地区的老牌帝国，普鲁士是后起之秀，双方针锋相对。为了争夺西里西亚，普鲁士和奥地利在这8年中两次交战，最后西里西亚还是被普鲁士牢牢占据着。

不过，事实证明，年纪轻轻的玛丽亚·特蕾西亚并不是一个软弱的对手。她和丈夫洛林公爵弗朗茨一起稳住了局势，弗朗茨还加冕为新一任的神圣罗马皇帝。

奥地利王位继承战争虽然结束了，但欧洲列强之间的对抗依然激烈。英国与法国和西班牙在贸易和殖民地方面相互竞争，崛起的普鲁士和老牌强国奥地利也在争夺霸权。

于是，8年之后，又一场大战爆发了。这场战争持续了整整7年，所以被称为"七年战争"。"七年战争"是一场世界大战，除了奥地利和普鲁士争霸，英国和法国也在争夺北美洲和印度的殖民地，事实上，西方几乎所有强国都被卷了进来。这一次两边的阵营与之前不同，在欧洲大陆，普鲁士几乎是单枪匹马地对抗奥地利、法国、俄国、萨克森、瑞典等多个强国。只有英国是普鲁士的盟友，但英国也只能给普鲁士提供军费支持，没有力量直接出兵。

从历史记录来看，弗里德里希确实是一名杰出的军事家，经常能以少胜多，但毕竟是双拳难敌四手，普鲁士的敌人实在是太多了。在七年战争中，普鲁士的国土多次遭到外敌入侵，连首都柏林都曾经被俄国军队占领。弗里德里希一度绝望得想自杀。

就在这个时候，发生了一件大事。1762年，敌视普鲁士的俄国女皇伊丽莎白突然驾崩，她的外甥彼得三世继承了皇位。彼得三世的身世很特殊，他的父亲是德意志的一位公爵，母亲则是彼得大帝的女儿，所以彼得三世本来是德意志的贵族，后来才到了俄国。有意思的是，彼得三世对弗里德里希十分崇拜，甚至曾说他宁愿在普鲁士军队里当将军，也不愿在俄国当沙皇。因此，他一登上皇位，就迅速下令要求俄国军队停止攻击普鲁士，还转过头来当了普鲁士的盟友。

弗里德里希的运气实在是太好了。他原本已经被逼到了绝境，现在有了俄国这个强大的盟友，反而成功翻盘做了赢家。1763年，七年战争结束了，普鲁士和英国获得了胜利。英国打败法国，成为印度和北美洲的霸主；普鲁士保住了之前占领的西里西亚省。有了这块新领土，普鲁士的国土面积和人口增长都实现了飞跃。

事实证明，在利益面前，没有永远的敌人。几年后，弗里德里希又与奥地利和俄国联手，瓜分了波兰。普鲁士获得了西普鲁士省，普鲁士王国的两大块主要领土终于连成了一片，普鲁士也成了欧洲的一流强国。

弗里德里希继位之后，花了20年时间把父王留下的军队规模扩大了一倍。在他统治期间，整个普鲁士国家财政收入的86%都用在了军队上。一位法国哲学家就曾经说，普鲁士不是一个拥有军队的国家，而是一支拥有国家的军队。

长达20年的战争让普鲁士从欧洲的穷乡僻壤一跃成为一流强国，但是在漫长的战争中，普鲁士人民损失惨重。弗里德里希虽然经常打仗也擅长打仗，但他对自己的定位是"国家的第一公仆"。他相信自己所做的一切都应该是为了国家的利益。所以，在获得了西普鲁士之后，弗里德里希就开始实行休养生息的政策。

为了补充人口、振兴经济，普鲁士欢迎欧洲各国的移民。很多在法国和奥地利等天主教国家受到迫害的新教徒就移民到了普鲁士；当然了，这些移民也带来了他们的聪明才智和技能。弗里德里希对宗教信仰不是很在意，他曾经说，如果土耳其人愿意帮他搞好普鲁士的经济，他就愿意在柏林为他们修建清真寺。另外，在很多国家受歧视的犹太人，也有不少来到了普鲁士，因为普鲁士政府对犹太人的政策最宽容。在弗里德里希这种宽容、务实的政策下，少数民族出身的人也有机会成为普鲁士的高官。

除此之外，弗里德里希在行政、司法、财政等很多方面都推行了改革。他废除了刑讯逼供，还规定死刑必须要经过国王签字批准才能执行，而他一年只肯批准十几次死刑，这些死刑都是为了处罚谋杀犯。

弗里德里希还热衷于农业。在他统治期间，很多荒无人烟的沼泽地都被开垦成了农田，土豆也被引进了普鲁士。另外，别忘了，弗里德里希是一位资深文艺青年，所以他也特别愿意赞助和扶持艺术。

总之，弗里德里希大王远远不只是一位卓越的军事家。战争对他来说只是一种手段，他不像路易十四那样为了追寻"荣耀"而不停地发动战争，相反，他懂得适可而止，把聪明头脑用于发展国家、让人民过上更好的生活。弗里德里希大王是一位专制君主，但他也是一位贤君，所以今天人们评价他是"开明专制"的典范人物。

19

玛丽亚·特蕾西亚：
力挽狂澜的女君主

在普鲁士崛起的故事里，弗里德里希大王的老对手玛丽亚·特蕾西亚是一个配角。但是，在奥地利发展为近代欧洲强国的过程中，女君主玛丽亚·特蕾西亚可是绝对的主角。

玛丽亚·特蕾西亚的父皇、哈布斯堡家族的神圣罗马皇帝查理六世有一个困扰他几十年的问题：他没有儿子。查理六世一生中只有过一个儿子，不料早早就夭折了。后来皇后又生了三个孩子，但都是女儿。

查理六世这么渴望得到儿子，其实与哈布斯堡家族的传承有关。本来，查理六世自己是没机会当皇帝的，因为他还有一个哥哥约瑟夫一世。正因为哥哥年纪轻轻就死于天花，而且只留下了两个女儿，查理六世才得以继承奥地利、波希米亚、匈牙利等国的统治权，还成了新一任的神圣罗马皇帝。

整个哈布斯堡家族只剩下他这么一位男性成员了，所以，查理六世肩负着一个重要的使命：把家族的血脉延续下去。现在，你就很容易理解为什么没有儿子会让他这么失望了。

这还只是查理六世的烦恼之一。没有儿子，皇位传给谁就成了他的又一个心病。查理六世有三个女儿，但是按照传统，他哥哥约瑟夫一世的两个女儿比她们享有更优先的继承权；所以，查理六世还要想方设法把继承权交给自己的女儿而不是侄女。

为了让大女儿玛丽亚·特蕾西亚顺利继承哈布斯堡家族的江山，查理六世想出的主意是制定一部《国事诏书》，约定将家族统治下的奥地利等国都传给玛丽亚，然后让欧洲各大强国都在诏书上签字，表示认可玛丽亚的继承权。

签字这件事可不简单。欧洲列强没有放过这个好机会，纷纷趁机提出苛刻的条件，逼迫奥地利做出巨大的牺牲。比如，英国签署《国事诏书》的条件是，奥地利必须关闭一家在东印度做生意的公司，该公司是英国商人的有力竞争对手。查理六世答应了英国人，结果奥地利蒙受了巨大的损失，后来也不像英法那样在亚洲拥有大片殖民地。

为了让各国签字，查理六世费尽心思，也付出了巨大的代价。奥地利著名的军事家欧根亲王就劝他，与其花这么多钱去换取列强的签字，不如把钱省下来发展军队。但是查理六世听不进去。

更令人难以理解的一点是，尽管查理六世想方设法确保女儿获得继承权，却始终没有对她进行过治国理政的教育。

前面讲过，查理六世费了这么多心思，局势却没有按他的想法发展。虽然大部分国家都签了字，但是他驾崩之后，列强几乎立刻就撕毁了诏书，对奥地利群起而攻之，普鲁士更是直接吃掉了奥地利的富裕省份西里西亚。

此时的奥地利状况非常糟糕。国库空虚，军队衰弱不堪，原本应当有16万人的军队，现在只剩10万人。这些军队分散在中东欧的很多不同地区，缺乏训练，纪律涣散，根本就不是普鲁士人的对手。更要紧的是，此时的奥地利君主玛丽亚·特蕾西亚只有23岁，毫无治国经验，手中没有兵，也没有钱。

趁着这个机会，法国、普鲁士、巴伐利亚、萨克森和西班牙等国纷纷入侵奥地利，英国也成了奥地利的敌人。奥地利先是丢掉了西里西亚，没过多久，波希米亚也被巴伐利亚军队占领了。维也纳更是乱作一团。哈布斯堡家族已经走到了悬崖边上。在生死存亡的紧要关头，玛丽亚·特蕾西亚做了一件事，最终挽救了奥地利。

原来，按照传统，奥地利的统治者同时也担任匈牙利国王。匈牙利本来是独立的国家，但它在中世纪曾经遭到奥斯曼帝国的入侵，损失惨重，原先的匈牙利王室已经后继无人。哈布斯堡家族在对抗奥斯曼帝国、保卫匈牙利国土的过程中做出了很大贡献，再加上哈布斯堡家族与原先的匈牙利王室有亲戚关系，所以匈牙利人接受了哈布斯堡家族的族长来担任匈牙利国王。

但不论如何，哈布斯堡家族始终是外国人；对于外国人来当自己的国王，匈牙利人并不总是心甘情愿的。所以，匈牙利虽然名义上处在哈布斯堡家族的统治下，其实一直具有相当强的独立性，甚至经常给皇帝"惹是生非"。

不过，麻烦归麻烦，匈牙利人可是有一个很大的优点：他们特别骁勇善战。玛丽亚·特蕾西亚要想保住奥地利，就必须得到匈牙利人的支持。

为了讨匈牙利人的欢心，玛丽亚绞尽了脑汁。因为匈牙利国王的加冕礼需要骑马，她还花大量时间专门练习马术。但是，匈牙利人并没有像她所希望的那样踊跃参军，很多人还说："奥地利遭到入侵，和我们匈牙利人有什么关系？"

1741年11月，玛丽亚·特蕾西亚在匈牙利议会发表讲话。她流着眼泪说："匈牙利王国的生存、我和我的孩子的生存，以及我的王冠，都遇到了莫大的危险。"但是，在场的匈牙利权贵仍然不为所动。

该怎么办呢？玛丽亚·特蕾西亚做出了一个天才的举动。她举起了儿子，还不到一岁的约瑟夫——当时他身上穿的正是匈牙利的传统民族服装。玛丽亚举着孩子说："他是未来的匈牙利国王。我要把他托付给勇敢的匈牙利人来保护！"

看到这个身穿匈牙利服装的小婴儿，知道这个孩子就是未来的匈牙利国王和神圣罗马皇帝，再看到女王对匈牙利民族如此信任，人们终于被感动了，纷纷宣誓，愿意为了哈布斯堡家族死战到底。

就在这个时候，德意志的强大诸侯国巴伐利亚的统治者率领军队占领了波希米亚，自立为波希米亚国王，随后还在一些诸侯的支持下当选为皇帝。当时玛丽亚·特蕾西正在匈牙利，听到这个坏消息之后，她忍不住泪流满面。不过，情况其实已经发生了变化，因为兵强马壮的匈牙利军队已经开赴前线，奥地利军队也振作起来了。

玛丽亚·特蕾西亚和其长子及继承人约瑟夫二世

就在巴伐利亚统治者当选为皇帝的那一天，奥地利军队占领了他的大本营：巴伐利亚的都城慕尼黑。随后，奥军和匈牙利军队联手，打了一连串胜仗，把巴伐利亚和法国军队都赶出了奥地利。玛丽亚·特蕾西亚的丈夫、洛林公爵弗朗茨·斯蒂芬当选为新一任神圣罗马皇帝。虽然没能收复西里西亚，但奥地利已经重整旗鼓，几年后又和之前的老对手法国结盟，共同对付英国和普鲁士。就这样，欧洲的政治局势取得了新的平衡，奥地利的超级大国地位得到了保障。

我们可以看看玛丽亚·特蕾西亚的生平。她在1740年成为奥地利统治者和匈牙利女王、1743年成为波希米亚女王、1745年成为神圣罗马皇后，一直到去世，她始终掌握着实权。虽然她很爱自己的丈夫弗朗茨，但弗朗茨才干平平，又贪图享乐，所以，尽管他拥有皇帝的头衔，但总的来讲，他只是玛丽亚的傀儡。召开国务会议的时候，如果弗朗茨的意见与玛丽亚不一致，玛丽亚经常命令丈夫离开会议室，弗朗茨通常就乖乖地走了。

甚至到了1764年，玛丽亚的儿子约瑟夫二世继位之后，大部分实权仍然掌握在玛丽亚手中。因此，1740到

1780年是名副其实的"玛丽亚·特蕾西亚时代"。

在这四十年中，玛丽亚·特蕾西亚展现出惊人的治国天分和责任感。事实证明，除了不能亲自领兵打仗，作为一国之君的玛利亚·特蕾西娅丝毫不逊色于弗里德里希大王。

当初她即位的时候，奥地利的国家财政其实已经破产了。一个主要原因在于，奥地利的财政和税收制度还停留在中世纪：贵族和教士占据了全国大部分财富，却不用交税，沉重的税收负担压在普通百姓的头上。税款收上来后，又缺乏有效的管理，还要用来满足查理六世的奢侈浪费，所以国家财政入不敷出。

另外，由于哈布斯堡家族统治的是由许多民族、许多领地组成的混合国家，各领地之间相互独立，这就导致地方贵族的权力过大。同时，奥地利各地的教育水平参差不齐，国民识字率低，平民也没有机会受教育。

为了改变这些糟糕局面，玛丽亚·特蕾西亚做出了巨大的努力。她任用人才，改革军队，大大提升了军队的战斗力。为了吸引平民阶层的人才为皇室所用，她规定，所有出身平民阶层的军官只要满足一定条件，就可以获得世袭贵族身份。

她推行了大量改革。在她之后，中央政府征税不再需要贵族会议的批准；听命于君主的行政机关和职业官僚从中央渗透到地方，逐渐取代了贵族领主的统治；她下令整理编纂刑法与民法，还让司法部门与行政部门分离，这就让贵族失去了司法裁判权；她推行的税务和财政改革也削减了贵族的力量。总而言之，玛丽亚·特蕾西亚收走了地方贵族手中的权力，让国家的权力逐渐统一，并且集中于中央政府。

玛丽亚·特蕾西亚还大力推进教育和医疗卫生事业。她在奥地利开办义务教育的小学，还鼓励接种疫苗。在那个时代，天花是非常危险的传染病，玛丽亚的好几位亲人就死于天花。当时天花疫苗接种的技术刚刚发明，大部分人对疫苗不信任。为了推广天花疫苗，玛丽亚让自己的儿女带头接种，还在皇宫为第一批接种疫苗的孩子举办宴会，她亲自给孩子们端茶上菜。在她的鼓励之下，奥地利的老百姓终于接受了疫苗。

玛丽亚·特蕾西亚把一个摇摇欲坠、濒临破产的奥地利变成了国富民强的超级大国。毫无疑问，她是历史上最伟大的君主之一。

不过，她的统治也有一些不太光彩的地方。比如，她因为感激匈牙利人在战争期间提供的帮助而赋予了匈牙利很大的独立自主性，允许匈牙利贵族按照自己的想法压迫和剥削农民，这严重阻碍了匈牙利的经济发展，导致它在很长时间里仍然是一个落后的农业国。此外，玛丽亚·特蕾西亚是个虔诚的天主教徒，对新教徒和犹太人都很仇视。

最后值得一提的是，玛丽亚·特蕾西亚弥补了父亲的遗憾，把哈布斯堡家族发展得枝繁叶茂、人丁兴旺。从结婚第二年开始，玛丽亚在20年里生了16个孩子，而且前面几个孩子都是在她主持战争和内政改革的忙碌期间生育的。她的两个儿子先后成为皇帝，有两个女儿成为王后。最小的女儿玛丽·安托瓦内特成为了法国王后，我们以后还会讲她的故事。

20

茶叶引发的战争：美国独立

"七年战争"可以说是历史上的第一次"世界大战"，因为它的范围早已不局限于欧洲，战火还烧到了欧洲列强在印度、北美等地的殖民地。

在七年战争的北美战场上，战争的一方是英国军队以及从英国来的殖民者，另一方是法国军队、法国殖民者和部分印第安人。最后，英国取得了胜利，成为北美洲的霸主。法国损失惨重，把很大一块殖民地，包括今天的加拿大和美国的很大一部分，都割让给了英国。

这么一来，七年战争在北美战场的结局就导致了两个后果：第一，战败的法国很想报复英国；第二，英国的北美殖民地受到了很大冲击。这两个后果又与一件非常重要的大事有着密切关系，那就是美国独立战争。

要了解美国独立战争，首先要知道，当时的英国和北美殖民地是什么关系。

从17世纪初开始，一些英国人陆陆续续来到北美洲，开始殖民活动。最早的移民主要是一些在英国失去土地的农民和生活艰苦的工人，还有一些受宗教迫害的清教徒。1620年，清教徒乘坐"五月花"号帆船来到北美洲，在船上制定了《五月花号公约》。公约对如何组织公民团体、制定法规等做出了约定。可以说，《五月花号公约》奠定了北美殖民地自治政府的基础。

从1607年到1733年，英国殖民者先后在北美洲的东岸建立了13个殖民地。在这一百多年当中，他们也逐渐发展出了自己的一套观念。最早的一批移民，比如被迫害的清教徒和贫苦农民，来到北美洲是为了追求自由和财富；而且，英国政府对北美殖民地长期采取放任不管的政策，所以殖民地的地方政府享有很大的自治权，一直以自我管理为主；另外，和英国本上的人民相比，殖民地的人民也拥有更广泛的参与政治的机会和权利。结果就是，在殖民地人民看来，政府的权力来自人民，政府的举措必须要得到人民的支持才行。

在七年战争中，十三殖民地的人民出钱出力，协助英国军队对抗法军，付出了沉重的代价。这并不奇怪，因为殖民地人民自认为也是英国国王的臣民，为国王效力是理所当然的事情。当然了，他们也期待得到国王的回报。在他们看来，北美殖民地和英国本土都是英国国王的领土，大家平起平坐，他们并不低人一等。

但是，英国政府对待北美殖民地的态度是居高临下的。对英国政府来说，最要紧的当然是英国本土的利益，殖民地的利益是次要的，是可以牺牲的。

七年战争给英国带来了沉重的负担，于是政府就希望北美殖民地来分担一部分。怎么分担呢？那就是向北美殖民地的人民收税。在他们看来，这是合情合理的，政府为了保护北美殖民地付出了巨大的开销，殖民地人民得到了保护，总得买单吧？

但是，殖民地的人民不是这么想的。他们坚信"无代表不纳税"。这是什么意思呢？

我们前面讲过英国内战的故事。经过内战和光荣革命之后，英国已经是一个君主立宪制国家，国王的实权很有限，真正掌握权力的是议会。议会由数百名议员组成，一般情况下，每个地区选举出自己的议员，这些议员就要为本地区人民发声争取利益。我们还说过，在英国，要征税，必须先得到议会的批准。问题是，在当时的英国议会里并没有北美殖民地的一席之地，也就是说，好几百名议员当中，没有一个是十三殖民地的代表，没有人能够代表殖民地的人民说话。

一个不能代表北美殖民地的议会，有权向殖民地人民征税吗？在殖民地人民看来，这肯定是不能接受的。他们认为，既然殖民地人民享受不到拥有议员代表的权利，那当然没有纳税的义务。于是，他们喊出了口号："无代表不纳税。"

这个时候的北美殖民地人民仍然认为他们是英国国王的忠实臣民，还在以和平的方式来争取政治权利，并没有想要造反。

但是，此时发生的一件事，让北美殖民地人民的斗争从和平抗议变成了武装反抗。而且，这件事还和咱们中国有关系。

中国的茶叶传播到欧洲之后，很快大受欢迎。喝茶成了很多英国人日常的生活习惯。他们已经离不开茶了。所以，茶叶贸易是一门非常大的生意。对于这门大生意，英国政府有一个规定，那就是茶叶贸易必须由本国的东印度公司垄断经营。

在这种垄断模式下，东印度公司把茶叶从中国运到英国，英国人只能从东印度公司和它的分销商那里买茶叶。北美殖民地的人民也爱喝茶，东印度公司虽然不直接向殖民地出口茶叶，但他们会把茶叶批发给北美的分销商，再由分销商卖给殖民地的人民。按规定，殖民地的人民也只能从这些分销商手里买茶叶。

英国政府把这么大的生意给了东印度公司，可不是白给的：政府要向东印度公司的茶叶征收25%的关税。可是，做茶叶生意的不只有英国人。荷兰政府就不会向荷兰商人运来的茶叶征税，这就导致东印度公司的茶叶比荷兰人卖的贵很多。

谁不爱买便宜货呢？北美的很多聪明人都跑去买荷兰茶叶。按照英国法律，荷兰茶叶属于走私货，买这种茶叶是违法的。但是，北美人民太爱喝茶了，走私来的荷兰茶叶物美价廉，所以大家也顾不上是否违法了。人人都爱荷兰茶叶，不买英国茶叶，这就导致东印度公司损失惨重。

为了解决这个问题，英国政府决定给东印度公司退税，让茶叶价格降下来。可是，英国政府又不想白白损失一笔税收，于是，他们颁布了《汤森法案》。法案中规定向殖民地人民征收多种赋税，包括茶叶税。也就是说，政府在东印度公司那里少收的关税，要从殖民地人民那里讨回来。

殖民地人民当然不同意。他们发起了一系列抗议活动，反对《汤森法案》。最后，英国政府让步，废除了《汤森法案》规定的大多数税种，却唯独保留了茶叶税，政府的理由是，要用茶叶税的收入来支付殖民地官员的工资。这么一来，又导致了新的矛盾。

给官员开工资这个理由看似合情合理，其实，这么做严重违反了殖民地的传统。过去，每个殖民地在大体上是自治的。当地官员的工资都由当地的立法机构，也就是当地人民的代表来支付，所以官员和殖民地是紧紧联系在一起的。

如今，英国政府要用茶叶税的收入给殖民地官员付工资，给官员们发钱的不是当地百姓，而是英国政府了；那么，这些官员还会像过去那样一心为殖民地人民服务吗？所以，这件事可以说是英国政府对殖民地地方自治权的一次粗暴干涉。

由于这一系列争议和矛盾，英国政府和北美殖民地的关系越来越糟糕。另一方面，北美的茶叶走私活动越来越猖獗，这就让东印度公司蒙受了巨大的损失，仓库里的茶叶堆积如山，卖不出去。

为了解决这个问题，1773年，英国议会颁布了《茶叶法案》。法案允许东印度公司直接将茶叶卖给北美市场，而且规定由东印度公司垄断北美的茶叶贸易。更过分的是，政府还专门给东印度公司减税，让它把茶叶价格降得比走私茶叶还低。与此同时，《汤森法案》的茶税也没有废除。英国议会的这些操作，都是为了保护英国本土商人的利益，但是极大地损害了殖民地的茶叶分销商和走私者的利益。商人们一下子就坐不住了，比如曾经从事茶叶走私的约翰·汉考克，后来就成了反对英国的革命者和美国的开国元老之一。

总之，英国政府最看重的还是本土的利益，北美殖民地人民的利益是可以牺牲的。

1773年，英国政府授权东印度公司向北美运送5000箱茶叶（约250吨）。9月和10月，4艘船载着2000箱茶叶陆续到达北美殖民地的重要港口——马萨诸塞殖民地的首府波士顿。当地反对《汤森法案》和《茶叶法案》的人们（这里就把他们称为"革命者"吧）发起了许多抗议活动，要求当地的商人拒绝与东印度公司合作。

革命者之所以发出抗议，不是因为英国政府收的税很重，恰恰相反，茶税其实很低；他们抗议的是原则性问题，诉求就是"无代表不纳税"，反对英国政府干涉殖民地的自治。革命者把问题上升到了"自由还是奴役"的高度，他们认为自己应当拥有自由，东印度公司输入的这些茶叶包含着"奴役的种子"。

当然，东印度公司对茶叶的垄断，以及便宜茶叶的涌入，也切切实实伤害了殖民地商人集团的利益。

在纽约等地，民众的抗议让东印度公司的茶叶船被迫返回了英国。但是在波士顿，当地的殖民地总督站在英国政府一边，他的两个儿子就参与了东印度公司的茶叶贸易，所以他拒绝让步，坚决要保护东印度公司的茶叶船。这就引起了更加激烈的抗议。

12月16日，波士顿数千人参加了示威集会，而当时波士顿的总人口也就16 000人。总督还是不肯让步。于是，一些革命者决定采取更激烈的行动。他们来到波士顿港口，登上了东印度公司的茶叶船，当夜把船上的几百箱茶叶都扔进了大海。这就是著名的"波士顿倾茶事件"。这件事给东印度公司造成了不小的损失，差不多相当于今天的170万美元。

"波士顿倾茶事件"发生之后，革命者的领导人之一塞缪尔·亚当斯，也是后来美国的开国元老之一，对这件事大力宣传。塞缪尔·亚当斯说，革命者把茶叶扔进海里不是破坏财产的暴乱行为，而是一种有原则的革命义举，也是殖民地人民为了保卫自己的权利而唯一能做的事情。也有一些人的态度比较温和，比如革命的另一位领导人本杰明·富兰克林就认为，应当赔偿东印度公司的损失。还有几位商人表示愿意自掏腰包来赔偿，缓和矛盾。但是，这些提议都被愤怒的英国政府拒绝了。

英国政府下令封锁波士顿港，还颁布了一系列法案来制裁殖民地，企图进一步加强对殖民地的控制。这些法案被殖民地人民称为"不可容忍的法案"，双方之间的矛盾迅速激化。

波士顿倾茶事件

对殖民地人民来说，和平争取权利的希望更加渺茫了。越来越多的人认为，脱离英国政府的统治、争取独立，是他们的唯一选择。

十三殖民地为了互相支援和配合，各自派出代表，在1774年9月一起开会商议，这就是"第一次大陆会议"。12月，大陆会议呼吁殖民地人民抵制英国商品，并且开始训练民兵，准备应对可能爆发的战争。

1775年2月，英国政府宣布马萨诸塞殖民地处于叛乱状态。4月，英国军队到波士顿附近的莱克星顿和康考德两地收缴当地民兵的武器。结果发生了武装冲突。这件事被称为"莱克星顿的枪声"，它标志着美国独立战争正式开始。

1776年7月4日，北美十三殖民地的代表正式通过《独立宣言》，宣布从此脱离英国政府的统治，成立美利坚合众国。后来，7月4日就被定为美国的国庆日。

在乔治·华盛顿将军的领导下，殖民地人民组建了"大陆军"，后来又得到法国和西班牙的支持，共同对抗英国。对法国来说，这是为七年战争报仇的好机会。

当时，英国是全球霸权，拥有世界第一的强大海军，陆军实力也不错。因此，在北美殖民地，英国一开始还能够充分利用其海军优势，控制十三殖民地的沿海城市。但是，随着大陆军后撤到内陆地区，英国军队逐渐失去了优势。1781年，法国海军在切萨皮克海战中打败英国海军，夺得了制海权。随后，在约克镇围城战役当中，华盛顿将军率领的美军和法军联手，又赢得了决定性胜利。1783年，英国终于不得不认输。英国国王的代表和美国代表签订了《巴黎条约》，承认美国独立。

美国独立战争的故事讲到这里，你可能已经发现了：法国在美国独立的过程中既出钱又出兵，发挥了很大的作用。然而，这件事给法国带来了沉重的负担，最终导致了一场大革命。

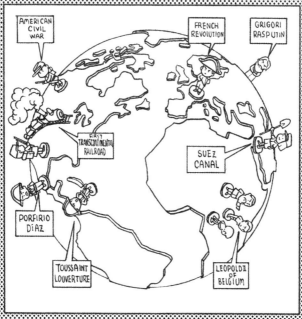

二

漫长的十九世纪

21

从巴士底狱到路易十六出逃：

法国大革命的爆发

在独立战争中，北美的大陆军最终打败不可一世的大英帝国，这固然要感谢北美人民的英勇和才智，也要感谢华盛顿等将领的出色领导和指挥，但是，也不能忘了，英国的老对手、另一个强国——法国出于为七年战争的失败报仇等原因，直接出动了大约1万人的正规军和若干舰船去帮助华盛顿。法国也是全世界第一个承认美国独立的国家。如果没有法国的鼎力相助，美国的独立进程走向如何还很难说。

然而，法国的慷慨出手给它自己造成了大麻烦。1781

年，法国的国家财政赤字已经达到非常严重的程度，眼看法国就要破产。

法国的财政问题由来已久，并不是因为支援美国才产生的；但是支援美国花出去的钱，对法国来说无异于雪上加霜。

为了解决财政问题，法国国王路易十六决定召开三级会议。什么叫三级会议呢？在法国的封建制度之下，国民分成三个等级，最高等级是教士，第二等级是贵族，第三等级是其他所有人，包括资产阶级、手工匠人、农民等。

看到这里，你可能已经猜到了，当时法国社会存在一个特别突出的问题，那就是社会阶层之间的严重不平等。当时法国的总人口约2600万，其中居于第一等级的教士不到10万人，但是他们占有的土地超过了全国土地的十分之一。教会的领导人，比如大主教、主教和修道院长们，过着极其奢侈的生活。第二等级的贵族也占据着大量土地，而且他们往往不纳税。千百万第三等级的老百姓却连饭都快吃不起了，过着极端贫困的生活。

你可能要问了，之前太阳王路易十四不是已经推行了财政改革，要求贵族纳税吗？怎么贵族又不纳税了呢？

原来，虽然路易十四采取了措施，但是很多法国贵族仍然能用各种手段逃避或转嫁赋税的负担；法国朝廷也喜欢把免税权当作一种奖励，赏赐给贵族。因此，在路易十六的时代，贵族承担的实际赋税还是很少。

法国政府遭遇财政危机，囊中羞涩；平民更是饱受贵族和教士的压迫，民不聊生；1788年又接连发生了旱灾和冰雹灾害，导致粮食歉收，爆发了严重的饥荒。以至于第一等级和第二等级的很多成员也认识到，这种局面是维持不下去的，必须要变革。

1789年5月5日，法国国王路易十六在凡尔赛召开了三级会议，让三个等级的代表聚在一起商量如何解决国家的财政危机。可是，虽然开了会，但路易十六其实根本没想彻底解决问题，他不打算改善法国社会结构性的不平等，更不希望发生大的变革，只是想开会做做样子，解决眼前的麻烦。

那么，路易十六的如意算盘能不能成功呢？

要回答这个问题，我们首先要明确一点，那就是第三等级的代表都是些什么样的人。他们是穿着破衣烂衫的农民吗？是吃不上饭的贫穷市民吗？都不是。

　　第三等级的代表大多是资产阶级人士，比如商人、官僚或律师、工程师、医生这样的专业人士，甚至还有一些比较开明的贵族和教士。换句话说，这些人有知识，也有社会地位。

　　结果，就在三级会议上，第三等级的代表们做出了一个意味深长的决定：他们要抛开第一和第二等级，自行组织会议，还给自己取名为"国民议会"。意思就是，第三等级成立的组织不是像过去那样代表某个"等级"的，而是代表全体"国民"的。

　　国王路易十六当然不能接受这种事情发生。面对咄咄逼人的第三等级代表，路易十六感到非常恐慌，他下令把会议室锁起来，不给第三等级的代表提供开会场地。

　　这点小麻烦根本难不倒雄心勃勃的代表。没有会议室，他们就到附近的一个网球场上集会，还在那里宣誓，要为法国确立宪法，进行深度改革，否则绝不散会。这就是著名的"网球场宣言"。

　　对此，路易十六宣布，一切改革都必须经过他本人的同意，国民议会的计划或者行动都是非法的。他还命令国民议会马上解散。第三等级的代表们并没有把国王的话当回事。其中一位代表米拉波伯爵就说："我们是遵循人民的意志才聚集于此的，除非用刺刀逼迫我们，我们绝不离开！"

事实证明，第三等级代表的自信是有道理的。很快，大部分第一等级的教士代表就加入了国民议会，贵族阶层也有47名代表加入。路易十六一时间不知所措，而迫切渴望变革的巴黎市民已经群情激奋。

为了控制局面，路易十六命令从外地向巴黎调集军队，其中大部分兵力是外国的雇佣兵。看到国王的举动，巴黎市民感觉受到了威胁，于是开始抢劫军械库和兵器店，把自己武装起来。很快，一些人就把目光瞄向了巴士底狱。

巴士底狱是巴黎的一座城堡和监狱，也是一座强大的军事要塞，就是百年战争期间，法国人为了防备英军的袭击而修建的。过去的几百年里，巴士底狱大部分时候都是法国的国家监狱，关押过不少犯人；城堡上的大炮控制着巴黎城的整个东部边缘，城堡里面则存放着大量武器和火药。

1789年7月，巴士底狱其实只关押着七名犯人，其中几个还是贵族。但是，由于巴士底狱的历史，在巴黎民众心目中，它就是封建制度和君主暴政的象征，并且人们也想拿到里面的武器弹药。

7月14日，成百上千的市民冲向巴士底狱。经过几个小时的战斗，市民们占领了巴士底狱，还处死了监狱长。

攻占巴士底狱是一个重要的标志性事件，法国大革命就这样爆发了。后来，7月14日就被确定为法国的国庆日。

发生这么重大的事件的时候，国王路易十六在干什么呢？你肯定想不到，路易十六当时在优哉游哉地打猎。他回宫收到消息之后，问身边的一名贵族："这是一场叛乱吗？"对方回答："不，陛下，这是一场革命。"

事实证明，这个答案很正确。巴黎发生动乱之后，法国的其他地方也相继陷入混乱；尤其在农村，饱受压迫的农民纷纷起来反抗地主，他们烧毁了地契，甚至杀死了一些地主和贵族。

与此同时，国民议会也在加紧行动。7月9日，国民议会宣布改名为国民制宪议会。8月4日，国民制宪议会宣布废除封建制度，废除贵族和教士的特权。8月26日，国民制宪议会发布了《人权宣言》，宣布自由、财产、安全和反抗压迫是天赋的不可剥夺的人权；阐明了法律面前人人平等、私有财产神圣不可侵犯等原则。总之，《人权宣言》当中的很多思想，都属于现代西方社会的基本原则。

不过，《人权宣言》针对的对象只限于有公民权的男性，因为当时女性是不被当作完整的"人"来看待的。她们要为自己争取平等和自由，还有很长的路要走。

革命轰轰烈烈地进行着，国王路易十六表现得还算配合，他老老实实地签署了《人权宣言》。虽然国民制宪议会理论上已经掌握了政权，提出了上述的进步纲领，但是法国的经济问题还没有得到解决，还有很多人在挨饿。另外，在当时的法国，到处都流传着路易十六的王后生活奢侈的传闻，民众对王后的憎恨越来越强烈。这位王后的名字叫玛丽·安托瓦内特，她就是我们前面介绍过的奥地利女君主玛丽亚·特蕾西亚的女儿。

10月5日，巴黎发生了著名的"凡尔赛妇女大游行"。尽管当天下着倾盆大雨，还是有六千多名劳动妇女拿着镰刀和五花八门的兵器走上街头，甚至还拖来了大炮。她们包围了国王居住的凡尔赛宫，要求得到面包。

在群众的围攻和冲击之下，王室威严扫地，路易十六被迫带着王后和孩子从凡尔赛宫搬到巴黎的杜伊勒里宫，这就意味着国王彻底处于革命群众的控制之下了。

1790 年 6 月，制宪议会宣布废除贵族制度，重新划分法国的行政区划，还没收了教会的财产。大批贵族仓皇逃离法国。

在这种局面下，路易十六多次在公开场合表示支持制宪会议，顺从地签署了大部分法令。1790 年 7 月 14 日，在攻陷巴士底狱的周年纪念活动上，路易十六还公开宣誓要维护宪法。

看上去，法国在向君主立宪的道路上走，也就是形式上保留国王，由议会来掌握实权；然而，路易十六并不甘心。他知道自己永远不会接受革命，而革命也永远不会接受他。于是，他准备出逃，并且想办法恢复王权。

1791 年 6 月 20 日深夜，路易十六和王后带着两个孩子通过密道离开了杜伊勒里宫，然后乘坐马车出逃。他们准备离开法国，寻求当时的神圣罗马皇帝利奥波德二世，也就是王后的哥哥的支持。

这场逃亡一开始还比较顺利，但因为道路条件差，马车行进的速度很慢。当时已经是夏天，天气炎热，马车遮得严严实实，坐在里面非常闷热。事实上，路易十六并没有藏在车里不出来，他甚至经常下车跟路旁的乡民聊天。结果就在半路上，一名驿站的站长认出了国王。这位站长没有声张，而是抢在路易十六之前赶到了下一座城镇瓦雷讷，传达了这个惊人的消息。于是，瓦雷讷市民敲响警钟，拦下了路易十六。最后，国王一家人被押回了巴黎。

路易十六出逃的后果是灾难性的，王室的威信遭到了沉重的打击。因为大多数的法国民众虽然支持革命，但是对国王并没有敌意。当时主流的政治主张还是建立君主立宪制度，路易十六之前也表现得很配合；可是现在人们发现他们被骗了，国王居然企图投奔境外势力。法国民众非常愤怒，支持路易十六的人一下子所剩无几。

国王的出逃也导致制宪议会发生大分裂，代表们展开了激烈的争论。激进民主派要求审判甚至废黜国王，认为路易十六已经失去了民心，不配做国王了；温和派仍然希望保留路易十六的王位；还有一些人提出，干脆废除君主制，建立共和国。

与此同时，欧洲的奥地利、普鲁士等国家害怕革命的烈火烧到自己头上，所以准备对法国出兵，把革命扼杀在萌芽状态。

在战争的威胁下，法国人的爱国主义和民族主义情绪迅速高涨。民众团结在革命政府周围，积极备战，准备抵御普鲁士和奥地利等国家的进攻。国王已经不再是凝聚法国人民的核心。可以说，法国人抛弃了国王。

1792年9月20日，在法国东北部小镇瓦尔密附近，法国革命军队打败了普鲁士与奥地利军队。法国革命军队只是一支由老兵和义勇兵组成的杂牌军，却击败了训练有素、威名赫赫的普军与奥军。这是法国革命政府的第一次胜利，这场胜利极大地鼓舞了革命政府。两天之后，也就是9月22日，革命政府正式宣布推翻君主制，建立法兰西第一共和国。

值得一提的是，大文豪歌德当时也在普鲁士军中。战斗结束后，他说了一句名言："从此时此地，世界历史翻开了新篇章。你们可以说，你们见证了这一刻。"

1793年1月21日，法兰西共和国政府经过审判，以叛国罪处死了路易十六。9个月后，王后玛丽·安托瓦内特也被送上了断头台。不过，杀戮并没有停止。事实上，从1789年冲击巴士底狱到1799年拿破仑掌权，法国大革命的这十年是非常动荡和血腥的十年，其间发生了无数次错综复杂的政变、屠杀和内外战争。

　　对于法国大革命，不同时代、不同立场的人们往往持不同的看法，有人赞美它，也有人批评它。但毫无疑问的是，从1789年开始，君主专制的旧制度在法国被推翻了，旧时代一去不复返；很多新的思想，比如民族主义，已经传播到了世界各地，并且到今天还在影响我们的世界。

路易十六被送上断头台

22

英法争霸的终结：

拿破仑兵败滑铁卢

1789 年法国大革命爆发，君主制被废除，法国从此成为共和国。这并不是结束，而是一个开始。

在法国，各派政治势力争斗不休，经济和民生问题又一直得不到妥善的解决。同时，欧洲其他国家非常担心革命的火种烧到自己头上，所以一次次地组建"反法同盟"，出兵干预法国。历经坎坷和动荡，法国终于出现了一位乱世枭雄，拿破仑。

在大革命时期，拿破仑曾经也是革命者的一员。不过，他凭借着超强的军事天才和政治才干，最终崛起成为法国的统治者。

　　有意思的是，拿破仑可能不算真正的法国人。他出生于科西嘉岛，而科西嘉在历史上长期属于热那亚。热那亚是意大利的一个邦国，发现新大陆的哥伦布就是热那亚人。直到1768年，也就是拿破仑出生的前一年，科西嘉才被割让给法国。所以，拿破仑的母语是意大利语；他飞黄腾达之后，还因为说法语的时候带着土里土气的意大利口音而被人嘲笑。

　　法国大革命爆发时，拿破仑只有20岁，还是一名默默无闻的炮兵军官。不过，拿破仑24岁就成了将军；26

拿破仑一世

岁，他就当上了统领大军的主帅；30岁，他成为法国的独裁者；35岁，他就已自立为"法兰西人的皇帝"，主宰了大半个欧洲。在这十几年里，拿破仑几乎可以说是打遍天下无敌手，大大地扩张了法国的版图和影响力，对整个欧洲产生了深远的影响。比如，在1806年，拿破仑击败奥地利军队，随即逼迫当时的神圣罗马皇帝解散帝国。也就是说，拿破仑亲手终结了神圣罗马帝国，德意志的地图也被他重画了一遍。

拿破仑是历史上最出色的军事征服者之一，对欧洲很多国家的人民来说，他是一个不折不扣的侵略者。但是，拿破仑也会把法国的很多先进思想传播到他所到之处；比如法律面前人人平等、任人唯贤、义务教育等理念，就通过拿破仑的军事征服传遍了欧洲。很多敌国的人民对拿破仑也很崇拜。就拿英国来说，英国可以说是拿破仑的死对头，但后来的英国国王爱德华七世去巴黎访问时，还要在拿破仑的墓前致敬。德意志的大诗人歌德对拿破仑也有极高的评价。

不过，这一次，我们要了解的不是拿破仑的丰功伟绩或辉煌胜利，而是他的最后一战，也就是著名的滑铁卢战役。

如今，"滑铁卢"早已成为一个约定俗成的典故，它的意思是惨重的失败。很多人即使对世界历史不怎么熟悉，也知道拿破仑输掉了这场战役，而且输得相当惨。为什么我们要讨论拿破仑的这次失败呢？因为，它决定了随后一百多年里欧洲历史的走向。

早在大革命期间，拿破仑就曾经指挥军队多次打败普鲁士、奥地利和俄国军队，粉碎了一次又一次反法同盟。十几年间，他从波罗的海之滨杀到西班牙南岸，所向披靡。但是，在1814年，拿破仑在欧洲列强的围攻之下，最终还是战败了。他被迫退位，被软禁在地中海的一座小岛上。拿破仑退位之后，波旁王朝在法国复辟，路易十六的弟弟登基为国王，称号为路易十八。

拿破仑不肯认命。他抓住机会，在1815年2月成功逃离小岛，坐船前往法国。当时，路易十八的统治很不得民心，所以拿破仑登陆之后，受到了法国人民的欢迎。在民众的拥戴下，拿破仑重新登上皇位，开始了所谓的"百日皇朝"。

欧洲列强当然无法容忍拿破仑卷土重来，他们迅速组建了第七次"反法同盟"，要将拿破仑彻底打垮。

这个时候，拿破仑的敌人主要有四个：俄国、奥地利、普鲁士和英国。当时，俄国与奥地利的军队赶到法国还需要一些时间，所以距离法国最近的敌人就是驻扎在荷兰王国境内的英国、荷兰和普鲁士军队。

在战场上，拿破仑最擅长的就是分割敌人，各个击破。果然，法军先在比利时的一座小村庄打败了普鲁士军队，然后又在另一座村庄四臂村的十字路口击退了英军。

此时，按照拿破仑的判断，普鲁士人已经向东逃跑，不足为虑。他接下来要做的就是消灭英国军队的主力。英军的总指挥是威灵顿公爵，他与拿破仑交手吃亏之后就撤到一座山岭上布置防御，他的打算是阻止拿破仑北上进攻大城市布鲁塞尔。这道山岭背后有一个小镇，名字叫作滑铁卢。对拿破仑来说，他的目标就是攻破英军的防线，向北进军。

在随后爆发的滑铁卢战役中，拿破仑犯了一连串的错误，过去那个英明神武的天才军事家好像突然换了一个人。有历史学家评价说，滑铁卢战役中拿破仑的"处置非常糟糕"，不无道理。

究竟哪里糟糕呢？一句话概括，就是他在战场上的

213

资源配置不当。

这里的资源指的是人；具体来说，指的是战场上的高级军官，以及不同兵种的士兵。在配置和使用这两种资源的时候，拿破仑都犯了严重的错误。

先来说说高级军官。在拿破仑时代，战场上的军事指挥在很多方面已经和今天很相似了。比如，当时已经有了完善的参谋制度。

参谋是干什么的？他是一个中介和翻译，是总司令与中下层军官和士兵之间的桥梁。比方说，作为总司令，拿破仑的任务是设计总体战略，但他可不能直接把这些战略告诉中下层军官和士兵。中下层的执行者很可能理解不了他的战略意图，而且他们也不需要理解这么多。参谋的作用，就是把总司令的战略意图分解和"翻译"为具体的可执行的计划。比如，要阻止两个敌人会合，那就必须挡在两个敌人之间。在哪里挡住他们？要选择一个有利的地点。法军选择了四臂村，这是拿破仑设计的战略；如何到达四臂村、如何进攻、如何占领四臂村，这就都是中下层军官和士兵要解决具体的战术问题。两者之间需要过渡和转换，这个任务由参谋来完成。

在过去的很多年里，拿破仑之所以能够南征北战所向无敌，应该说他的参谋长贝尔蒂埃元帅有很大的贡献。贝尔蒂埃很有组织工作的天赋，他总是能在战前做足功课，所以对战场的地形地貌极为熟悉。

拿破仑在表达他的天才战略构想时，总是洋洋洒洒，随心所欲。贝尔蒂埃元帅则总是能够从大量信息中迅速把握要点，然后把拿破仑的思想有条不紊地转换成一道道命令，再下发给各个作战单位。在战场上，这些命令被分别执行，它们组合起来就能完成拿破仑的战略意图。

所以，贝尔蒂埃元帅这位参谋长，对拿破仑而言非常重要。可是，就滑铁卢战役之前，贝尔蒂埃去世了。拿破仑选择了苏尔特元帅接任参谋长职务。

苏尔特是从基层晋升上来的，作战经验丰富。拿破仑曾说他是"欧洲最伟大的机动作战专家"。他曾经在西班牙独当一面，打得相当出色；但问题是，苏尔特从来没有做过参谋长的工作。

当时，拿破仑在滑铁卢战场的整体战略是，集中大部分力量对付威灵顿指挥的英军，同时派遣格鲁希元帅率领一支部队去追击和监视败退的普鲁士军队，防止普军重整旗鼓来支援英军。

参谋长苏尔特又是如何解读和转换这个战略的呢？他给格鲁希元帅下的命令是：格鲁希应当尽快抵达普鲁士军队驻扎的瓦夫尔，然后驱逐普军；同时，他还要接近拿破仑的部队，以便随时支援拿破仑。想必你也看出来了，这两个命令根本是互相矛盾的。因为要抵达瓦夫尔，就没办法接近拿破仑；要接近拿破仑，就不可能抵达瓦夫尔。

格鲁希元帅接到这道糊涂的命令之后，不知道该怎么办，最后选择去往瓦夫尔，没有来得及赶回来参加滑铁卢主战场的战斗。

从这个小例子你就可以看出，苏尔特不适合当参谋长。这是拿破仑失败的第一个主要原因。

第二个原因，就是拿破仑对不同兵种的运用也出了错。那个年代的行军作战，存在兵种和阵形相克的问题，有点儿类似于我们平时玩的石头剪子布。简单来说，就是炮兵克步兵方阵和步兵纵队，步兵方阵克骑兵，骑兵克步兵横队，而步兵横队克步兵纵队。

什么叫横队呢？比方说，100名步兵，面向敌人排成两排，每排50人，这样可以最大程度地发挥火力，但是很容易被敌人的骑兵冲垮或者包抄。同样的道理，纵队就是面向敌人排成竖长条的队伍，纵队比较灵活、便于运动，但是面向敌人的兵力比较少，火力较弱。方阵很好理解，就是步兵们组成一个正方形，刺刀朝外，用来抵抗骑兵，方阵的中心还可以部署大炮。总之，在战场上需要根据实际情况和敌人的阵形，来快速部署兵种与阵形。

那么，在滑铁卢战役当中，拿破仑是怎么做的呢？他的思路很简单：先用大炮猛轰英军阵地，然后向其右翼发动牵制性攻击，阻止右翼向中路支援，最好还能让英军中路抽调兵力去支援右翼，最后再猛攻实力减弱的英军中路。

不幸的是，由于前一夜下了大雨，地面非常泥泞，而当时的炮弹如果落在烂泥地里，就很容易失效。所以，为了尽可能发挥炮火的威力，拿破仑必须等太阳升起来、地面比较干燥的时候才能开炮。这就浪费了几个小时。

更不幸的是，负责牵制性攻击英军右翼的热罗姆是拿破仑的弟弟，他没有正确领会哥哥的意图，投入了太多力量来进行次要的牵制性攻击。本来他只需要困住敌人的手脚即可，但他全力猛攻，造成很多伤亡，白白浪费了兵力，非但没有减弱英军的中路，反而削弱了法军的主攻力量。

主攻之前的两个准备工作都没做好。现在只能寄希望于主攻本身了。

承担主攻任务的法军有4个进攻纵队，一共有1.8万步兵，这个人数相对英军来说，本来是有优势的。为了完成作战任务，这4个进攻纵队需要穿过山谷，冲上对面被英军占领的山峰。如果在正常情况下，这段距离走路只需要五分钟。

要穿过山谷，法军只能采用步兵纵队。结果在行进的过程中，密集的纵队遭受了英军猛烈的炮火轰击，损失惨重。这就是上面说的，炮兵克纵队。

好不容易到了山顶，法军的步兵纵队又撞上了英军的步兵横队，又是一轮猛烈的火力射击，法军再次损失惨重。这就是横队克纵队。

法军想要改变阵形，把纵队改成横队，却又一次遇到了克星：英军出动了骑兵。这就是骑兵克横队。

连续三个阶段，法军都在兵种相克上吃了亏。英军骑兵轻易就冲散了法军的步兵横队，甚至一直冲到了法军阵地。但是，由于英军的纪律不严、鲁莽冒进，后来又被法军骑兵打散了。

这个时候，法军看到英军的阵地后方有大量人员后撤，以为英军在败退、胜利就在眼前了，于是，他们发动了5000骑兵的大冲锋。然而，他们看到的后撤兵力，其实是伤员和补给人员。

结果，法军骑兵一路冲到英军的山顶，却发现英军步兵构建了十几个方阵，正严阵以待。方阵克骑兵。所以，法国人再一次吃了大亏。

过了很久，拿破仑才想到应该用步兵去支援骑兵，他命令8000步兵以纵队去攻击英军方阵。这时候，英军的方阵已迅速转换为横队，而横队又一次战胜了纵队。眨眼间，8000人就被打败了。法国士兵们被轰下了山岭，粉身碎骨。

在这一轮"石头剪子布"的致命游戏里，拿破仑的表现可以说是非常差劲了。

滑铁卢战役之后，拿破仑彻底退出了欧洲政治舞台。他被囚禁在大西洋的圣赫勒那岛上，6年之后就孤独地死去了。英国和法国持续数百年的争霸也彻底告一段落。

整个19世纪，英国都是当仁不让的欧洲霸主。从1815年滑铁卢战役到1914年第一次世界大战爆发，欧洲保持了相对和平的状态，也就是所谓"大英帝国盛世"。在这期间，英国在政治、军事、经济和文化上都处于全球的主导地位。虽然说历史不容假设，但假如滑铁卢战役里，拿破仑战胜了英军，那么也许接下来的100年，就是"法兰西盛世"了。

23

蔗糖之战：海地黑奴起义

1789 年发生的法国大革命不止在法国国内引发了剧烈的动荡，也深深地影响了千里之外的海地。法国革命的进步思想为什么能在海地掀起一场巨浪？这还要从我们日常生活中一种司空见惯的东西说起。

糖，是我们每天都能见到的东西，谁都不觉得它有什么稀罕的。不过你知道吗，在几百年前，糖可不是随随便便就能得到的。

白色的亮晶晶的糖并不是大自然里天然存在的，而是从含糖植物中提取出来的。甘蔗的含糖量特别高，所以一直是人们制造糖的主要原材料。18世纪，欧洲人已经很爱吃糖了。他们吃的糖绝大多数就是从甘蔗中提取的蔗糖。不过，甘蔗这种植物喜欢炎热的天气，在欧洲本地难以存活。一些欧洲殖民者发现，美洲的土地很适合甘蔗生长；他们自然而然地就想到应该在美洲大规模种甘蔗，满足欧洲人的胃口。在18世纪的美洲，有两个最主要的甘蔗种植地，其中之一就是海地。

海地是什么地方呢？前面我们讲过，西班牙是最早到美洲殖民的国家，西班牙人在美洲有一个早期基地伊斯帕尼奥拉岛，也叫西班牙岛。18世纪中后期，这个岛分成了东西两部分：西半部分是法国殖民地，也就是今天的海地；东半部分是西班牙殖民地，也就是今天的多米尼加共和国。

法国人在海地开设了许多大规模的种植园，专门种植甘蔗，然后把甘蔗制成糖，再运到法国。法国人太喜欢吃糖了，所以这是一门非常大的生意。海地也是法国所有海外殖民地当中最赚钱的一个。

然而，在这些甜甜的蔗糖和大笔的金钱背后，有着非常黑暗和残忍的一面。想想看，法国人在美洲殖民地开种植园，干活的是法国人吗？当然不是。也不是美洲人，因为海地的美洲原住民已经非常稀少了。事实上，在种植园里劳动的都是法国殖民者从非洲买来的黑人奴隶。

这些黑奴的工作和生活条件是非常恶劣的。制糖的工作费时费力，极其辛苦。而且当时海地的环境很不卫生，经常爆发疟疾和黄热病，所以黑奴的死亡率极高。这么一来，法国殖民者就必须不断地从非洲买来新的黑奴。根据历史记载，将近一半黑奴到达海地之后不到一年就死去了。于是，殖民者就更加残酷地逼迫他们劳动，甚至经常用鞭打、火烧等方式来折磨黑奴，想让他们在死前尽可能多干活。对黑奴来说，当时的海地就是一个人间地狱。

在这样的背景下，海地的社会构成也特别复杂，并且等级森严。在海地，人被大致分成六个等级：地位最高的是白人种植园主，这些人一般是法国的小贵族；第二个等级是比较穷的白人；第三等级是黑白混血儿，大多是白人种植园主和黑人女子的后代，享受一定的特权，有的还被送去法国受教育，所以他们后来成了海地的精英群体；第四等级是自由黑人；第五等级是出生在海地的黑奴；最底层的第六等级，是刚刚从非洲运来的黑奴。第六等级的黑奴受到了严重歧视，因为他们被认为是最

"野蛮"的。

在1789年，海地的白人主要是法国人，一共有4万人；混血儿和自由黑人加起来约2万8千人，而黑奴大概有45万人。这些群体之间互相憎恨和仇视。穷白人憎恨富裕的白人地主，也憎恨混血儿和黑人；混血儿嫉妒白人、歧视黑人，可他们自己也受白人的歧视；另外，自由黑人对待黑奴的态度，往往比白人更残酷。用一位历史学家的话说，在当时的海地，"每一个人都仇视每一个人"。而白人最害怕的，就是人口远远多于他们的黑人会发动起义。

结果，就在1789年，发生了法国大革命。法国的革命政府颁布了《人权宣言》，宣扬自由、平等、博爱，这些进步思想也传播到了海地的很多混血儿和自由黑人当中。

那么，海地各个阶层的人又是怎么想的呢？说起来很有意思，革命爆发之后，海地的白人种植园主大多主张海地独立。他们的想法是脱离法国的控制，这样就能更加肆无忌惮地剥削黑奴、发更大的财。黑人反倒大多是保王党，反对海地独立，因为他们心里也很清楚：白人主子们一旦获得独立，那就彻底没有约束、可以为所欲为了，黑人很可能会受到更加残酷的对待。在这两方之外，海地的混血儿往往支持革命政府，也就是法兰西共和国，因为他们希望自己被共和国接纳，被视为法国公民，得到与白人公民平等的政治权利。此外，当时欧洲的另两个强国英国和西班牙对海地这块大肥肉虎视眈眈，所以当地的局势一下子变得格外复杂和混乱起来。

1791年，海地的黑奴终于忍无可忍，发动了武装起义。他们在两个月内就杀死了数千名白人，摧毁了一百多座种植园。白人种植园主也组建了民兵队伍，发动反击，杀死了一万多名黑人。不过，这时候的黑人起义者主要是为获得自由而战，而并没有想要争取独立。

1793年，法兰西共和国宣布废除奴隶制。可是不久之后，英国直接插手，派出军队镇压海地黑奴的起义。英国人为什么出兵海地？原因有三个。第一个重要原因就是，海地的黑奴起义给其他殖民地的黑奴树立了一个榜样，假如他们能成功，那么英国殖民地（比如另一个主要的甘蔗种植地牙买加）的黑奴很可能会效仿他们，也起来造反。第二个原因是，当时英国和法兰西共和国正在打仗，两边本来就是敌对关系。第三个原因也很简单，英国想把海地这个富饶的殖民地抢过来，据为己有。

结果，从1793到1798年，英军在海地一共打了6年仗。可是，他们不但没有什么收获，反而因为黄热病和战争损失惨重，最后不得不撤军。英国在海地一共损失了将近400万英镑和10万人，最后一无所获。

在海地起义军中，一个叫作杜桑·卢维杜尔的黑人逐渐崛起，成为起义军的将领。卢维杜尔曾经是奴隶，后来成为一名自由黑人，过上了富裕的生活。法国大革命发生后，他如饥似渴地学习了很多革命思想，后来又加入了起义军。在残酷的战争中，卢维杜尔凭借着自己

杜桑·卢维杜尔

的才干崭露头角，又打败了起义军当中的竞争对手。到了1800年，他已经实际上控制了海地。尽管卢维杜尔嘴上仍然说他忠于法国，但他就是海地事实上的统治者。1801年，他为海地颁布宪法，宣布自己是终身执政者，并呼吁建立黑人自己的国家。

这个时候，统治法国的是拿破仑。他可不希望法国最富饶的殖民地就这样丢掉。于是，拿破仑派遣妹夫勒克莱尔将军率领一支强大的军队去海地镇压黑人起义军，还打算在海地恢复奴隶制。

勒克莱尔将军原本非常瞧不起黑人，以为他们只不过是无知的野蛮人，打败他们是不费吹灰之力的事情。但是，到了海地之后，他震惊地发现卢维杜尔指挥下的黑人军队训练有素，纪律严明，战斗力很强。而且，海地的黑人知道，假如法国人获胜，海地就会恢复奴隶制，这是他们绝对不能接受的。黑人是在为自己的自由而战，所以表现得格外英勇。

有一次，勒克莱尔的军队进攻黑人控制的一座堡垒。当时负责防守的是卢维杜尔手下的得力大将德萨林。法军的数量比黑人守军的数量多得多，为了激励大家，德萨林手举点燃的火炬，站在一桶火药上，对大家说："如果法国人冲了进来，我就和他们同归于尽！"于是，黑人们一起呐喊："我们愿意为了自由而死！"就这样，法国人被打得落花流水，狼狈地撤退了。

法军虽然在很多方面有优势，但海地黑人为了赢得自由，爆发出了极强的战斗力，所以战争打得非常惨烈。海地黑人熟悉地理环境，比较适应丛林生活；法国人初来乍到，不熟悉环境，所以起义军打起了游击战，经常把法国人打得落花流水。再加上法国人不适应热带气候，很多人死于疟疾和黄热病，主将勒克莱尔自己也因为黄热病在1802年死去了。

到了1803年，局势又发生了新的变化，英法两国之间再次燃起战火。为了打败法国人，英国海军封锁了海地的法军据点，并且为他们曾经亲手镇压过的黑人起义军提供军火、药品等援助。看来，战争很可能还会持续很久。

此时，残酷的战争已经打了十几年，原本富庶的海地已经完全被毁掉了，变成了一个极度贫困的国家。也许就是为了结束这种僵持不下的局面，卢维杜尔做出了一个选择。

当时法国人来劝他投降，向他保证绝不恢复奴隶制，保证他和其他起义军领导人的安全，还承诺要把他们的军队纳入法国正规军。卢维杜尔相信了他们的话。但是，当卢维杜尔前去跟法国人谈判的时候，他却被背信弃义的法国人抓起来，押回了法国。几个月之后，他就在法国的监狱中病死了。

海地的民族英雄就这样牺牲了。但是，海地黑人没有放弃，仍然不屈不挠地坚持战斗。在德萨林等人的领导下，起义军最终打败了法军，海地在1804年宣布独立。

海地是拉丁美洲第一个宣布独立的国家，是第一个由黑人领导推翻殖民统治的国家，也是唯一由起义奴隶建立的国家。海地黑奴起义的故事，还将激励千百万拉丁美洲人民和北美黑人去争取自由。

24

诗人的起义：

拜伦与希腊民族解放运动

　　要说起世界上的诗人，拜伦是一个绕不开的名字。今天人们公认他是英国历史上最伟大的诗人之一。世界历史之旅的这一程，我们就来到希腊，看看这位大诗人参与过的一个历史事件。

　　拜伦出生于1788年，是英国贵族，享有男爵头衔。贵族多不胜数，而拜伦只有一个。他的特殊之处在于，他是当时的风云人物。甚至可以说，拜伦是历史上第一个现代意义的"明星"。人们的注意力集中在他身上；对于他的一举一动，大家总是密切关注，津津有味地讨论个不停。

在文学创作方面，拜伦才华横溢。他的诗歌作品很早就在英国家喻户晓，他甚至一度被视为英国的史上第一诗人。他的作品非常丰富，到今天，全世界还有很多人在阅读和研究他的诗歌。除了写诗，拜伦还从事学术研究，他是西方较早研究亚美尼亚语的人之一，曾参与编纂《英语-亚美尼亚语词典》。

不过，仅是文学成就还不足以让拜伦如此受关注。拜伦的相貌非常英俊，而且他很注重保养和打扮。比如，他为了保持头发的完美卷曲度，总是戴着卷发纸睡觉。虽然他的右腿有点儿瘸，但是这个小缺点完全可以忽略不计，甚至还给他增加了额外的魅力。

诗人拜伦

由于上面这些原因，拜伦成了媒体的宠儿，他的一言一行总是迅速登上报纸的头条。他自己也特别善于制造热点。比如，1810年，拜伦曾经坐船到土耳其旅游。当船快要开到达达尼尔海峡的时候——达达尼尔海峡就是欧洲和亚洲大陆中间那道狭窄的分割线——拜伦突然纵身一跃，跳进海里。他一口气游过了海峡，自己上了岸，让所有人目瞪口呆。拜伦这一跃立刻就开创了一种时尚。一时间，英国的时髦人士如果经过达达尼尔海峡而不跳下去游一趟，以后简直没法在上流社会混了。

除了诗人和明星这两个身份，拜伦还有一个身份，他是一位革命家。身为英国贵族和文人，他千里迢迢跑到希腊，参加了希腊的民族解放运动。

那么，希腊的民族解放运动是怎么一回事呢？

其实，早在15世纪，今天希腊的大部分地区就已经处在奥斯曼帝国的统治下了。这种局面持续了近400年，其间多次发生希腊人争取独立的运动。遗憾的是，它们全都失败了。到了1821年，由于法国大革命的影响，希腊的数支革命力量又同时发动了起义。希腊人希望赶走奥斯曼人，建立自己的独立国家。当然了，起义遭到了奥斯曼帝国的镇压。但希腊人不肯放弃，他们积极地向西方国家求助。希腊文明对欧洲有着极其深远的影响，所以，当时很多欧洲人都对希腊人充满同情。英国、法国、俄国等国也出于政治利益和文化认同等方面的考虑，给予了希腊人不同程度的支持。

1823年，起义还在轰轰烈烈地进行着。此时，拜伦住在意大利的热那亚，百无聊赖之际，希腊独立运动的人找到了他，请他帮忙。拜伦本来就对古希腊文化充满了好感，于是决定行动起来，为革命贡献力量。

说干就干。拜伦先租了一艘船来到希腊，然后自掏腰包，拿出4000英镑赞助起义军的舰队。可是，随着拜伦越来越深入地参与革命，他发现希腊独立运动开展得极其艰难。这倒不是因为奥斯曼人实力强大，而是因为革命军内部分成了好多派系，明争暗斗，不能齐心对抗敌人。这些不同派系看到天真的拜伦慷慨地自掏腰包支持革命，都争先恐后地跑来拉拢他。各派的领导人纷纷写信给拜伦，声称只有自己是真正的革命者，其他派系都是冒牌货或者土匪。拜伦每天都会收到十几封这样的信。他本来就对希腊政治不熟悉，现在又被狂轰滥炸，更加头昏脑涨了。结果，拜伦的很多时间都浪费在这种内部摩擦和争斗上了。

经过一段时间的观察，拜伦正确地判断，希腊人就是一盘散沙，他们把更多时间花在内斗上，而不是对抗奥斯曼人。他还曾经亲眼见证了革命军两派之间的火拼。

不过，拜伦富有而单纯的名声已经传了出去。当时，有革命领导人没钱支付士兵的军饷，很多士兵就都跑来找拜伦要钱。结果，他光是发饷就花了6000英镑。革命的进展不顺，拜伦手头的钱却快花光了。为了筹钱，他干脆卖掉了自己在苏格兰的一处庄园。

这个时候，根据拜伦自己的说法，他手里的全部现金有2万英镑。这可是一笔巨款，相当于今天的上千万英镑。拜伦打算把这些钱全部用于希腊独立运动。结果，又有更多莫名其妙的人找上门来，向拜伦要钱。拜伦并不生气，他在一封信中说："我既然要帮助希腊人，就全身心地帮助。"

资金支援还不够，拜伦还准备亲自带兵打仗。他没有军事经验，却打算率领希腊革命军去攻打奥斯曼军队控制的一座要塞，纳夫帕克托斯——我们前面讲过的勒班陀大海战就发生在这附近。然而，这些士兵并没有多少革命理想，只想要钱，他们不断向他提出无理要求，却完全不服从他的命令。拜伦忍无可忍，终于解散了队伍，他要自己重新招兵买马。

1824年3月，拜伦重新组建了所谓的"拜伦旅"，里面有30名军官和200士兵。他打算亲自指挥这支队伍去攻打奥斯曼军队的要塞。不幸的是，远征还没开始，拜伦就病倒了。

当时的医疗技术还很粗糙，医生大量使用所谓的"放血疗法"，简单来说，就是从人体里放出一些血液来治病。今天我们都知道这种做法并不科学，但它在当时却被视作包治百病的神奇疗法。放血疗法没能治好拜伦，这位不远万里来到希腊来支持革命的英国贵族，没过多久就死去了。人们推测，他的死亡原因可能就是放血时用的手术器械没有消毒，导致伤口感染，从而引发了败血症。要知道，当时还没有病菌理论，人们对消毒也不重视。

这个时候，拜伦在希腊的声誉已经非常非常高了。在欧洲其他国家，他反抗暴政的革命者形象也赢得了良好的评价。英国公众更是对他崇拜得五体投地。所以有人说，假如拜伦没死并且继续领导革命，希腊人说不定会推举他当国王。

那么，拜伦是不是真有这么厉害呢？恐怕不是。咱们客观地看：首先，希腊革命军山头林立、派系复杂，拜伦并没有办法把他们团结起来一致对外；其次，拜伦从来没有真正打过仗，更没有取得过任何军事胜利，由他来带领起义军作战，结果恐怕不乐观；最后，拜伦所做的工作中真正有价值的，是他用自己的钱帮助了很多在贫穷和灾难中挣扎的人，但是这种慈善事业对革命本身并没有太多实际贡献。所以，拜伦算不上真正出色的革命领袖。

那么，拜伦是一个被严重夸大的英雄吗？倒也不是。作为英国的上层人士和大明星，拜伦能公开表示支持希腊，甚至亲自到希腊参加革命，这就已经是很大的贡献了。想想看，这么一位焦点人物全身心地投入到希腊的独立事业中，为希腊奔走疾呼，当然会吸引英国和西方其他国家公众的注意，让他们对希腊人产生同情并提供帮助。拜伦的理想主义和勇气是极好的表率；他的慷慨解囊，也实实在在地帮助了很多人。

还有一件很有意思的事，拜伦在希腊时曾经收养了一个九岁的土耳其小女孩。这孩子的父母都被希腊革命者杀了，她无依无靠，非常可怜。拜伦并不认为她是敌人，反而把她置于自己的保护之下。拜伦知道，在民族主义情绪高涨的希腊，一旦革命者获胜，恐怕当地的土耳其无辜平民也会大祸临头，即便是小孩子也很难幸免。于是，他把孩子送到安全的地方，保护了起来。从这件事中就能看出，拜伦虽然爱希腊，但他并不憎恨土耳其人，他也不是站在基督教一边就仇恨穆斯林。事实上，他恨的是暴政，是压迫；他爱的是人民，不管对方是希腊人还是土耳其人，是基督徒还是穆斯林。可以说，这是一种比民族主义更高的境界。

1832年，也就是拜伦去世8年后，希腊正式获得独立。可以说，拜伦在希腊独立运动中发挥的作用很小，却又很大。他当之无愧是希腊的英雄，他死在希腊，也死得其所。正如他的长诗《唐璜》中"哀希腊"一节的诗句所说："让我象天鹅一样歌尽而亡；我不要奴隶的国度属于我。"

2008年，希腊共和国将每年的4月19日定为"拜伦日"。如果你有机会去希腊的首都雅典观光，会在市中心看到一座雕像，它描绘的正是一位女性为拜伦加冕的场景。到今天，希腊人仍然把拜伦这个英国贵族当成自己的民族英雄来纪念。

少年世界史·近代

下册

陆大鹏 / 著

张兴 / 绘

漓江出版社·桂林

《少年世界史》增值好礼

扫描二维码，可以免费获得2门精选课程，
满足孩子的历史大胃口！

给孩子的二战历史课

著名世界史学者陆大鹏，带孩子全方位解析第二次世界大战！

★6集比电影更精彩的战争故事

★影响世界格局的历史规律

★军事、武器、政治、地理多学科的知识

★明辨是非、善恶的价值观

二战历史课

少年世界史·古代篇&近代篇

著名世界史学者陆大鹏，带孩子畅游世界文明5000年！

★20集故事，好听得放不下来

★把握大脉络，里程碑事件一一讲透

★增长大格局，理解今日世界局势的由来

★严谨考证＋前沿新知，带来史学界的一手猛料

近代历史课

每个月，都会有数百万家长和孩子打开少年得到APP，挑选满足孩子成长需求的音视频产品。少年得到"集合天下名师、服务一个孩子"，立志成为中国家庭素养教育的首选平台。主要产品包括：

①独立人格成长
邀请国内顶级名师开设"四大名著"和国内外文学经典精讲课程，带给孩子受用一生的人生智慧；原创侦探、科幻类广播剧，给孩子插上想象的翅膀。

②知识面成长
天文、地理、历史、物理、艺术……全方位的优质原创课程，以持之以恒的高标准，帮助孩子开拓视野、汲取海量知识。有趣、严谨，是我们的基本要求。

③家庭教育
前央视著名记者张泉灵主导开发的表达素养课，双师教学、全程陪伴，教会孩子180个阅读写作方法。另有家长教育课堂，阅读营等多项产品，让孩子的成长看得见。

欢迎你加入少年得到，扫码领取价值240元新人礼包，多门好课1折抢！

（仅限未注册过少年得到的用户可领取新人礼包）

新人福利

目录·下册

二　漫长的十九世纪　　　　　　　　　　　　　197

25

认识自然：洪堡兄弟

我们的历史之旅走到这里，已经看过世界历史上很多君主、政治家和军事家的故事。但是，历史远不是只有政治和军事；下面，我就要给你介绍两位影响深远的科学家，并且他俩还是亲兄弟，人们一般称他们为"洪堡兄弟"。

你可能要问了：历史上有那么多了不起的科学家，为什么要专门挑这对洪堡兄弟来讲呢？他们有什么特别之处吗？

这兄弟俩确实很特别。弟弟亚历山大，为自然科学研究做出了巨大的贡献；哥哥威廉，与整个现代教育体系

都有莫大的关系。比方说，今天我们上学，都是先上小学
再上中学再到大学，这就和威廉有关。今天的大学同时具
备教育学生和从事学术研究这两种职能，也是因为威廉的
设计。

在德国首都柏林有一座世界名校，柏林洪堡大学。截
至2020年，洪堡大学一共有57位校友、教师和研究人员
获得过诺贝尔奖。在洪堡大学的校徽上，画着两个男人的
侧面头像。你可能已经猜到了，他们就是非常有传奇色彩
的威廉和亚历山大·冯·洪堡兄弟。

威廉·冯·洪堡和亚历山大·冯·洪堡

哥哥威廉是这所大学的创立者之一，弟弟亚历山大则对这所大学的科学研究有着重要的影响。他们都是旷世奇才，但专攻的领域不一样。哥哥威廉比较"入世"，他曾经担任普鲁士王国驻罗马教廷和维也纳的使臣，当过普鲁士的文教部长，还是一位出色的哲学家和语言学家。弟弟亚历山大则将全部精力都投入到自然科学研究上，他是优秀的地理学家、博物学家和探险家，在其他很多领域也有了不起的创举。

1809年，普鲁士国王弗里德里希·威廉三世决定建立柏林大学，也就是今天洪堡大学的前身。国王把这项工作交给了威廉·冯·洪堡。有意思的是，威廉从来没有受过正式的中小学教育，虽然他曾经在两所大学里读书，但最后都没有毕业。也就是说，一个没有大学文凭的人，肩负起了创办大学的使命。事实证明，国王很有眼光，威廉不仅把大学办得很好，还创立了现代大学教育的新模式。

值得一提的是，过去有不少君主都办过大学，不过其中很多人这么做主要出于虚荣。但普鲁士国王在这个关头创办柏林大学，他的出发点和前人很不一样。前面我们讲过弗里德里希大王的故事，普鲁士在他的领导下成了欧洲一流强国；但是到了洪堡兄弟生活的年代，普鲁士距离过去的光荣时代已经很远了。此时，普鲁士正被法国的拿破仑打得狼狈不堪，整个国家都处在危急之中。面对强大的法军，普鲁士统治阶层大受震动，他们意识到与法国相比，普鲁士的方方面面都已经陈腐老旧了。为了让国家变强大，普鲁士开展了一系列改革，教育改革就是其中重要的一环；创办大学则是教育改革的一个重要部分。

为了办好柏林大学，威廉不仅网罗了一大批当时的一流学者，而且彻底改变了大学的办学宗旨。过去的一百多年里，欧洲的教育主要强调目的和实用性，教育的目标是培养出为国家服务的人。但是，按照威廉的思想，教育的宗旨应该是全面培养人的精神与品格；在理想社会里，人应当有条件终身学习，不断提升自己。

威廉在递交给国王的报告中写道："有些知识应该是普及的，有些巩固思想和性格的教育应该是每个人都能获得的。不论其职业，只有一个良好的、正直的、开明的人和市民，才能成为一个好的手工业者、商人、军人或企业家。"

在这样的理念下，柏林大学就变得和其他传统大学很不一样。在这所学校，学生和老师之间具有双重关系：一方面，老师教、学生学；另一方面，老师和学生还会直接参与学术研究工作。柏林大学还拥有比较大的自由度，国家对它的限制比较少。另外，为了提升教学质量，威廉还将学校考试和检查标准化，并且设立专门的机构来监督和设计课程、教科书和教具。这些做法都被后来的现代大学沿用下来。

除了创办柏林大学，威廉对教育改革还有其他很多贡献。比方说，他设计了我们今天仍然在使用的"小学、中学、大学"的三级学校制度。

总之，在19世纪，威廉·冯·洪堡设计的教育体制为普鲁士培养出了一大批栋梁之才，为后来德国的强盛奠定了坚实的基础。

威廉的确很了不起，不过他弟弟亚历山大在当时的名气可能比他还要大，说是享誉全球都不夸张。亚历山大是一位科学家，他从很年轻的时候就非常热爱自然科学，善于观察。1796年，兄弟俩的母亲去世，给亚历山大留下了一大笔遗产。亚历山大一得到这笔钱，立刻就辞职了，他要想办法去遥远的地方探险。

　　1799年，机会来了。西班牙王室批准了亚历山大去西班牙的美洲殖民地考察。先前，统治西班牙的是哈布斯堡王朝，他们禁止外国人进入美洲殖民地；而这个时候，西班牙的统治者已经换成了波旁王朝。当时波旁王朝正在努力实施改革，想要查明在他们广袤的美洲殖民地有哪些自然资源，所以非常欢迎亚历山大这样的专家。更别说亚历山大是完全自费，不需要西班牙人出钱了。

　　于是，1799年至1804年，在欧洲深陷于拿破仑战争不能自拔的同时，亚历山大却跑到了美洲，沉浸在自然考察之中。

　　亚历山大带着大批当时最先进的测量仪器，记录了大量地质和气象数据。他相信，观察在科学当中占有核心地位，通过观察收集到的数据是一切科学理解的基础。任何可以量化的东西都逃不过他的注意力。这种长期观察、记录和积累数据的做法，对后来的很多门学科都产生了重大影响。这种强调量化的方法论后来还有一个专门的名称，就是"洪堡科学"。亚历山大有一句名言是这么说的："大自然本身极为雄辩。苍穹中的星辰令我们见之喜悦，但它们运行的轨道都具有数学的精确性。"

　　在墨西哥，亚历山大勘测地形，绘制地图，考察银矿，与当地的学者交流，留下了大量科学资料。他对美洲原住民的古文明也很感兴趣，为阿兹特克人的历法石和印加人的建筑遗迹专门绘制了图册。另外，亚历山大还对墨西哥的土著和欧洲居民进行了人口普查。当时的墨西哥社会等级森严，社会地位最高的是出生在西班牙的白人，其次是出生在墨西哥的白人，然后是土著、混血儿等。亚历山大批评了这种等级制度，他还严厉地抨击了奴隶制和西班牙的殖民政策。他的观察和批评，后来都被送到了西班牙国王那里。

除了墨西哥，亚历山大对刚刚诞生的美国也很有兴趣。他写信给当时的美国总统托马斯·杰斐逊，告诉总统，他在赤道附近发现了古生物猛犸的牙齿。杰斐逊总统本人也是科学家，还曾经写过文章说猛犸不可能生活在那么偏南的地方。亚历山大的信果然引起了他的兴趣，杰斐逊热情地邀请亚历山大访问美国。在美国，亚历山大与杰斐逊和一些美国科学家作了交流。杰斐逊总统还称赞亚历山大是"本时代第一科学家"。

亚历山大的美洲之旅对自然科学做出了很多贡献。1808年，他定居巴黎，将美洲之旅留下的资料整理出版，以便让远离美洲的研究者也能直观地了解美洲的自然环境和动植物。不过，由于这些资料实在是太多了，最后这项工作花了整整二十一年时间，耗尽了他的财产。

好在亚历山大当时已经是名扬四海了。他被选为普鲁士科学院院士、美国艺术与科学院院士、英国皇家学会会员等。墨西哥授予他公民身份和"民族英雄"的称号。普鲁士国王看到亚历山大花光了家财，还授予他"宫廷总管大臣"的闲差，付给他相应的薪水。大诗人歌德赞美他说："洪堡给我们带来了海量的真正财富。"另外，无数的山峰、湖泊、城镇、公园等都以他的姓氏"洪堡"来命名。

亚历山大为人慷慨大方，对很多科学家都产生了影响。比如，达尔文在他的著作《"小猎犬"号航行记》中就多次提到亚历山大对他的影响。这本书出版之后，达尔文送了一本给亚历山大，结果亚历山大回信道："你在信中说，我研究热带和描绘自然的方式激励了年轻的你，让你渴望远行。考虑到你的著作的重要性，这可能是我的卑微工作取得的最大成功。"

26

从七月王朝到第二帝国：
现代巴黎的诞生

前面我们讲过拿破仑和滑铁卢战役的故事。拿破仑在兵败滑铁卢之后，被流放到大西洋上的圣赫勒拿岛，在那里去世。而在法国，波旁王朝卷土重来，路易十八登上了王位。

不知道你有没有注意到一个问题：在法国大革命中被砍头的国王是路易十六。之后法国成了共和国，再然后拿破仑当上了皇帝。怎么现在波旁王朝复辟，国王的称号一下子就跳到了路易十八呢？路易十七在哪里呢？

这里需要解释一下，当年大革命发生后，路易十六的儿子也和父母一起被革命政府关进了监狱。最后，这个孩子就死在了监狱里，当时只有10岁，所以他从来没有当过国王。但是，在法国保王党人的心目中，这个可怜的孩子就是路易十七国王。所以，路易十六的弟弟复辟时，选择的称号是路易十八。

路易十八在政治上很守旧，他敌视革命，相信君权神授，认为国王才是国家的主人。如果有机会的话，他肯定也想恢复君主专制，像过去那样做个强大的、说一不二的国王。但路易十八不是傻瓜，他心里很明白君主专制的时代已经过去了，波旁王朝不可能恢复到大革命之前的模样。在当时的法国，一方面，人民经历了将近二十年的血腥战争，身心疲惫，渴望安定与和平；另一方面，人们的政治思想各不相同，当时已经出现了很多派系，比如有主张君主专制的极端保守派，有主张君主立宪的派系，有共和主义者，还有拿破仑的追随者，也就是所谓的"波拿巴主义者"。

总之，法国再也经不起动荡了，所以路易十八登上王位之后，做出了一些安抚人心的姿态，保留了拿破仑时代的一些进步制度，也并没有太过追究和报复反对派。

但是，路易十八身边还有一些极端保守派，他们内心蠢蠢欲动，极度渴望恢复君主专制，这其中的代表就是国王的弟弟阿图瓦伯爵。在拿破仑统治时期，阿图瓦伯爵和哥哥一样流亡海外，吃了不少苦头，所以他心里对共和、民主这样的新思想非常仇恨。阿图瓦伯爵相信君权神授，认为君主应拥有绝对权力。他曾经说宁愿当一个伐木工人，也不愿意当英国式的立宪君主。

和弟弟比起来，连路易十八都显得比较"进步"了。路易十八曾经评价弟弟说："他曾经阴谋反对路易十六，曾经阴谋反对我，要不了多久就会阴谋反对他自己了。"

对法国来说很不幸的是，路易十八在1824年驾崩了，阿图瓦伯爵继承了王位，称号为查理十世。这位新国王的做派一点也不像19世纪的人，简直就像个黑暗的中世纪国王。举个例子吧，查理十世曾经规定偷窃教堂圣器的人要被砍掉双手，这种做法在当时的欧洲人看来简直是匪夷所思。

上台之后，查理十世迫不及待地开起了历史的倒车。他在军中清洗了曾为拿破仑效力的军人；恢复了贵族地主的权力；还给那些在法国大革命中损失了财产的旧贵族发放经济补偿；他操控法国国债的利息，导致中产阶级蒙受经济损失，让他们愤怒不已；与此同时，他还加强了言论管制，让百姓敢怒不敢言。

1830年1月，查理十世发动远征，派军队占领了北非的阿尔及利亚。从那以后，这个国家就成为了法国的殖民地，一直到1962年才获得解放。

但是，殖民事业的成功并不能挽救查理十世的政权。法国人对这位国王已经是忍无可忍。1830年7月27日，巴黎爆发了"七月革命"。报纸不顾新闻管制，发表文章号召人民起来反抗。巴黎市民聚集到王宫周围，在大街上筑起街垒，准备武装起义。大学生在巴黎圣母院的塔楼上打出了代表共和主义的蓝白红三色旗。

当时，法国军队的一部分精锐力量还在阿尔及利亚，路易十八之前在军队里推行的清洗运动又得罪了很多军人，所以大批军人都投奔了革命者。

走投无路的路易十八只好在8月2日宣布退位，后来流亡到了英国。

波旁王朝又一次被推翻了，法国又该何去何从呢？

各大派系经过一番激烈的争斗，最后，君主立宪派占了上风。他们推举一位之前名气不大的王亲国戚当了新国王，他就是奥尔良公爵路易-菲利普。由于七月革命的缘故，这个王朝也被称为"七月王朝"。

路易-菲利普也是波旁王朝的成员，不过他和路易十八那一支的血缘关系比较远。值得一提的是，路易-菲利普的父亲虽然是一位大贵族，但他在法国大革命早期曾经是狂热的革命分子，后来在革命的内乱中死去了。而路易-菲利普和路易十八、查理十世一样，也曾经在海外长期流亡，吃过不少苦头。

在很多法国保守派看来，即便查理十世退位了，也应当由他的孙子继位才对，根本轮不到路易-菲利普这个远亲。但是，波旁家族早已名声扫地，法国人民不愿

路易-菲利普

250

意接受路易十八的孙子。路易－菲利普也承诺，他会当一个与查理十世不一样的国王。

对法国来说，查理十世那样的专制君主是一个极端，民主共和是另一个极端，而路易－菲利普正好处于两个极端之间，他是一个中庸的温和派。用他自己的话说："既要防止平民权力的过分，又要防止国王权力的滥用。"正是因为这样的立场，路易－菲利普得到了法国大资产阶级的支持。这些人包括工厂主、商人和银行家等等。他们有经济实力，希望获得参政的权利；同时，他们既敌视君主专制，又害怕工人阶级起来造反，所以愿意与路易－菲利普结盟。

身为国王，路易－菲利普的生活很简朴，而且他平易近人，喜欢自己拿着雨伞在大街上散步，非常亲民。路易－菲利普热爱和平，但是他的统治并不平静。他在任期间，法国发生了许多动乱。比方说，在1832年6月，也就是路易－菲利普刚登基还不满两年的时候，巴黎就再次爆发了革命。这次革命的起因是一些激进的民主派对"七月革命"感到失望，他们希望彻底推翻君主制、建立共和国。路易－菲利普镇压了这场革命。法国大文豪雨果的小说《悲惨世界》，讲的就是1832年的故事。

路易-菲利普是靠中庸的政治立场上台的，但是这种中庸立场后来却成了一种人人都不满意的立场，最终导致了他的失败。

　　为什么这么说呢？原来，法国资产阶级逐渐壮大之后，希望获得更多的政治权力，而路易-菲利普给不了他们；支持波旁王朝的保王党人认为路易-菲利普是篡位者，一直就想赶他下台；崇拜拿破仑的波拿巴分子讨厌路易-菲利普的外交风格过于温和，没有像拿破仑那样为法国挣得荣耀；与此同时，法国的工人阶级和社会主义者迅速兴起，他们对资产阶级的主宰地位非常不满；还有共和主义者，本来就憎恨君主制；保守派的教会人士则认为路易-菲利普的政府过于自由化。总而言之，几乎方方面面都有人不喜欢路易-菲利普，再加上他的运气也实在不好，碰上了农业歉收和经济危机，这么一来，他的统治就不可能长久维持下去了。

　　1848年2月，法国又爆发了一场革命，这一次，路易-菲利普的"七月王朝"被推翻了。和查理十世一样，路易-菲利普也流亡到英国，两年后在那里去世。今天来看，路易-菲利普其实算是法国拥有过的最好的国王之一。是他在激烈的动荡之后把国家重新稳定下来，建立了相对成功的君主立宪体制，保存了国家的实力。

　　路易－菲利普黯然退场之后，法国又走到了一个十字路口。虽然1848年的革命者宣布建立了法兰西第二共和国，但在共和国内部，还有两大派系争斗不休。其中一派是"民族派"，主张建立资产阶级领导的共和国，实施议会民主；另一派是更加激进的"改革派"，主张建立一个平均主义的社会，人人工资相同，所有人为集体服务。"民族派"主张用蓝白红三色旗帜，"改革派"则主张用红旗。

　　就这样，法国再度陷入内乱。对此，曾经打败拿破仑的英国威灵顿公爵评论说："现在法国需要一个拿破仑。但是我看不到哪里有。"

　　公爵大人不知道的是，拿破仑马上就要来了。

　　你肯定要问了：拿破仑不是已经死了吗？

　　先前的拿破仑·波拿巴确实死了。但现在法国有了一个新的拿破仑，他就是拿破仑皇帝的侄子，路易－拿破仑·波拿巴。路易－拿破仑在很多方面都很像他的伯父，也是一个精力充沛、雄心勃勃的冒险家。早在1836年，他就曾经试图效仿伯父，想要发动政变、推翻路易－菲利普国王，但没有成功。1840年，他又带着几十名雇佣兵，想要再次发动政变，结果在枪战中负伤，被关进了监狱。路易-拿破仑在七月王朝的监狱里熬了六年，最后神奇地越狱，逃到了英国。

就在这些年里，法国人的想法发生了一些新的变化。想想看，从1789年大革命开始，法国已经历了几十年的政治动荡和接二连三的革命，人民的生活无比困苦。结果，很多人都怀念起当初拿破仑统治的时代。他们已经忘了法国人因为拿破仑战争而承受的流血和苦难，而更愿意回忆拿破仑给法国带来的荣耀，而且对那个曾经称霸全欧洲的法兰西帝国十分憧憬。

这种情绪不断积累。1848年革命之后，路易-拿破仑觉得他的机会来了，于是回到法国参加总统竞选。果然，很多法国人都对他表示热烈欢迎。路易-拿破仑的宣传口号是重建秩序、创建强力政府、建立社会保障、复苏国家荣耀。最后，他获得了74%的选票，当选为共和国总统。

这还不足以满足他的胃口。1852年，路易-拿破仑又做出了一个惊人之举。他发动全民公投，在获得了97%

的选票支持之后，居然直接称帝，当起了法兰西皇帝。法兰西第二共和国变成了法兰西第二帝国。路易-拿破仑为自己选择的称号是"拿破仑三世"，因为他把拿破仑一世的儿子尊为"拿破仑二世"，尽管这个儿子实际上从未统治过法国。

就这样，法国历史又一次发生了戏剧性的转折。拿破仑三世努力想让法国恢复拿破仑一世时代的鼎盛，所以他积极推行了很多现代化改革，包括银行业改革、城市规划、修建铁路、造船和农业改良，等等。不过，这一切都是在专制统治的阴影之下进行的。

在拿破仑的所有成就中，有一项特别值得一提，那就是他全面重建了法国首都巴黎。19世纪的巴黎，人口急剧增长，但市政设施还是中世纪的产物。富人拥有宽敞的住宅，大量穷人却挤在阴暗狭窄的破房子里。1850年，超过三分之一的巴黎人口都生活在几百年前的中世纪城墙范围内。那只是一块很小的区域，根本挤不下这么多人，有的街区甚至平均每3平米就有一户人家。巴黎的卫生、安全、交通和公共道德都成了大问题。稠密的人口还特别容易导致霍乱、伤寒等传染病的传播。

拿破仑三世当初流亡海外时就曾经说过，他有一个宏伟的计划：效法第一位罗马皇帝奥古斯都，像奥古斯都改造罗马那样，把巴黎重建为一座大理石的辉煌城市。到了50年代，已经成为皇帝的拿破仑三世把这项使命托付给塞纳省省长乔治-欧仁·奥斯曼。在奥斯曼省长的主持下，1.2万座旧建筑被拆除重建。肮脏的旧街区不见了，焕然一新的巴黎从此拥有了宽阔的林荫大道、美丽的喷泉、大量公园和公共广场，以及全新的下水道和引水渠系统。

这场改造经过大半个世纪才彻底完成，巴黎从此一直被视作现代都市的典范。这也算是拿破仑三世的一大贡献吧。

27

波兰与匈牙利的自由斗争

　　上一章我们谈到了推翻"七月王朝"、建立共和国的法国1848年革命。其实，1848年是一个革命之年，欧洲好多国家都爆发了革命。有的国家的革命是为了反对君主专制、争取自由民主，有的国家则是为了争取民族独立，比如匈牙利。在关于奥地利的开明专制女君主玛丽亚·特蕾西亚那一章里，我们介绍过，匈牙利被哈布斯堡家族统治，但是匈牙利人渴望自由，所以在1848年发动了民族起义。哈布斯堡家族在俄国沙皇的支持下武力镇压了起义，导致许多匈牙利爱国者被迫流亡海外。

1849年—1850年，奥斯曼帝国接纳了六千多名流亡者，其中包括七十多名将军和军官。这些人参与了1848年—1849年匈牙利革命与独立战争，在奥地利和俄国的猛烈军事镇压之下兵败，这才遁入俄奥的传统敌人奥斯曼帝国境内。为了确保得到奥斯曼苏丹的庇护，走投无路的流亡者皈依了伊斯兰教。匈牙利将军约瑟夫·贝姆作为这群流亡者的领袖，还获得了"穆拉德帕夏"这个穆斯林风格新名字和头衔。贝姆将军不仅是军事家，还是炮兵与工程技术的专家。求贤若渴的奥斯曼苏丹愿意给他一个军职，向他学习最先进的西方军事技术。

　　但是，这位成为穆斯林的匈牙利将军根本不是匈牙利人，而是波兰人。

　　贝姆是波兰和匈牙利两国的民族英雄和传奇人物，他戎马一生，经历了19世纪欧洲的数次革命和战争。现在，我们就追踪他的脚步，了解一下东欧在19世纪经历的剧变。

　　前面我们讲过，强大的波兰-立陶宛联邦（下面简称波兰）打败了条顿骑士团，还曾出兵驰援维也纳、打退不可一世的奥斯曼军队。但是到了18世纪，波兰衰落了，周围的三个大国普鲁士、奥地利和俄国一直对它虎视眈眈、垂涎欲滴。

1772年普、奥、俄三国第一次瓜分波兰，导致波兰丧失了30%的领土和三分之一的人口。贝姆于1794年出生在加利西亚的塔尔努夫，这个地区历史上属于波兰，但在他出生的时候早就是哈布斯堡家族统治下的奥地利的一部分了。在贝姆出生前的1793年，俄国和普鲁士又分别吞并了波兰的部分领土。这就是第二次瓜分波兰。

很多波兰人抓住一切机会参加争取波兰独立的斗争，在没有机会为波兰而战的时候，就为其他被压迫的民族而战斗。比如，波兰革命者和独立战士塔得乌什·科希丘什科（1746—1817）参加过美国独立战争，帮助北美殖民地人民反抗英军。贝姆出生那年，科希丘什科领导波兰下层人民发动起义，试图从俄国手中解放波兰，但不幸被俄国女皇叶卡捷琳娜大帝派来的重兵镇压。随后，普、奥、俄三国于1795年第三次瓜分波兰，导致波兰这个国家直接从地图上消失了。波兰亡国了，蒙受国耻的波兰人生活在三个帝国的统治与压迫之下，但并没有忘记昔日的祖国。科希丘什科这样的前辈英雄成了少年贝姆的榜样和偶像。后来贝姆将效仿科希丘什科，在全欧洲留下了自己的足迹和鲜血。

在贝姆的童年时代发生了一件大事：1806年，拿破仑在耶拿会战当中决定性打败普鲁士，强迫普鲁士割地，后于1807年利用普鲁士割让的土地建立了华沙公国。华沙公国覆盖今天波兰的中部和东部地区，以华沙为首都，实际上是拿破仑的傀儡和卫星国。虽然波兰还没有真正光复，但在拿破仑的保护和鼓励下，波兰人心中燃起了民族独立的希望，因此大批波兰人参加法国军队，为拿破仑效力。在拿破仑麾下璀璨的将星群中有不少波兰人的名字，比如法兰西帝国陆军元帅、华沙公国的陆军部长约泽夫·安东尼·波尼亚托夫斯基亲王(1763—1813)，拿破仑麾下波兰军团的创始人和总司令扬·亨利克·东布罗夫斯基(1755—1818)，以及帮助拿破仑镇压海地黑人起义的瓦迪斯瓦夫·弗朗齐歇克·雅布翁诺夫斯基(1769—1802)等。拿破仑对建立真正独立的波兰国家没有兴趣，但乐得利用波兰人的支持。

贝姆自幼对工程技术感兴趣，曾就读于克拉科夫大学、军校和华沙的炮兵学校，数学成绩优秀。从军校毕业后，他加入华沙公国军队（也就是拿破仑的仆从军），后加入法军，参加了1812年拿破仑对俄国的悲剧性远征，好在得以安然返回。拿破仑大势已去，但大多数波兰人仍旧对他忠心耿耿，贝姆也是如此。1813年1月至12月，波罗的海之滨的海港城市但泽（今天波兰的格但斯克）的法国守军遭到俄军围攻，寡不敌众，最终投降。年轻的贝姆在此役中表现突出，荣获法国的荣誉团勋章。

1815年，拿破仑第二次退位，波兰人的希望破灭，华沙公国被并入新建的波兰王国，但这个波兰王国（也称"波兰会议王国"，因为它是根据列强瓜分欧洲的维也纳会议的精神建立的）只不过是俄国的附庸和傀儡。贝姆因此成了俄属波兰的臣民。他暂且忍耐，在一家军校教书并从事研究，研发了一种类似于火箭炮的武器。但他仍然强烈地渴望着自由，参加了旨在光复波兰的秘密社团（这类团体当时多如牛毛），后被发现，遭降职并被判处入狱一年（缓刑）。他干脆辞去军职，搬迁到奥地利统治下的加利西亚，在那里研究蒸汽机及其应用，发表了一些论文。

1830年，俄属波兰爆发了争取民族独立的"十一月起义"。贝姆立刻放下研究工作，奔赴俄属波兰参加革命。训练有素、经验丰富的贝姆在起义军中获得少校军衔，指挥第4轻骑兵营。他参加了1831年4月10日的伊甘耶战役。这是波兰起义军在"十一月起义"期间发动的最后一次主要攻势，最终败于拥有兵力和火力优势的俄军。此役期间贝姆领导乘骑炮兵部队猛轰俄军占据的村庄，为起义军赢得了一定优势。

在5月26日的奥斯特罗文卡战役中，贝姆领导的部队勇敢地向优势敌人冲锋。波兰起义军伤亡惨重，损失6000人，但贝姆的勇敢冲锋挽救了主力部队。贝姆因此获得军事功勋勋章，这是波兰最高的军事荣誉。他还被提升为准将。后来匈牙利大诗人裴多菲·山陀尔在《爱尔德利的军队》一诗的第一节这样赞颂贝姆在奥斯特罗文卡战役中的贡献：

老贝姆是身经百战的自由战士，
我们怕什么？他带我们走向战场！
奥斯特罗文卡的惨淡的落日
对我们闪耀着复仇的红光。

但波兰起义军寡不敌众，俄军在伊凡·帕斯科维奇将军指挥下节节胜利。贝姆坚决反对投降，主张死战到

底。9月6日至8日，俄军攻克华沙，波兰起义军于10月
5日投降，轰轰烈烈的"十一月起义"以失败告终，很多
波兰爱国者流亡海外。

贝姆逃往巴黎，当数学教师为生，并出版了一部关
于1830—1831年波兰起义的著作。1833年，闲不住的
贝姆来到葡萄牙参加堂佩德罗针对堂米格尔的斗争。堂
佩德罗曾为葡萄牙国王和巴西皇帝，此时已将巴西帝位
让给儿子，将葡萄牙王位让给女儿。但他的弟弟堂米格
尔篡夺了葡萄牙王位。堂佩德罗从巴西赶到葡萄牙，试
图帮助女儿夺回王位，却在战争期间病逝。堂佩德罗支
持自由主义和宪政，被誉为"解放者"；米格尔则主张专
制君主制。因此，这兄弟俩的斗争当时也被视为自由派
和专制派之间的斗争。贝姆当然站在堂佩德罗那边，他
原打算招募波兰流亡者和侨民，组建一支波兰军团参加
葡萄牙的自由运动，但没能成功。他本人也遭到俄国特
工的行刺，于是离开了葡萄牙。

1848年，全欧洲的革命运动风起云涌。维也纳爆发
反对哈布斯堡皇朝的起义，古道热肠的贝姆赶到维也纳
参战：他也因为波兰部分领土被奥地利占领而仇恨哈布

斯堡皇朝。但奥地利军队镇压了维也纳起义，贝姆逃往匈牙利。此时匈牙利又掀起了争取独立的起义。匈牙利和波兰都属于被压迫的弱小民族，同病相怜，贝姆又有了用武之地。除他以外，还有一些波兰爱国者也赶来匈牙利参战。

贝姆向匈牙利革命的领导人和国家元首科苏特·拉约什效忠，在1848年底和1849年奉命指挥一支起义军保卫特兰西瓦尼亚。他的部队兵力虽弱，但在他的高水平指挥下取得了不错的战绩。贝姆身材不高但作战英勇，虽然不懂匈牙利语，但在匈牙利起义军当中威望极高，被匈牙利人亲热地称为"贝姆爷爷"。

在1849年2月9日的皮什基大桥战役中，贝姆以少胜多。3月16日，贝姆在奥尔绍瓦战役中打败前来讨伐的奥军将领安东·冯·普赫纳男爵。但奥地利皇帝弗朗茨·约瑟夫于5月29日请求俄国协助镇压匈牙利起义。俄国自诩为"欧洲的宪兵"，仇视一切自由主义和民族独立运动，决定出兵干预。八天后，贝姆的老对手帕斯科维奇率领35万俄军攻入匈牙利。

在奥地利和俄国两国大军的镇压下，匈牙利起义军寡不敌众，节节败退。7月31日，贝姆的部队在锡吉什

264

瓦拉战役中被歼灭，贝姆本人装死才从战场上逃过一劫。8月6日，他在纳吉屈尔再次参战，重整旗鼓，带领残部去参加8月9日的蒂米什瓦拉战役，在战斗中身负重伤。这也是匈牙利起义的最后一次大规模战役，随后起义就被彻底镇压，奥地利恢复了对匈牙利的统治。于是有了故事开头的那一幕。

据说，贝姆在奥斯曼帝国当官期间还曾领导土耳其军队平定阿拉伯人对基督徒的暴力袭击。他于1850年12月10日在叙利亚阿勒颇去世，遗骸于1929年被迁回波兰，葬在家乡塔尔努夫的一处陵墓。

贝姆在波兰和匈牙利两国都享有崇高的声誉，被奉为民族英雄和自由斗士。匈牙利大诗人裴多菲曾在贝姆麾下作战，据说他就是在1849年7月31日的锡吉什瓦拉战役中阵亡的。裴多菲写了很多诗歌来赞扬贝姆、歌颂匈牙利与波兰两国人民争取自由的斗争。我们不妨用《爱尔德利的军队》的诗句结束本篇的故事：

那就是他，我们的老领袖，

跟着他的是我们，祖国的青年们，

大海的奔腾澎湃的浪头

也这样跟着暴风雨前进。

波兰和匈牙利，两个伟大的民族，

两个民族在我们之间团结一致；

如果向着共同的目标前去，

还有什么命运能将他们阻止？

我们共同的目标完全一致：

摔掉我们共同戴着的镣铐，

祖国啊！对你的深的、红的创伤，

我们宣誓：我们一定要把它摔掉！

（《裴多菲诗选》，孙用译，作家出版社，1954年）

但是贝姆和其他千千万万波兰爱国者的梦想——一
个独立而自由的波兰，要到1918年才会实现。

28

涂油子弹之变：

1857年印度大起义

　　说完了波兰与匈牙利的故事，这一站的历史之旅我们再来到亚洲看一看。

　　之前我们介绍过荷兰的东印度公司，其实在荷兰之后，很多欧洲国家都组建了自己的东印度公司，和亚洲做生意。所有这些东印度公司当中，最有名、最强大、影响力也最深远的，就要数英国的东印度公司了。

　　英国东印度公司的大本营在印度，主要活动区域还包括今天的巴基斯坦和孟加拉。从1600年开始，东印度公司花了一个多世纪的时间发展壮大。到18世纪中后期，它在印度的势力已经非常强大；同时，它也变得越来越不像一个商业公司，而是更像一个国家，印度社会的方方面面都离不开东印度公司的力量。

为什么东印度公司这么强势呢？一个重要的原因是它拥有自己的军队。这支队伍会招募印度当地的士兵，但军官绝大多数都是英国人。有了强大的军队，东印度公司就能够不断侵占印度的土地，扩大其殖民地。

你可能要问了：东印度公司这么横行霸道，那印度本来的统治者在做什么呢？

前面我们讲过莫卧儿帝国的故事，在莫卧儿帝国的鼎盛时期，它曾经统治着几乎整个印度次大陆。不幸的是，此时莫卧儿帝国已经处于军阀割据的状态，莫卧儿皇帝只是一个名义上的帝国统治者，他的实际控制范围越来越小。在19世纪中期，他差不多只能控制德里城这一座城市，帝国的统治已经名存实亡了。

另一边，东印度公司的目的本来只是赚钱而已，但随着它控制的殖民地越来越大，受它统治和管理的印度人口越来越多，公司的管理原则也发生了变化。

过去，东印度公司忙着做生意和收税，变着花样强取豪夺，对印度本土的宗教、文化、社会治理等并不关心。

这一时期，东印度公司对印度人的风俗习惯基本上保持
宽容的态度，允许印度本土精英按照自己的传统去管理
民众。比方说，他们会让印度地主去向农民征税，然后
再从地主那里抽成。总的来说，当时的东印度公司官员
对印度人的各种宗教和文化习俗主要抱着一种好奇的、
欣赏的态度，也不热衷于向印度人传播基督教。这种模
式，可以说是一种间接的殖民统治。

但是，东印度公司渐渐觉得，这种间接殖民统治有
很多不好的地方。比如，印度地主对农民的剥削太残酷
了，很不人道；英国人与印度地主打交道的过程也容易
滋生腐败；另外，很多英国人对印度文化非常痴迷，还
有的干脆皈依印度教或伊斯兰教、娶了印度女人做太太，
忘记了自己的基督教文化。

于是，东印度公司决定，要对印度殖民地加强管理。
具体来说，有这么几个方面：

首先，公司要建立起一套财税制度，不再依赖印度
的地方精英，而是直接由英国人向农民收税。公司认为
它的制度是西方的、先进的、文明的、人道的，既能减
少腐败现象、增加公司的收入，也能保护农民，让他们
免受印度地主过分残酷的压榨。

第二，东印度公司轻视印度文化，英国官员决心给印度带来先进的西方文明，所以大力加强了对印度社会的管控和干预。当然了，像英国人变得"印度化"这种事情，公司也不再允许了。而在英国人想要带给印度的所谓"先进"西方文明当中，基督教就是一个重要组成部分。也就是说，和过去相比，英国人开始更加努力地传播基督教。英国人傲慢地认为他们推行的这一整套新政策是为了印度人好，印度人一定会感恩戴德。

事实证明，这只是英国人的一厢情愿。过去，英国人对印度社会的干预比较少，并且他们依赖印度本土的精英来实现统治，所以社会还能达成一种平衡，比较安定；如今，英国人开始直接强力干预印度社会，平衡就被打破了。

结果，1857年，印度爆发了规模浩大的武装起义。

事情是怎么发生的呢？

传说，1857年1月的一天，在英国的印度殖民地的首都加尔各答郊外，一个低种姓的劳工遇见了一名为东印度公司军队效力的高种姓印度士兵。劳工就向士兵讨水喝，可是这个身份高贵的士兵拒绝了劳工，还说让低种姓的人喝他的水，会玷污他的水壶。结果劳工反驳他说：
"你很快就会失去自己的种姓，因为欧洲人要你们咬的子
弹是用猪油、牛油浸透的。到那个时候你还有种姓吗？"

这话是什么意思呢？当时的子弹在储存时都要包裹
在纸管里面，装弹时，士兵需要咬掉纸管的一头，而这
个纸管上是有润滑油的。在印度人当中，信仰印度教和
伊斯兰教的人数最多，印度教徒不吃牛肉，穆斯林不吃
猪肉，而为东印度公司效力的印度兵恰恰大多就是印度
教徒或者穆斯林。渐渐地，士兵中间开始流传一种说法，
说子弹纸用的润滑油很可能是猪油或牛油。结果，东印
度公司的军队里一片哗然，很多印度士兵都开始拒绝使
用子弹。

谣言愈演愈烈。两个多月之后，又发生了一件事。一
个名叫潘迪的印度兵因服用药物和酒精而失去理智，在
操练场上发了疯。潘迪大喊大叫、胡乱开枪，煽动其他
印度兵反叛。最后，他开枪自杀未遂，被抓了起来，很
快就被英国军官处死了。潘迪所在的团的英国团长一贯
致力于向士兵传播基督教，士兵们本来就很不满。现在，
东印度公司为了惩罚这个团，决定把它解散。潘迪的死
加上这种种矛盾，更加激起了士兵的不满。

271

5月9日，在密拉特城又有85名印度兵因拒绝使用可能沾有猪油或牛油的子弹，被英国军官关进监狱，还被判处10年苦役。这进一步激怒了驻扎在当地的其他印度兵。

很快，大约2500名印度兵在愤怒之下发动了兵变，他们打死英国军官，杀死他们见到的所有欧洲人和印度基督教徒，还烧毁了兵营。随后，他们开往德里。有了这群印度兵起头，其他各地的印度兵和民众也纷纷揭竿而起。起义就像星火燎原一样迅速发展开来，英国人一时间措手不及。

起义军抵达德里之后，拥戴莫卧儿帝国的末代皇帝巴哈杜尔·沙二世来当统治者，名义上统率全局。莫卧儿帝国的统治本已名存实亡，这一下，它好像又复活了。印度其他地方的很多统治者也纷纷起兵，反抗英国的殖民统治。

哗变的印度兵原本就是英国人训练出来的，他们掌握了最先进的战术和枪炮技术，对英国军队也很熟悉。事发突然，英国人一开始来不及反应，行动迟钝，所以损失相当惨重。很多城市都被起义军占领，也有很多英国平民惨遭屠杀。

　　然而，印度人民要顺利实现解放并没那么简单。当时，参加起义的印度人分成好多股势力，并不团结，哗变的印度兵缺乏有效的领导，巴哈杜尔·沙二世皇帝也根本无力控制他们。更何况，并不是所有印度人都支持起义，许多王公贵族和邦国都站在英国人那边。

　　双方的实力差距也显而易见。反应过来的英国人迅速调兵遣将，很快就打败了起义军，占领了德里城，并

1857年印度兵变

在那里烧杀抢掠，疯狂报复。这场横扫印度的暴力冲突一共导致大约80万人死亡。巴哈杜尔·沙二世皇帝被英国人俘虏，然后流放到英国的另一个殖民地缅甸，死在那里。莫卧儿帝国就这样灭亡了。

印度兵变激发了英国人的报复心，他们残酷无情地处决叛军。英国国内的极端主义报纸还为平叛过程中的暴行鼓掌叫好。就连著名的小说家查尔斯·狄更斯也写道："我希望我是驻印英军的总司令……我会竭尽全力灭绝印度种族。"幸好他不是总司令。

第二年，起义就被彻底镇压下去了。不过，印度人民的反抗并不是毫无作用。1858年11月1日，英国的维多利亚女王宣布大赦天下，承诺给印度人宗教信仰自由，宣称"女王陛下权威之下的公职人员不得以任何形式干预宗教信仰或宗教崇拜"。

东印度公司也被剥夺了管理印度的权力，英国政府从此开始直接治理印度。英国当局也不再努力推动印度社会的现代化，不把自己的那一套办法强加给印度。事实上，他们反而觉得有必要支持印度的土著王公，并且开始重视印度军队中的种姓区分。印度的老地主们十分意外地从英国人手里收回了自己的土地，英国官方也正

274

式认可了他们的土地所有权。总之，英国人总算意识到，为了太平与安宁，印度需要的是一个繁荣的土著贵族阶级，就像英国人自己的贵族阶级一样。

不过，无论做出何种妥协和改变，英国的殖民统治终归不可能永远持续下去。事实证明，1857年大起义只是一个开始。在那之后，印度人民为了寻求解放做出了种种努力，印度也在1947年终于成为一个独立国家。

29

被刺杀的解放者：

沙皇亚历山大二世

　　我们的历史之旅进行到现在，已经看到多个国家进行改革、走向现代化。比如，英国已经出现了成熟的议会民主，法国也经历了大革命。与这些西欧强国比起来，俄国在政治、经济和社会等方面就落后得多了。有一件事特别能体现俄国的落后程度，那就是直到19世纪中叶，俄国居然还保留着野蛮的农奴制。

　　农奴制，简单来说，就是农奴在地主的土地上工作，靠劳动来换取地主的保护。农奴所生产的一切都是地主的财产，包括农奴自己也是地主的财产。而且，农奴身份是世袭的，农奴的孩子仍旧是农奴。

所以，在当时的俄国，要衡量一个人的富有程度，甚至都不去看他拥有多少土地，而是看他拥有多少农奴。在俄语里面，"农奴"和"魂灵"是一个词，换句话说，衡量一个人的财富的标准，就是他拥有的"魂灵"的数量。俄国大作家果戈理有一部著名的小说叫《死魂灵》，他给这本书起名字的时候就用了一个巧妙的双关语："死魂灵"就是"死农奴"。

另外，"魂灵"这个词仅指男性农奴，因为女性农奴的价值比男性农奴低得多，在统计财产时索性就忽略不计了。到了18世纪，农奴的人身已经完全由其主人占有。主人可以买卖农奴，也可以随心所欲地惩罚农奴，最常见的惩罚就是用俄式粗皮鞭抽打他们。主人还可以决定农奴和谁结婚。如果农奴逃跑了，主人往往会通过暴力手段将他们追回来，当时还有赏金猎人专门从事追捕逃奴的可怕工作。

贵族可以从上一代手中继承农奴，皇帝也会给大臣赏赐农奴，地主们还可以通过在报纸上刊登广告来购买农奴。总体而言，只有极少数地主能认识到，农奴制是一种不正常的现象。对绝大多数地主来说，农奴是他们的劳动力，是他们的银行存款，唯独不是人；但地主们心里其实很清楚，这么对待农奴是残酷的迫害。所以，他们总是提心吊胆，害怕农奴造反，害怕农奴跑到家里来把自己杀了。事实上，在当时的俄国，农奴暴动确实已经是司空见惯的事情了。

一句话，农奴制是一种非常野蛮而落后的制度，尤其是在19世纪的西方世界，它已经显得格格不入了。

那么，俄国的农奴制为什么能一直持续到19世纪呢？难道是因为俄国地主格外铁石心肠吗？不完全是。这背后，其实也有它的历史原因。

在俄国，农奴制是俄国沙皇与贵族之间结盟的条件。沙皇为了换取贵族的军事支持和忠诚而允许他们维持农奴制，压迫和奴役成千上万的农奴，榨取大量财富。在这样的交换之下，俄国农奴既要交税，又必须服兵役。农奴们交的税为沙皇提供了收入，同时他们通过服兵役为沙皇提供了人力。

这种落后、野蛮的制度把千百万农民束缚在土地上，严重阻碍了俄国的工业化进程和经济发展。事实上，已经有很多代沙皇认识到，只有废除农奴制、解放农奴，俄国才能进步。但是，废除了农奴制，沙皇与贵族之间的传统纽带就切断了，沙皇就会失去贵族的支持，所以他们一直不敢废除农奴制。

直到19世纪50年代，一场战争终于让沙皇下定决心，那就是1853年到1856年的克里米亚战争。在这场战争中，俄国要单枪匹马地对抗英国、法国和奥斯曼帝国。英法是当时最强大、最富裕、最先进的工业化国家，而俄国只是个又穷又弱的农业国，双方的实力差距一下子就暴露出来。

1855年，克里米亚战争末期，沙皇尼古拉一世驾崩了。临终前，他对儿子亚历山大说了几句话。第一句是："为俄国服务！"然后，他攥紧拳头，又说："像这样，抓紧一切！"他并不是真的让亚历山大什么都抓着不放，他还留下了一句遗言，让儿子废除农奴制。

新沙皇的称号是亚历山大二世。他登基的时候，俄国在克里米亚战争中已经屡战屡败。可以说，在整个罗曼诺夫皇朝的历史上，除了第一位沙皇米哈伊尔，没有任何一位沙皇继位时，国家的状况比亚历山大二世面临的更糟糕。但是另一方面，也没有哪一位沙皇受过比他更好的教育。

俄国皇帝亚历山大二世

亚历山大睿智、开明、有思想。他深深地明白，克里米亚战争的惨败进一步证明了俄国必须废除农奴制，因为由目不识丁的农民组成的俄军永远不可能和西方工业化国家的军队抗衡。

克里米亚战争结束后，亚历山大二世就开始动手改革。1856年春，亚历山大二世宣布：农奴制是邪恶的，废除农奴制是必然的；如果解放"来自上层而不是下层"会更好。一时间，贵族们目瞪口呆。

事实证明，亚历山大二世不是说说而已。他设立了农民改革秘密委员会来专门领导这件事，他还说："是沙皇独裁政权建立了农奴制，现在就要由沙皇独裁政权来废除它。"亚历山大二世不仅要给农民自由，还要给他们土地。这位睿智的沙皇很清楚农民需要自己的土地，否则他们就没办法生存，俄国也就不可能建立一个稳定的、忠诚的农民阶层。

一个新时代开始了。2200万农奴得到了解放。

根据新的法律，地主再也不能把农民当作动产来买卖，也不能拿鞭子抽打农民。农民有权自由购买土地、结婚和做生意。政府花了七年时间来确定解放的细节，最终方案是由政府出大部分的钱，帮农民从地主那里赎买土地，剩余的小部分钱农民自己出。农民还可以组成公社来集体占有土地。

你肯定能想到，贵族是一定不会乐意的。一开始，他们只愿意给农民人身自由，而不愿给他们土地。后来，他们实在拗不过沙皇，才勉强接受了这场改革。在贵族的激烈反对之下，这场改革并不彻底。农民仍然要面对专横的司法制度、要服徭役，并且仍然有义务为先前的主人无偿劳动。

亚历山大二世的解放农奴运动受到了多大的阻力呢？按照他自己的说法，"若不是沙皇的权威足够强大，只有上帝才知道我们在地主和农民的问题上要落到什么田地"。

然而，历史证明，先前不敢废除农奴制的历任沙皇之所以担忧，是有道理的。毕竟，曾经的俄国建立在沙皇与贵族之间的契约之上。现在农奴制废除了，这份契约也就打破了。贵族不再是沙皇的盟友，沙皇不得不依赖军队和不受人民爱戴的官僚机构来统治俄国。罗曼诺夫皇室和俄国社会也开始渐行渐远。

另一方面，解放农奴运动和亚历山大二世推行的一系列改革提高了人民的期望值。老百姓渴望更大的自由、更多的权利。他们希望颁布宪法，让俄国成为一个依法治国的现代国家，而这偏偏是沙皇不可能允许的。亚历山大二世是一位改革家，但他更是一个专制君主。所以，在改革一开始的时候，亚历山大二世显得开明而自由化，但是当他不能答应人民更多要求的时候，他就显得专制而保守了。于是，恰恰是这位致力于改革的沙皇，成了革命者的刺杀对象。

1881年3月13日，在俄国的首都圣彼得堡，亚历山大二世登上马车，沿着叶卡捷琳娜运河前进。当车队接近一座桥的时候，一个年轻的刺客向马车丢了一枚炸弹。硝烟散尽之后，人们看到，沙皇的马车大体上还是完好的，但是，沙皇身边的一名卫兵和一些路人都受了伤。卫兵抓住了扔炸弹的刺客，发现他的大衣里还藏着一支手枪和一把刀。这显然是一次准备周密的刺杀。

亚历山大二世走下马车。这已经是他第六次奇迹般地逃过刺杀了。他的情绪非常不安，脚下也跌跌撞撞。身边的随从问道："您还好吗？"

"感谢上帝，我没有受伤。"亚历山大二世答道。

这时候，扔炸弹的刺客已经被四名士兵押了起来，亚历山大二世走了过去，想跟他说话。有一名军官问："沙皇怎么样？"

亚历山大二世回答说："感谢上帝，我很好。"

"先不着急感谢上帝！"刺客喊道。

亚历山大二世又问刺客："你来自什么阶层？"听到刺客说自己不是贵族的时候，沙皇松了一口气，因为他非常害怕贵族阶层会反对自己。"你可真是个好小子啊！"亚历山大二世训斥了刺客，然后走回了马车。随从再次恳求他上马车。然而，亚历山大二世还是犹豫不决，他说："好，但先让我看看爆炸现场。"

一些士兵赶来了，他们和骑兵、保镖一起簇拥着亚历山大二世，保护着他。他查看了地上的坑，然后开始思考下一步该怎么办。就在这个时候，一个倚靠着运河栏杆的年轻人突然转过身，向亚历山大二世的脚边又扔了一枚炸弹。爆炸的冲击波将所有人都掀翻在地。一时间，二十多个人都躺在街上，有的人还在爬行，有的人已经死了。那名丢炸弹的刺客也已经奄奄一息。

　　亚历山大二世的帽子掉了，大衣也被炸碎了，他喃喃地说："冷，我冷……"这时，他的弟弟已经乘马车赶到了现场，跪在他身旁。亚历山大二世气喘吁吁地说："带我回宫……去……死！"不久之后，他就死在了亲人的身边。

　　亚历山大二世死后，他的儿子亚历山大三世继位。父亲死于革命者之手，这让亚历山大三世坚定地相信，改革是一个错误，给人民更多的权利和自由也是错误。于是，亚历山大三世给父亲当初的许多政策开了倒车，俄国的沙皇政权变得更加专制和残暴，社会矛盾也越发尖锐，更大的变革已经在酝酿之中了。

30

牛仔与淘金者：美国的西进运动

上一站，我们在俄国观察了农奴制改革；这一站的历史之旅，我们就来到与俄国隔着白令海峡相望的北美洲。你可能会想，白令海峡另一边是阿拉斯加，这不就是美国了吗？其实并不是这样，当时这片区域属于俄国。19 世纪初的美国还只是北美大陆东海岸由北向南的一个细长条。通过西进运动，美国的版图才扩大到今天的形状。

其实，西进运动从 17 世纪初欧洲殖民者在北美大陆东海岸定居时就开始了。他们的定居点与蛮荒的大自然之间的边界，就是所谓的"边疆"。当然，我们知道，殖民者眼中的蛮荒大自然其实并不蛮荒，那里还生活着成百上千的印第安部落。

殖民者不断扩大定居区域的过程，就是把"边疆"不断往西推进的过程。到了1912年，"边疆"彻底消失，整个北美大陆从西海岸到东海岸都成了所谓的"文明世界"的一部分，也就是说，都被殖民者控制了。这个过程就是西进运动。拓荒的大部分过程是白人殖民者往西推进的过程，不过偶尔也有向北和向南推进。

广大的西部地区生活着印第安人，白人殖民者有什么理由去占领那些土地呢？首先是通过条约和购买。今天美国中部的很大一块地区，叫作路易斯安那，之前是法国的殖民地。1803年，美国政府以非常低廉的价格从拿破仑手中买下了路易斯安那的主权。这里说的路易斯安那可比今天美国的路易斯安那州大得多，相当于今日美国国土面积的22.3%，与当时美国原有国土面积大致相当。购买路易斯安那使美国的国土翻了一倍，也导致美国与更西面的西班牙殖民地直接接壤了。

你也许会问，拿破仑为什么要把这么大的殖民地低价卖掉呢？因为他当时正忙着在欧洲四处征战，没有精力也没有资源去控制北美的殖民地。路易斯安那当时还只是一片蛮荒之地，拿破仑还以为这笔交易是他占了便宜呢。

买下路易斯安那的主权之后，美国还要从土地的实际占有者——成百上千的印第安部落手中买下具体的土地。除了向印第安人支付现金，美国政府还给他们提供了粮食、牲畜、房屋、医疗和教育，花费几乎相当于今天的90亿美金。这么说起来，仿佛美国占据西部的广袤土地是合理合法的，其实不然，因为法国人也是殖民者，他们之前又凭什么拥有对那些土地的主权呢？更何况，美国政府与印第安部落之间的交易很难说是真正公平合理的，往往是威逼、利诱、欺骗多管齐下。

获得路易斯安那之后，再往西就是西班牙帝国的殖民地了。1821年，墨西哥脱离西班牙独立，于是从今天美国的得克萨斯到最西面的加利福尼亚就变成了墨西哥的国土。你可能没想到，今天美国西部的差不多一半都曾经是墨西哥的领土。

很多殖民者从美国来到得克萨斯（那时候还是墨西哥领土）定居或者做生意。墨西哥政府起初是欢迎他们的，但这些殖民者很快就和墨西哥政府发生了冲突。1835

年，发生了所谓的得克萨斯革命，那里的殖民者与墨西哥政府军之间爆发冲突，随后宣布建立得克萨斯共和国。1845年，美国吞并了这个共和国，于是得克萨斯成为美国的第28个州。

这激怒了墨西哥。美国和墨西哥发生了战争。墨西哥虽然版图广袤，但打起仗来不是美国的对手。美国军队一口气占领了加利福尼亚，还打到了墨西哥的首都墨西哥城。在两国随后达成的和约里，美国获得了加利福尼亚、新墨西哥、亚利桑那等好几个新的州。墨西哥一共向美国割让了130万平方公里的土地。美国今天的陆地总面积是914万平方公里，这下子我们就能理解墨西哥的损失多么惨重了。

不过，无论西部的土地是从法国或印第安部落那里买来的，还是从墨西哥侵占来的，当时西部地广人稀，需要拓荒者去定居、开垦、修路、建立新城镇。但是西部的条件太艰苦了，为了鼓励大家去西部，美国政府在1862年颁布《宅地法案》，规定任何人——不论男女，不论白人还是黑人，不论是美国公民还是新来的移民，只需要缴纳很少的登记费，就可以获得160英亩的土地，条件是要在这块土地上耕作至少五年。

很多人就这样来到西部，开垦荒野。所以，西部的
社会以小农场主为主，贫富差距比东部沿海地区小得多，
也显得更为"民主"。自食其力、不畏艰辛、自立自强的
边疆精神，以及迎难而上、坚信机遇无穷无尽的乐观精
神，更是成为美国的民族气质。欧洲的很多穷人也受到
免费土地的吸引，纷纷来到美国；所以说，西进运动也
是多个民族融合的过程，在这个过程中形成了"美国人"
这个新民族和新的民族精神。

诱惑大家去西部的不止是免费的土地，还有黄金。
1848年，有人在加利福尼亚东部的内华达山脉发现了黄
金。一时间，大约30万淘金者涌向西部，都梦想通过淘
金一夜暴富。

从比较"文明"和"发达"的美国东部去"蛮荒"的加
利福尼亚，路途非常遥远，也非常危险。很多人连黄金
的影子都没有见到，就死在路上了。起初，在溪流里淘
到黄金还比较容易，淘金六个月就能挣到在东海岸六年
的工资。但容易在地表淘到的黄金很快就被搜刮一空，
深层金矿则需要大量的投资、先进技术和资源，淘金者
无力开采，所以后期主要是大公司垄断了采矿业。1848

和1849年那样单枪匹马也能发财致富的现象就很少见了，大多数淘金者并没有发大财。

大量黄金进入市场，极大地刺激了美国经济。大量淘金者和服务人员迁入加利福尼亚，导致这个地区人口迅猛增长，在1850年成为美国的第31个州。旧金山等城市都是在这个时期发展起来的。道路、住宅、桥梁、医院等基础设施迅速兴建起来，配套的工农业也有了长足进步。

然而，加利福尼亚淘金热对印第安原住民和自然环境却是一场灾难。白人淘金者强占了有黄金的土地，暴力驱逐甚至屠杀生活在当地的印第安人。1846年到1873年，大约有9400名至16 000名加利福尼亚印第安人被杀害。采矿造成的环境污染破坏了印第安人赖以生存的河流、草场和动植物，这也是印第安人口暴跌的一个重要原因。

中国人在加利福尼亚淘金热当中也发挥了很大的作用。19世纪50年代，成千上万中国劳工为了挣钱谋生来到加利福尼亚。其中很多人去了金矿，也有些人在旧金山这样的新兴城市定居。

白人和华人矿工一起工作，但两个群体之间存在矛盾。加利福尼亚州的法律保证了在白人和华人发生纠纷时，法律一定支持白人。华工被剥夺了最基本的权利。在法律眼里，他们与黑人、混血儿和美洲原住民属于同一个范畴。尽管加利福尼亚州宪法禁止奴隶制，但在这个所谓的自由州里，法律还是暗地里加强了白人的主宰地位。

除了淘金，中国人为横跨北美大陆的几条铁路也作出了巨大的贡献。

以前，从美国东海岸去加利福尼亚，要么坐船绕过整个南美洲，然后进入太平洋，这一趟可能需要半年时间；要么骑马或者徒步横穿北美大陆，但这条路还没有打通，非常危险，而且差不多也要走上半年时间。横跨北美的大铁路终于连通了美国东西海岸，极大地促进了西进运动和西部开发。

参与铁路修建的工人主要是中国或者爱尔兰移民。有一条铁路上，90%的劳工都是中国人，总共超过12 000人。他们往往受到沉重的剥削，但是工作的机遇也让很多中国人得以在美国扎下根来。

在西进运动的过程中，美国人产生了"昭昭天命"的理念。意思是，上天注定，美国将会占据大西洋和太平洋海岸之间的全部北美土地；这种伟大的前景和伟大事业，是上天赐给美国人的。

"昭昭天命"的理念最终支撑美国成为世界性的超级大国，但是对北美的土著民族却造成了灾难。很多印第安部落被强迫签订条约，背井离乡，把土地让给新来的殖民者。很多土著部落不得不多次迁移，这种残酷无情的强制迁移导致其人口骤减。根据一项估算，从1880年到1890年，美国境内的印第安人口从60万人减少到25万人。很多部落奋起反抗，涌现了很多著名的英雄人物和传奇故事。

比如，19世纪70年代，美国政府与印第安的苏族部落之间发生了一系列冲突，称为"苏族大战"。1874年，有人在南达科他州和怀俄明州的黑山周边地区发现了金矿。美军第七骑兵团的乔治·阿姆斯特朗·卡斯特中校率领部队最终把苏族部落从金矿矿区赶走，不过他本人为此付出了生命的代价。在1876年6月25日的小大角战役中，卡斯特及其部下被印第安部落的武士消灭。这支部落大军的领导者包括著名的酋长"坐牛"和"疯马"。卡斯特的整个营被包围在一座山上，全军覆灭。这就是著名的"卡斯特的最后一战"。

我们再来讲讲打败卡斯特的酋长坐牛的故事。他可能是美国最有名的印第安人。虽然他打败并杀死了卡斯特，但美国白人公众对他的态度并不是纯粹的仇恨，反而对他很着迷，觉得他是"高贵野蛮人"的代表：既难以捉摸又充满异国情调。

坐牛曾经在一个白人组织的马戏团里表演，周游北美，让很多白人近距离地接触和观察到了印第安人。1886年，坐牛定居到今天美国达科他的一个所谓的"印第安

坐牛

保留地"，因为他所在的部落被美国政府驱逐到了那里。坐牛在那里务农为生，按理说可以过上安稳日子了，但好景不长，1890年，麻烦又来了。

这个时候，北方平原的印第安保留地居民纷纷响应所谓的"鬼舞"运动，起来反抗美国政府。鬼舞是一种宗教狂热运动，它的创始人是一个名叫"伐木者"（也叫杰克·威尔逊）的怪人。他告诉追随者，如果他们跳鬼舞并穿上所谓"鬼衫"，白人就会神奇地从地球上消失。

当时，各个印第安保留地与美国政府因粮食分配问题发生了纠纷。绝望的印第安人听信这种理念，是因为鬼舞的幻想给了他们一种虚假的希望。坐牛的部落族民相信鬼舞，坐牛也鼓励他们参加鬼舞运动。美国政府相信印第安人在准备新一轮战争，于是决定先发制人，派遣印第安事务管理局的警察进入保留地。12月15日，他们试图在坐牛的小木屋逮捕他。随后爆发枪战，坐牛中弹。这位传奇英雄就这样死去了。

两周后，1890年12月29日，在南达科他州的伤膝河发生了印第安战争期间最臭名昭著的屠杀。超过150名印第安男女和儿童被美军第七骑兵团屠杀。

北美土著各民族和白人定居者之间的冲突一直延续

到20世纪20年代，但维持大平原印第安人古老生活方式的野牛已经几乎灭绝。印第安人的抵抗越来越虚弱，越来越徒劳。

在狂野的拓荒年代，西部经常处于没有法纪的混乱状态，出现了很多著名的强盗和土匪，也有很多关于牛仔的传说。

牛仔实际上就是赶牛人。养牛在西部是很大的生意，一座牧场可能有成百上千头牛。牧场主需要把牛送上火车，运到东部去屠宰，因为主要的消费市场在东部。但是火车站距离牧场可能有数百公里之遥，所以需要专业的骑手，也就是牛仔，把牛群赶到火车站去。一来一回，行程可能会达到上千公里。

牛仔的工作非常辛苦，在荒野里的生活也很危险，还可能要面对土匪。但是牛仔的生活方式自由自在，也非常有男子汉气概，所以出现了很多关于牛仔的传说。不过，随着铁路网的发展，逐渐不再需要长途驱赶牛群，牛仔这种职业也就消失了。

你可能还想问，那么，牛仔裤和牛仔有关系吗？其实，牛仔裤最早是一个叫李维·斯特劳斯的人发明的。他本来是去加州淘金的，没有找到黄金，但是发现矿工非常需要结实耐用的裤子，于是他发明了牛仔裤。当时他可没想到，牛仔裤竟然会成为全世界的时尚。

1912年，西进运动正式结束，东西海岸之间的北美大陆都成了美国的领土。西进运动的传说和拓荒者的精神，一直还在影响着美国人。

31

棉花与钢铁：美国南北战争

　　历史之旅的上一站，我们介绍了美国的西进运动。在西进运动的过程中，美国政府规定，每一块新领地的人口只要达到一定数字，比方说10万人，这块领地就可以成为一个新的州。今天美国的50个州当中，有很大一部分就是这样建立起来的。但是在建立新州的过程中，有一件事情很棘手，那就是奴隶制。

　　从历史上看，欧洲人在殖民的过程中把大量的非洲黑人绑架到美洲、变卖为奴隶，这就是黑奴贸易。黑奴贸易是一种邪恶的罪行。根据历史学家的统计，从16世纪到19世纪近400年的时间里，估计有1200万非洲人被强行运到美洲，再加上还有大量黑奴死在路上，所以非洲损失的总人口数可能高达3000万。

在欧洲列强的殖民地生活着大量的黑奴，19世纪的美国也不例外。事实上，就连华盛顿和杰斐逊等建立美国的几位开国元勋，本身也是奴隶主。虽然美国的《独立宣言》里说"人人生而平等"，但是，在当时的很多人看来，这里的"人人"并不是所有人，它说的只是白人。

尤其是在美国南方各州，黑奴数量特别多。南方大量种植棉花和烟草等作物，这是当地最主要的经济产业，而种植这些作物需要很多劳动力。于是，南方各州出现了白人统治下的种植园，成千上万的黑奴在种植园被迫为白人劳动。在19世纪中期，美国的黑奴人口几乎达到了400万人，而当时美国的总人口也就1.5亿左右。

随着西进运动的发展，有个问题摆在了美国人面前：新建起来的州是否应该实行奴隶制呢？对于这个问题，美国人分成了两派：一派本来就支持奴隶制，现在他们认为新的州也应当实行奴隶制；另一派反对奴隶制，他们认为新的州应当禁止奴隶制。

在西进运动的过程中，南北各州之间的政治矛盾也暴露出来。并不是所有美国人都喜欢驱使黑奴干活。在美国北方，大多数人是反对奴隶制的，他们要求废除这种不人道的制度。但是，整个南方的经济都建立在奴隶劳动的基础上，自然有很多南方人坚决支持奴隶制。南北双方之间出现了深刻的矛盾。

这个时候又发生了一件事。19世纪60年代，一个新的州建立起来，名字叫作堪萨斯。此前，对于堪萨斯是否应该允许奴隶制的问题，人们发生了激烈的争吵，甚至还起了武装冲突。支持奴隶制的一方相信，奴隶制是宪法授予的不可剥夺的权利；反对的一方则认为奴隶制违背了美国的自由原则。最后，两边打了一场游击战，历史上把这次冲突称为"血溅堪萨斯"。

但是，这种小规模的暴力冲突并不能从根本上解决奴隶制的问题。到了50年代末，已经有很多人清醒地意识到，要想彻底解决问题，只有靠战争。

这里我要给你简单介绍一下当时美国的政治局势。你可能知道，美国有两大党派——共和党和民主党。其中，共和党当时是反对奴隶制的，他们下定决心要阻止奴隶制传播到新的州。不过，对于南方那些早已建成的州，共和党人一开始并不打算干涉。

但是，南方很多政治家都感到共和党的这种立场是对南方的威胁。毕竟双方的立场针锋相对，共和党今天不干涉南方，万一明天就要干涉呢？

当时，共和党中有一位很有影响力的政治家——亚伯拉罕·林肯。他出生于肯塔基州的一座小木屋，20多岁就踏入政坛。他的仪态笨拙，但很有领袖魅力。他没有接受过系统的教育，但是自学成才、学识渊博。最重要

林肯

的是，林肯是出了名的反对奴隶制，而且还参加了1860年的总统选举。于是，很多南方政治家威胁称，如果林肯当选为美国总统，南方各州就脱离联邦，不再是美国的一分子。

1860年11月，林肯果然当选为美国总统。这个时候的林肯还没有倡导解放黑奴，但他认为奴隶制是残酷的、反人道的，所以他反对奴隶制的扩散。换句话说，他的立场就是，已经实行奴隶制的州可以保持现状，但是，不能再出现更多实行奴隶制的州了。

林肯当选总统之后，南方果然有七个州宣布退出联邦，并建立了自己的国家——"美利坚邦联国"，后来又有四个南方州加入其中。这个美利坚邦联国的首都设在弗吉尼亚州的里士满，它的副总统曾经说过一段话："我们相信，所有白人，不管高贵还是卑微，不管富裕还是贫穷，在法律面前人人平等。但黑人不是这样。黑人天生应当臣服。黑人天生……适合他们在我们的制度里已有的位置。"所谓"已有的位置"，指的就是当奴隶。

1861年3月4日，林肯正式就任美国总统。在发表就职演说的时候，林肯说他不打算入侵南方各州，也不打算在已经有奴隶制的州里废除奴隶制，但是，他愿意动用武力来保卫联邦的完整。林肯还说，任何脱离联邦的行为都是非法的，是反叛行为。这番话的意思就是，他不会因为奴隶制的分歧而动用武力，但是会使用武力来镇压分裂和叛乱行为。

4月12日，南方军队炮轰北方军队控制下的萨姆特堡，美国内战就这样爆发了。今天，人们也把这场战争叫作南北战争。

在战争初期，南方军队打得相当不错。一个重要原因是，他们拥有一位很出色的军事家——大名鼎鼎的罗伯特·李将军。与李将军比起来，北方军队的许多将领都显得经验不足。但是，战争并不只是看谁更勇敢、谁更有军事才华，经济的因素也是至关重要的。

那么，南北双方，谁的经济实力更强呢？

当时，北方已经是相当发达的工业社会了，北方人自己就能生产枪支弹药、大炮、战舰等等；南方还是一个主要依赖棉花出口的农业社会，工业生产能力很弱，各种武器装备，甚至衣服和皮靴，都需要进口。

另外，南北战争打响之前，正是整个西方的工业革命蓬勃发展的时候，美国南方的棉花在世界市场上占有很大的份额，像英国、法国的棉纺织工业都很依赖南方棉花，所以南方是很富裕的。也正因如此，南方人一心经营棉花生意，忽视了发展工业。

战争爆发之后，南方仍然充满自信，很多人觉得英法这两个强国都需要棉花，所以肯定会站在南方这一边。可是出乎他们的意料，西方列强当中，根本没有一个国家承认南方的美利坚邦联国，也没有一个国家正式支持南方。再加上北方海军的实力很强，能够封锁南方的各个港口，让南方无法与外国做生意，所以南方能依靠的唯一经济资源——棉花，只能烂在自己手里，没办法拿出去换成武器装备。雪上加霜的是，从1860年到1862年，欧洲农业收成不好，所以非常依赖美国北方的粮食出口。

除了经济因素，在士兵的数量上，南方也不如北方。林肯打这场战争的目的本来是捍卫联邦的完整，不过到了后来，解放黑奴也成了战争的目标之一。1863年1月1日，林肯颁布了《解放宣言》。他宣布，生活在叛乱的南方各州领土上的黑奴将会获得自由。

这一下，北方联邦政府马上赢得了千百万黑人的热烈支持,《解放宣言》也取得了良好的国际反响, 得到了欧洲大部分主要国家的赞赏。根据历史学家的统计, 当时足足有19万黑人报名参加了北方军队, 他们有的是从南方逃跑的奴隶, 有的本来就是自由人。这些黑人走上战场之后, 表现得非常勇敢; 而南方军队可是绝对不敢让黑奴参军的。这么一来, 南北双方的力量对比就更悬殊了。

除此之外, 北方还大量地招募欧洲移民参与战斗。比方说, 当时有超过17万德意志人和超过14万爱尔兰人加入了北方军队。南方可没有如此庞大的人力资源。

总而言之, 在经济上, 南方完全处于下风; 在外交上, 南方完全孤立; 在兵力上, 南方也远远比不过北方。所以, 南方的失败也就是理所当然的了。

1865年5月, 南方军队全部投降。此时, 距离开战已经过了整整四年, 南北战争终于结束了。

这场战争对后世产生了很多重要影响。首先, 战争爆发之前, 整个美国陆军一共只有16 000人。只过了短短四年时间, 北军和南军都发展成了非常庞大、战斗力很强的军队。按照一位英国历史学家的说法, 当时的北军和南军完全有能力打败同时期的法国、普鲁士或者俄国军队。

其次，南北战争可以说是第一场工业时代的战争。在南北战争期间，铁路、电报、装甲舰等新发明都大量投入使用。在战场上，新式步枪和子弹给双方都造成了惨重的伤亡。另外，两边的军队也都学会了挖堑壕，打堑壕战。这些方面和几十年后的第一次世界大战已经很像了。

第三，南北战争与之前的战争还有一个不同点，那就是它是一场"全面战争"。在过去，战争总体上是军队之间的事情，作战的目标就是消灭敌方军队。但是，在南北战争中，北军明白，要想打败南军，就必须彻底消灭南方旧的生活方式和经济基础。换句话说，北军要消灭的是南方的奴隶制和种植园经济。所以，北军不仅要跟敌人作战，还要抢劫、破坏敌人的粮草、铁路、住宅、农场等等。也正是因为这样的严重破坏，原本很富裕的美国南方在战争结束之后穷了整整一个世纪。

话说回来，北方人也并不是真的要让美国分裂。北方的领导人知道，打赢战争之后，必须把南方各州重新接纳到联邦里，美国人必须和解。所以，在南军主帅罗伯特·李将军投降之后，北军对他很客气，还允许他保留自己的佩剑和马匹。李将军在战后也没有受到追究，而是致力于重建工作，还当过大学校长。

李将军有句名言："战争如此可怕，这是好事，否则人们会喜欢战争。"这话实在是很有道理。南北战争一共夺走了62万美国人的生命。战争结束之后，美国又经历了长达12年的"重建时期"，才逐渐恢复了统一和团结。

然而，领导美国走过内战、解放了千百万黑奴的林肯总统却被同情南方的人刺杀了，人们到今天仍然怀念林肯。而对美国黑人来说，《解放宣言》并不意味着真正的平等和自由，他们还需要克服重重困难。

32

德意志兄弟之战：
1866 年普奥战争

开始这一次的历史旅程之前，我要先问你一个问题：德国在哪里？

你可能会觉得：这还不简单？随便看看世界地图，就能找到德国。它就在欧洲中部、法国的东面。

但是，德国的两位大诗人歌德和席勒竟然找不到德国。他们在 19 世纪初合作过一首诗，其中写道："德国？请问它在哪里？我不知道去何处找寻。"

诗人找不到德国，是因为当时并不存在一个叫"德国"的国家。当时，德意志民族的土地分成几十个大大小小的邦国，"德意志"这个词只是一种地理和文化概念。

但是，德意志人也渴望统一。尤其是19世纪初，拿破仑领导下的法国非常强大，一度把四分五裂的德意志邦国打得落花流水。法国为什么强大？德意志为什么落后？很多德意志的资产阶级知识分子相信，这是因为法国统一团结，而德意志还是一盘散沙。所以，要强大起来，德意志必须统一。

然而，统一并不符合几十个邦国君主的利益。如果德意志统一了，只有一个皇帝，应当怎么安排其他君主？所以，从19世纪初人们产生统一的理想到真正实现统一，过去了六七十年。

19世纪60年代，德意志最强的邦国之一普鲁士连续打了三场短暂的战争，最终在1871年统一了德意志的大部分地区，建立了德意志第二帝国。这三场战争是普鲁士统一德国的过程，也是普鲁士争霸的过程。它们分别排除了普鲁士争霸的三个障碍和对手：丹麦、奥地利和法国。

先说1864年的普丹战争。当时，在德意志和丹麦接壤的地方，有两个公国石勒苏益格和荷尔斯泰因归丹麦国王统治，在那里生活的既有丹麦人也有德意志人，并且存在民族矛盾。那里的德意志人很希望摆脱丹麦的统治，所以德意志最强大的两个邦国——北方的普鲁士和南方的奥地利就联手为当地的德意志人出头，一起打败了丹麦。

仗打赢了，战利品怎么分呢？当时奥地利在德意志威望最高，普鲁士暂时屈居第二。两个国家之间本来就摩擦不断，积怨已久；打胜仗之后，因为战利品分配问题，矛盾更深了，终于在1866年爆发了战争。这就是历史上的普奥战争。这场战争的结果，将会决定谁能主宰未来的德意志。

在战争一触即发的时候，欧洲的大多数国家都相信奥地利必胜无疑。因为当时的奥地利是欧洲的超级大国，实力很强，德意志的大多数邦国也都站在奥地利一边。而在普丹战争中，普鲁士军队面对弱小的丹麦都赢得很吃力，所以大家觉得普鲁士军队的战斗力也就那么回事。

不过，普鲁士的"铁血首相"俾斯麦通过外交手段确保了英国、法国和俄国三个大国的中立，还拉拢了不久前与奥地利打过一仗的意大利与普鲁士结盟；这样一来，普鲁士在外交上就占据了一定优势。

战争真正开打之后，所有人都大跌眼镜：普鲁士仅仅花了七个星期就完胜奥地利。

事实证明，普鲁士人的战斗力非常强，英勇又团结，屡次以少胜多。比如，在争夺小镇波多尔时，1300名普军对战4000名奥军。奥地利人觉得自己拥有绝对优势，就端着刺刀发起了冲锋。他们本以为普鲁士人会落荒而逃，不料普军虽然势单力薄，但不仅不跑，还停下来射击。普军用的新式后装步枪比奥军的老式前装步枪更方便，射击速度更快，火力更凶猛。最后奥军伤亡和被俘1000多人，普军只损失了100多人。

德意志邦国当中，支持奥地利的那些小国基本没有发挥作用。比如列支敦士登这个袖珍国家一共出兵80人，未发一枪一弹，撤军时居然有81人，因为有一个他国士兵稀里糊涂地加入了他们。

另外，虽然说起来普鲁士和奥地利是打了七个星期，但真正决定大局的只有一天，也就是克尼格雷茨战役爆发的那一天——1866年7月3日。

为了这次战斗，普军一共集结了22万人，奥军有23.5万人。普鲁士的总参谋长老毛奇将军计划充分利用普鲁士铁路系统发达的优势，设计了一个兵分多路的方

克尼格雷茨战役

案，高效快速地调动军队，但是这个方案太复杂了，在实际操作中没办法执行，差点儿酿成大祸。

当时奥军停留在易北河西岸的要塞，这个位置貌似安全，但背靠河流，没有退路，其实很危险。普军并不知道奥军的准确位置，于是兵分两路，向易北河推进。第一路普军在前一天晚上偶然发现了奥军位置，判断奥军要背水一战，于是在第二天的凌晨发动了进攻。

这时候奥军拥有绝对优势：居高临下，拥有火力更猛的大炮，而且兵力也比普军强得多。激战到中午，第二

311

路普军及时赶到，从侧翼包抄奥军，发挥了决定性作用。

那老毛奇兵分几路的计划出了什么问题呢？原来，在普鲁士军队已经打赢之后，运送食物和弹药的补给火车才赶来；假如战斗不是那么顺利，又没有补给，普鲁士就危险了。

在克尼格雷茨战役中，普军损失约9000人，奥军损失超过4万人。战役打完之后，奥地利很快就认输了。

普奥战争的影响非常深远。经过这次战争，普鲁士成功地把奥地利排挤到德意志之外，自己当上了各个邦国的领头羊。

为什么普鲁士能轻松完胜奥地利呢？有人说是因为普鲁士人的枪更先进，有人说是因为普鲁士的铁路多，工业更发达。不过，这些说法都不全面。

根据英国历史学家克里斯托弗·克拉克的分析，普鲁士的优势不在于枪炮铁路，而在于人民的素养和组织管理水平。

在19世纪的奥地利，大多数平民都是文盲；而普鲁士从1717年就开始推行义务教育，是全世界最早实施义务教育的国家，国民识字率比奥地利高得多。

你可能要问了：认字和打仗有关系吗？关系可不小。

因为会写字，所以普鲁士军队里的士兵人手一个笔记本，大家在上面记录自己的训练成绩。有了这些记录，教官们就能有针对性地指导每个人。而奥地利士兵大多是文盲，用不了这样的科学训练方法。日积月累下来，两国士兵的作战能力就相差很远了。

其次，普鲁士是一个凝聚力很强的国家，大部分国民都说德语，非常团结。而奥地利是一个复杂的多民族国家，各民族之间没什么认同感，国家一直面临着分裂的危险，奥地利的士兵们也不像普鲁士人那样团结可靠。

而且，普鲁士从1862年开始实行普遍兵役制，健康的成年男性都要先服兵役3年，再转入预备役、回家种地做工，打仗时再重新回到军队。所以，士兵们上战场时已经接受过3年的训练和整合，能够快速投入战斗，士兵和长官、战友之间也比较熟悉。奥地利没有实行大规模的兵役制度，新兵只要报到一下就可以回家，到了打仗时再进行很短时间的紧急训练。士兵们对战斗很生疏，彼此之间也不熟悉，更谈不上默契和配合，战斗力和凝聚力都无法与普鲁士相比。

最后，普鲁士还创立了"总参谋部"，设定了一套军官选拔制度和人才培养方案，培养了很多出色的军事将领。普鲁士的总参谋部是人类历史上第一个专业化、科学化的军事指挥机构，今天全世界的军队都在使用这套管理方法。奥地利没有这种现代化的指挥体系，仗打得好不好完全依赖指挥官个人的水平，所以军事指挥和管理水平也远远落后于普鲁士。

普奥战争让普鲁士在德意志各邦中夺得了毫无争议的主宰地位，把奥地利从德意志的框架内排除出去。所以，德意志要想统一，必然是由普鲁士来领导。但是，德意志西面的强大邻国——拿破仑三世统治下的法国，不愿意看到出现一个统一、强大的德国。1870年，在普鲁士首相俾斯麦的策动和刺激之下，德法两国的民族主义情绪高涨，拿破仑三世对普鲁士宣战，普鲁士借此团结德意志民族，打了一场短暂的普法战争。

33

从色当到巴黎公社：普法战争

还记得那位靠政变上台的法兰西第二帝国皇帝拿破仑三世吗？ 1865年的一天，普鲁士王国的新任首相奥托·冯·俾斯麦访问法国，和拿破仑三世聊了聊。

俾斯麦说，他打算找借口向奥地利开战，因为奥地利是德意志统一的障碍；打败奥地利之后，普鲁士就会领导德意志各邦国统一。但是，奥地利的国土面积是普鲁士的两倍，所以普鲁士必须先取得欧洲的另一大强国——法国的支持，让法国保证不会支持奥地利。

拿破仑三世竟然答应了。他似乎忘记了自己近些年来一直在为普鲁士的崛起担忧，害怕普鲁士会对法国构成威胁。

我们已经介绍过普鲁士轻松地打败了奥地利，把奥地利从德意志事务当中永久性地排除了出去。看来俾斯麦并没有在拿破仑三世面前吹嘘。

现在，普鲁士要统一德意志，显然只剩下一个障碍，那就是法国。

此时的法国处于比较颓唐的状态。因为之前支持意大利统一的战争，以及在墨西哥进行军事冒险，法国损失惨重，经济衰败，皇帝本人的健康状态也很糟糕。而普鲁士兵强马壮，虎视眈眈。明眼人都知道，普鲁士和法国之间必有一战，现在缺的就是一个借口而已。

借口很快就来了。1868年，西班牙爆发革命，西班牙女王退位。随后两年里，西班牙没有国王。贵族们为了推举一位新国王而绞尽脑汁，讨价还价。1870年，西班牙人决定把王位献给一位德意志诸侯——霍亨索伦家族的利奥波德。

普鲁士的王室就是霍亨索伦家族，这个利奥波德正是普鲁士国王的远亲。一位普鲁士贵族去西班牙当国王，这件事表面上跟法国没有关系，但整个法国都震惊了。很简单，假如利奥波德成了西班牙国王，那么法国的东西两面就都是霍亨索伦家族的地盘了，法国无异于被包围了。

利奥波德经过深思熟虑，谢绝了西班牙王位。法国外交官和普鲁士国王威廉一世谈判时，双方也都是客客气气的。按理说，危机就算解除了。

但是，狡猾的俾斯麦抓住机会，公布了普鲁士国王与法国外交官之间的电报。但是他没有据实公布电报的原文，而是做了一些修改，让法国人读了之后觉得普鲁士在侮辱法国，让普鲁士人读了之后也觉得自己受到傲慢法国人的欺凌。两个国家的舆论都是沸沸扬扬，主张向对方开战。

此时假如双方能保持克制，事情也就过去了，但是病魔缠身的拿破仑三世稀里糊涂地在1870年7月19日主动向普鲁士宣战。这下子，法国就在道义上输了：在全世界看来，法国是侵略者。

德意志各诸侯国纷纷站到普鲁士一边。对德意志人来说，这是向几百年来的宿敌法国算总账的好机会。德意志人的爱国情绪澎湃起来。

战争打响，情况就一目了然：法国根本不是普鲁士的对手。普鲁士在18天内就动员了118万军队，而法国军队根本没有做好准备，兵员不足，武器装备也很缺乏，据说连一辆救护车都没有准备。法国将军手里有德意志地图，却没有本国地图，好几位将军费了很大力气才找到自己的部队所在地。很多法国士兵打得很英勇，但现代战争已经不是依靠士兵的勇敢就能取胜了。普鲁士军队是一台最先进、最高效的战争机器，而法国军队在武器装备、组织、训练和纪律上可以说是全面落后。

9月1日至2日，在法国东北部的色当要塞，拿破仑三世亲自指挥的12万法军被20万普军包围得水泄不通。普军用强大的炮兵轰击要塞，法军多次企图突围都失败了。最后，拿破仑三世率军向普鲁士国王投降。在色当战役中，普军一共只损失了9000人，而法军12万人除了死伤将近2万人之外，全部投降。至此，法兰西第二帝国气数已尽。后来，拿破仑三世流亡到英国，也就是他年轻时曾经流亡的国家，并在那里去世。

皇帝投降的消息传到巴黎，市民群情激愤。9月4日，巴黎发生政变，法兰西第二帝国被推翻，法兰西第三共和国成立。

拿破仑三世投降后与俾斯麦交谈

法国军队投降了，但法国还没有投降。巴黎的新共和国政府在总理甘必大的领导下，准备坚持抵抗。甘必大在巴黎搜罗溃散的散兵游勇，并动员民兵，最终一共集结了将近50万人来防守巴黎，其中30万是由巴黎市民组成的民兵队伍——"国民自卫军"。

9月19日，普军包围巴黎。俾斯麦并不打算强攻，而是准备用大炮和饥饿迫使巴黎屈服。甘必大决心呼吁全国人民起来反抗普鲁士，但是，巴黎被敌人包围得水泄不通，怎么才能把消息发出去呢？最后，甘必大勇敢地乘坐热气球飞出了围城，去联络和组织救国力量。

巴黎被包围了几个月。城里的粮食很快耗尽了，人们被迫开始吃猫和狗；后来就连动物园里的大象、袋鼠和熊都被饥饿的巴黎市民吃掉了。狮子、老虎和河马幸运地保住了性命。

在巴黎围城战期间，还发生了一件影响世界历史，但对法国来说很屈辱的事情，那就是1871年1月18日，在原本的法国王宫凡尔赛宫，普鲁士国王被推举为德意志皇帝，建立了德意志第二帝国。经历了千百年的分裂之后，德国终于统一了，而且是在宿敌法国的王宫里宣布统一的。

2月，法国领导人签署和约。在这份和约里，德国强迫法国割让阿尔萨斯和洛林两个地区，还要赔款50亿法郎。这是非常屈辱的条件，但是法国人毫无办法，只能接受。也正是德国人提出的这些具有侮辱性质的苛刻条件，让法德两国在此后的几十年里冤冤相报。

法兰西共和国政府接受了丧权辱国的和约，消息传到巴黎，市民又是激愤难当。根据和约，法国政府还要解散国民自卫军。这些民兵为了抗议，举行了几十万人的游行示威，还抢走了正规军的大约200门大炮。而此时德国军队仍然驻扎在巴黎周边，城内气氛紧张，冲突一触即发。

3月8日，法国政府命令正规军从国民自卫军手中收回大炮，结果遭到国民自卫军和市民的武装抵抗。国民自卫军和市民开始夺取巴黎的权力。这就是著名的"巴黎公社"起义。

3月15日，巴黎市民通过选举成立了一个公社。这是一个革命性质的无产阶级政权，它下令构筑街垒，让国民自卫军的民兵防守街垒，与正规军对抗。巴黎公社坚持了两个月，直到共和国的正规军于5月21日攻入巴黎。与此同时，城外的德国军队保持中立，作壁上观，任凭法国人自相残杀。

在有名的"血腥一周"，巴黎公社被法国政府军彻底镇压下去。房屋熊熊燃烧，政府军大规模处决公社战士，在严酷的背景下恢复了秩序。总计约有6000到1万名公社战士死亡。后来传遍全球的共产主义歌曲《国际歌》就是巴黎公社的战士欧仁·鲍狄埃在这个时期创作的。

法兰西第三共和国经受住了战争、革命和内战的考验，逐渐稳定下来。不过，这个共和国背负了签订丧权辱国条约的耻辱，也背负了镇压巴黎公社起义的原罪，还背负了与德国人的血海深仇。这一切，都让第三共和国的未来显得十分灰暗。

34

寻路现代化：日本明治维新

　　讲完了西方列强之战，我们的世界历史之旅来到了19世纪的日本。19世纪的日本远远落后于时代，面对科技先进的西方国家几乎手足无措。

　　和中国不一样，当时的日本虽然表面上由皇帝，也就是日本天皇统治，但是天皇长期以来只是傀儡。自16世纪末以来，天皇就隐遁在京都的皇宫，几乎没有任何政治权力。朝政由幕府将军把持。将军是出自德川家族的封建军事独裁者，以江户为大本营。与日本有接触的荷兰商人认为，天皇的宫廷其实相当于一个教会，天皇只是宗教领袖，而将军才是顺理成章的合法统治者。

　　将军在全日本范围将权力下放给大名。大名就是控制各藩国的封建领主。这种政治体制叫作幕府，德川幕府是幕府时期的一个政权。

　　近代以来，不断有西方传教士和商人到日本活动，这引起了德川幕府对外部世界的恐惧和敌视。国库空虚，防御体系又落后，所以为了维护传统的幕府统治，幕府急于避免与外界接触，以为这样就能安然无事了。

　　1633年，德川幕府宣布锁国，下令所有外国船只一靠近日本本土就予以炮击。不过，日本还在长崎与荷兰人保持贸易往来，并通过这个渠道获取了一些西方的新知识和新技术。因为以荷兰人为老师，所以日本人把西方的思想和技术称为"兰学"。除此之外，日本大体上处于封闭的状态。因为封闭，日本的社会和经济都逐渐僵化，远远落后于西方。

　　到了19世纪60年代，日本的经济出现了空前的危机，财政恶化、通货膨胀、农村土地兼并严重（大地主侵占农民的土地，剥夺他们的生计），城市无业流动人口增加。德川幕府在经济上无能为力，威信大减，所以逐渐丧失了对权力的掌控。

很多藩国逐渐出现了对德川幕府不满的声音。比如日本西南部强大的萨摩藩和长州藩，逐渐成为对幕府的潜在威胁。而幕府能够做的，仅仅是加强对藩国领主的监视和控制，以及为了尽可能减少藩国之间的沟通，故意使全国各地的道路保持破败的状态。

在这之前，日本在历史上一直学习中国，认为中华文明最先进。然而，在幕府后期，日本人认为西洋文明更先进。清政府的腐败无能，以及在军事、外交上的失败，比如两次鸦片战争，都被一些眼界开阔的日本人看在眼里。他们有了强烈的危机感：如果连作为天朝上国的中国都没有办法抵挡西方列强，日本该怎么办呢？

于是，日本也出现了西学运动，努力学习西方的先进文化、思想和技术。

与此同时，日本受到西方列强的压力大为增加，传统的闭关锁国政策逐渐瓦解。1853年，美国海军准将马修·佩里指挥的炮舰强行驶入今天东京附近的江户湾；次年，强迫日本人接受通商条约，强行打开了日本的门户。这一事件被称为"黑船来航"。

"黑船来航"事件对日本的影响非常大。一方面，更多日本人看清了本国的落后和西方的先进；另一方面，德川幕府向美国人妥协，被很多日本人认为是屈辱的事情，幕府的威望进一步降低。

幕府的威望在下降，原本被幕府完全架空的天皇的威望却在升高。日本出现了"尊皇"思想。过去，百姓和武士都是效忠于自己的藩国领主，而根据"尊皇"思想，大家应当把天皇摆在比藩国领主和家庭更重要的位置上。很多武士反对幕府的专制统治，要求幕府把权力归还给天皇，并抵抗外国人。这种思想叫作"尊王攘夷"。

主张"尊王攘夷"的各藩国的武士们开始逐渐联合起来，与天皇宫廷秘密接触，最终发动了旨在推翻幕府的"倒幕运动"。

1867年，萨摩藩及其附近的长州藩的权贵领导了一场反对幕府将军德川庆喜的起义。这是一场货真价实的革命。

这年1月，孝明天皇驾崩，他的十四岁儿子睦仁于2月继位，即明治天皇。明治天皇向倒幕派送去了表示支持的密诏。

明治天皇

　　幕府将军德川庆喜此时腹背受敌。一方面，他受到西方列强的压力。另一方面，他属下的各藩国蠢蠢欲动，不服从幕府的领导。一方面，天皇迅速变成一股强大的势力，对幕府构成了威胁；另一方面，全国各地有很多武士加入了"倒幕运动"，要求推翻幕府。

　　为了转移敌人的注意力，德川庆喜提出了"大政奉还"的建议，就是主动把政权归还给天皇。这种做法表面上满足了倒幕派的要求，让他们无话可说，没有理由去攻击幕府；但实际上，德川庆喜仍然控制自己的军队和领地，并计划利用天皇和倒幕派的缺乏经验来操控政府。倒幕派对于这样的结果，当然很不甘心了。

后来，倒幕派与幕府的斗争还是激化了。1868年1月3日，明治天皇颁布"王政复古"的命令，号称恢复天皇掌握实权的古代传统，废除幕府，并命令德川庆喜将一切权力重新归于天皇。

德川庆喜不甘心失败，出动了军队。当倒幕派得知他将从大阪出兵进攻时，立刻派出以萨摩藩、长州藩为主力的军队，在京都附近与幕府军展开激烈战斗。

萨摩藩和长州藩的军队虽然兵力不如对方，但拥有西方的先进武器和新式军队，最终取胜。随后他们决定乘胜追击，攻打德川幕府的大本营江户。不过，幕府的代表、著名的政治家胜海舟（后来被誉为日本海军之父）与倒幕派的代表西乡隆盛达成了协议：以国家为重，一致对外。1868年5月3日，江户向政府军投降，延续265年的德川幕府正式灭亡。随后，天皇从京都迁往幕府的大本营江户。江户从此成为日本的政治中心，一直到今天。江户后来改名为东京。

新政府在天皇领导下开始了一系列改革，这就是所谓的"明治维新"。日本的政策转向对外开放、有限民主、工业化和采用西方技术，同时保留东方的社会价值观。

在司法方面，日本仿效当时先进国家的制度，刑法学习法国，民法学习法国和德国，商法学习美国。

在军事方面，实施征兵制，建立新式海、陆军。陆军聘请德国教官训练，海军则学习英国，因为日本人认为德国的陆军最强，英国的海军最强，他们要学就学最先进的。就这样，日本正式建立起现代化的军队。

在工业方面，引入新式工业技术，建立大批新式工厂，建造新式铁路、公路。1872年，日本的第一条铁路，东京至横滨的铁路通车；到了1914年，日本全国铁路总里程已经超过七千公里。

在教育方面，政府开始在全国普及义务教育，计划开办8所公立大学，245所中学，53760所小学。

在经济和财政方面，开始使用日元为新货币，并于1882年成立了唯一具有货币发行权的中央银行——日本银行，建立起一系列的资本主义银行制度。

在社会制度方面，废除了江户幕府时期的等级制度，提倡公民平等。

在社会文化方面，政府提倡学习先进国家的社会文化及习惯，翻译来自先进国家的著作。日本人的生活方式也在很大程度上西化了。明治时期，西洋式的马车开始在日本社会普及开来。欧洲风格的绅士大礼帽、燕尾服、皮靴、遮阳伞等也流行起来。人们开始消费欧洲风格的面包、牛奶、牛肉锅、啤酒。煤气灯和砖瓦房等西式设备和建筑也开始涌现。

退位后的末代将军德川庆喜得到天皇的优待，被册封为公爵，从此归隐。他也爱好西洋事物：喜欢吃西式面包、喝牛奶；喜欢骑自行车、使用显微镜；喜欢开车，还出过交通事故；喜欢摄影，经常向杂志投稿摄影作品，但一次都没有被采用过。

在西方思想的影响下，日本也开始兴起自由民权运动，各地涌现出形形色色的报纸。

通过明治维新，日本社会暮气沉沉的氛围消失了，一个朝气蓬勃、发展迅速的新日本出现了。当时亚洲的很多国家，包括中国，都试图改革以振兴国家，但大多失败了，日本是极少数成功的例子之一。

然而，日本强大之后就开始对外扩张，给亚洲多国的人民造成了灾难，最终也给日本自己造成了灾难。

35

世界航道的十字路口：

苏伊士运河

前面我们讲过葡萄牙航海家达伽马的故事。他从西欧出发，向南沿着非洲海岸航行，绕过好望角，然后进入印度洋，最终到达东方。在随后的几百年里，从西欧去东亚和东南亚，基本上走的就是这条航线。

这条航线特别远，还绕了一个大圈。当时人们用的是帆船，从西到东航行一趟要花大半年时间，很不方便。那么，有没有什么办法能缩短航程呢？

在埃及的北部、地中海的南边，有一条连接着欧亚大陆和非洲大陆的苏伊士地峡。你可能想到了：如果能从苏伊士地峡穿过去，就不用绕路非洲了。不少古人和你想的一样，他们都觉得如果能在苏伊士地峡开凿一条运河，那么地中海的船只就可以直接进入红海，然后驶入印度洋了。这样一来，从英国伦敦去印度孟买的航程至少可以缩短43%，也就是差不多7000公里。

历史上动过这个念头的人很多。几千年前的古埃及法老和波斯帝国的大流士皇帝都有过类似的想法，他们还留下了一些工程的遗迹。到了中世纪，威尼斯共和国和后来的奥斯曼帝国也有过修运河的计划，但是因为成本实在太高，这些宏伟的计划最后都不了了之了。

不过，人们并没有死心。

1798年，拿破仑远征埃及的时候，就把一大批考古学家、科学家和地图学家带到了埃及。他们对苏伊士地峡的地形地貌做了勘察和研究，积累了许多资料。

几年后，拿破仑当上了法兰西皇帝，又开始忙着跟英国打仗。其间，拿破仑就想到：为什么不挖一条运河把地中海与红海连起来呢？这样再去攻打英国的印度殖民地，不就方便多了吗？但是，拿破仑手下的科学家告诉他：根据先前计算的结果，地中海的海面比红海高10米，船无法直接通行。要想打通两片海域，光修运河还不够，还必须修一个船闸，在船只通过的时候控制水位；这就让施工成本变得非常高，花费的时间也会很长。拿破仑只好放弃了这个大胆的念头。

不过拿破仑不知道，他手下的科学家其实算错了。1830年，一位英国工程师做了新的勘测和计算，认为地中海与红海的海平面是一样高的，所以开凿运河并没有之前设想的那么困难。不光是他，法国、奥地利等国的科学家也得出了相同的结论。

于是，在苏伊士修运河的可行性一下子变高了，现在就要看谁有魄力和财力来承担如此宏大的工程，实现人类几千年的梦想。

你可能也想到了，有这个实力的也就是英法等几个强国。可是别忘了，苏伊士地峡属于埃及，外国人要在埃及的领土上开凿运河，埃及人会同意吗？要回答这个问题，我们就要了解一下当时埃及的情况。

拿破仑远征埃及的时候，埃及还是奥斯曼帝国的一部分。为了对抗拿破仑，奥斯曼帝国派了一支军队过去，其中有一位将军，名字叫穆罕默德·阿里。

在埃及，穆罕默德·阿里与法国的死对头英国联手，打败了法军。但是法军败退之后，穆罕默德·阿里并没有离开，而是留下来占领了埃及。他自封为埃及的统治者，还给自己起了一个头衔叫"赫迪夫"。"赫迪夫"一词出自波斯语，大意相当于总督。奥斯曼帝国曾经多次想要消灭穆罕默德·阿里这个乱臣贼子，但是都失败了。没办法，奥斯曼帝国只好招安他，承认他是埃及的总督。

不过，穆罕默德·阿里只是在名义上臣服于奥斯曼帝国；本质上，他就是埃及的专制统治者。而且事实证明，穆罕默德·阿里是一位卓越的政治家，他在埃及采取了一系列改革措施，用现代化的欧洲方式训练军队、兴修水利、扶助经济、发展棉花种植业、推广教育，还开展了土地改革，做得有声有色。在穆罕默德·阿里的统治下，贫困弱小的埃及得以振兴，所以后来人们赞美他是"现代埃及之父"。

1849年，穆罕默德·阿里去世了，继位的是他的儿子塞伊德。塞伊德有一个法国外交官朋友，名字叫雷赛布。这个雷赛布并不是什么大人物，但他有一个雄心勃勃的计划，那就是开凿苏伊士运河。1854年，雷赛布从塞伊德那里获得了运河工程的许可。几年后，雷赛布又领导组建了苏伊士运河公司，通过发行股票从法国筹集了大量资金。1859年4月，施工正式开始了。

雷赛布是法国人，修运河的钱大部分也是法国人出的，运河工程基本上是法国在主导。英国从一开始就反对这项工程。这是为什么呢？首先，英国是法国的竞争对手，法国人支持的东西，英国人就要反对；其次，英国人担心运河修好之后，会扰乱本国与印度的贸易；最后，英国人难免嫉妒，他们更希望是由他们自己来修这条运河。总之，英国人巴不得雷赛布的公司失败。既然埃及名义上还是奥斯曼帝国的一部分，那么英国人就从奥斯曼帝国下手，拼命给雷赛布找麻烦。

尽管有英国人作梗，运河工程还是如火如荼地展开了。塞伊德与雷赛布达成合作，为修运河行了很多方便。在塞伊德的强迫下，大量埃及农民被迫充当廉价劳动力，去开凿运河。据统计，在运河施工期间，无论白天黑夜，每时每刻都至少有3万名埃及劳工在工地上艰辛地劳动。由于恶劣的生活条件和传染病的流行，成千上万名工人都死在了工地上。到最后，参加工程的总人数甚至超过了150万人。英国人拿这件事情大做文章，指责法国人不人道，竟然使用奴隶劳工，还害死了这么多人。不过，英国人的这些小伎俩已经没法造成什么实质影响了。

1869年11月，距开工整整10年之后，苏伊士运河终于修建完成。运河全长大约190公里，最北边的一端是地中海的塞得港，这个港口正是为了纪念埃及统治者塞伊德而命名的。运河的南端在红海的苏伊士港。

苏伊士运河开通

关于苏伊士运河，还有一个好玩的小故事。为了庆祝运河完工和通航，埃及人计划在11月15日至17日举办盛大的运河开放典礼。欧洲的很多达官贵人，比如拿破仑三世的皇后和普鲁士的王太子都会来参加典礼。在17日的典礼上，还将有一支船队首次驶入运河。按计划，领头的应当是法国皇后的游艇"雄鹰"号。可就在这个时候，英国人又跑来捣乱了。先前他们没能阻止运河开凿，现在就要在典礼上给法国人难堪。结果，17日这天，当法国的"雄鹰"号正等待进入运河时，英国海军的"纽波特"号故意抢在前头，先一步开进运河，成为了第一艘在苏伊士运河上航行的船。有意思的是，"纽波特"号的舰长表面上因为这件事挨了上级的批评，私底下却得到了嘉奖。

抛开这些小插曲不提，苏伊士运河开通之后，全球航运交通马上就变得方便快捷了许多。欧洲人对亚洲和非洲的兴趣也越来越浓厚了。有了运河，西方列强开始加快节奏，向这些地区殖民。从这个角度来说，苏伊士运河对世界近代历史产生了非常深远的影响。

苏伊士运河公司也因为来来往往的船只，赚取了大量的利润。一开始，这些利润主要归法国人所有。到了19世纪后半期，英国势力逐渐渗入埃及，掌握了埃及的内政外交。埃及统治者成了英国的傀儡，苏伊士运河的归属也发生了变化。

1875年，埃及统治者伊斯梅尔为了还债，被迫把自己在苏伊士运河公司的44%股份卖给英国人，换取巨款。历史学家估计，伊斯梅尔当时得到的钱大约相当于2019年的5.7亿美金。当然了，英国人也没有吃亏，他们享受到了运河带来的源源不断的利润。1882年，埃及发生了起义，英国借着出兵镇压起义的机会，完全控制了埃及，也完全控制了苏伊士运河。一直到第二次世界大战结束之后的1956年，埃及人才终于收回了对苏伊士运河的控制权。今天，苏伊士运河仍然在全世界的航运和交流中发挥着重要的作用。

36

利奥波德二世：

罄竹难书的殖民主义罪行

　　苏伊士运河修好后，欧洲列强就加紧了对亚洲和非洲地区的殖民。其中，比利时国王利奥波德二世在非洲殖民的过程中犯下了累累罪行。

　　我们前面讲过，几百年前，荷兰、卢森堡和比利时曾经是一个整体，合称为"低地国家"或者"尼德兰"。1830年，比利时脱离荷兰独立出来，建立了君主立宪制的比利时王国。比利时人还选择了德意志诸侯利奥波德来担任首任国王，他的称号是利奥波德一世。他的家族和英国王室也有亲戚关系。

利奥波德二世

1865年，老国王利奥波德一世去世之后，他的儿子、30岁的利奥波德二世继承了王位。他雄心勃勃，想要干一番大事业：像他的英国亲戚一样，拥有自己的海外殖民地。

当时的英国已经是世界第一大殖民帝国了，印度、埃及和非洲其他很多地方都是英国的领地。法国、意大利、葡萄牙、荷兰、德国等列强也在忙着"瓜分非洲"，扩大势力范围。相比之下，比利时只是一个刚建立不久的小国，在帝国主义的殖民事业当中落于下风。于是，利奥波德二世下定决心，要让比利时也拥有殖民地。

不过，比利时和英国一样，是君主立宪国家，掌权的是议会，国王的实权少得可怜。所以，比利时要向海外殖民扩张，利奥波德二世说了不算，必须要经过议会的批准。但是，当时掌握比利时议会的是自由派，他们对海外殖民不感兴趣，不愿意投入资源和力量。这让利奥波德二世大失所望。

该怎么办呢？利奥波德二世苦苦思考，终于想了一个巧妙的办法：如果不能以比利时王国的名义去殖民，那么，以国王本人的名义行不行呢？他自己在海外开拓私人殖民地，议会总管不着吧？

看起来这似乎是可行的。问题在于，应该去哪里殖民呢？为了寻找合适的地方，利奥波德二世在世界各地考察，他去过印度，去过埃及和北非，甚至还来过中国。不过，当时全世界比较容易得到的领地，已被英法等大国瓜分殆尽。

没办法，利奥波德二世只能退而求其次，转过头去比较偏僻和危险的地方找一找。最后，他看中了非洲的内陆心脏地带，今天的刚果。

刚果这个地方山特别多，路很不好走，还有大量密不透风的热带雨林。最要命的是，当地还流行着好几种热带传染病。欧洲人普遍觉得这个地方很危险，不敢闯进去。他们甚至还给刚果专门起了一个称号，叫非洲的"黑暗之心"。

利奥波德二世恰恰就把目光转向了神秘的刚果。光确定了目标还不够，因为利奥波德二世以个人名义开展殖民活动，所以他不能动用比利时的国家军队。这么一来，他就需要找到一位勇敢的探险家去摸清刚果的情况，让探险家代表自己占领刚果。

这样的人可不好找。不过，利奥波德二世的运气很好，还真就给他找到了一个合适的人选，这个人的名字叫亨利·莫顿·斯坦利。斯坦利是一位性格古怪的冒险家。1841年，他出生于威尔士一个贫穷的文盲家庭，长大之后，他到了美国，在美国内战期间先为南方邦联作战，后来又为北方联邦军队效力。战争结束的时候，他当了逃兵，脱离了美国海军。之后又当上了记者，在非洲进行了多次探险活动，当时已经很有名气了。

利奥波德二世找到了斯坦利并对他大加吹捧，还给了他很多赏赐。于是，斯坦利决定为比利时国王效力。19世纪80年代，斯坦利在刚果建立了贸易站，并逼迫当地土著酋长签署条约，把这块地方变成比利时国王的私人领地，名字也改成了"刚果自由邦"。就这样，斯坦利帮助利奥波德二世在非洲获得了大片的土地。刚果自由邦的面积是比利时王国的整整76倍。

现在，利奥波德二世的梦想实现了，他拥有了自己的殖民地。那么，他要拿殖民地来做什么呢？表面上，这位国王说得很好听：要把先进的西方文明传播到刚果，要对可怜的土著进行"文明教化"，帮助他们进步。事实上，这只是冠冕堂皇的借口。利奥波德二世的真正意图就是尽可能地榨取经济利益，大发横财，和欧洲其他帝国主义殖民者没什么两样。

事实证明，利奥波德二世的眼光还是不错的。刚果是个好地方。首先，它盛产象牙。在塑料发明之前，象牙不仅是奢侈品，也是很多工业产品的重要原料。欧洲对象牙的需求量很大。于是，利奥波德二世就派出人手到刚果去掠夺象牙。

另外，在刚果还大量生长着能出产橡胶的橡胶树，这给利奥波德二世打开了新的财路。19世纪末正是工业快速发展的时期，车辆轮胎和电缆都需要橡胶。但是，橡胶产量完全跟不上市场的需求。最大的原因是人们在美洲发现的橡胶树太少了。就算是英国等欧洲国家把美洲橡胶树的种子带到印度、新加坡等殖民地，大批量地人工种植，可在这些树长成之前，还是只能依赖野生的橡胶树。

利奥波德二世盯上了这个机会：既然其他国家的橡胶树产量跟不上，那刚果的橡胶树不就能抢占市场了吗？他让刚果人不分昼夜地采集橡胶，而在刚果收割橡胶是一项非常艰苦的劳动。咱们熟悉的橡胶树，只要割一道口子，橡胶就会流出来，用个碗接住就可以了。但刚果的橡胶不是从树上提取的，而是来自丛林中的野生藤蔓。为了提取橡胶，刚果工人必须割开藤蔓，把流出来的橡胶汁液涂到自己身上，等橡胶硬化之后，再把它从皮肤上刮下来。这个过程很痛苦。然而贪得无厌的利奥波德二世根本不在乎这些，他压根就没把刚果人当人看。

刚果一下子成了全世界最主要的橡胶来源之一，利奥波德二世发了一大笔财，但是他还不满足。为了得到更多橡胶，利奥波德二世在刚果建立了私人武装，用极其残忍的手段强迫当地人为他劳动。如果有人完不成工作任务、交不出足够的橡胶，就会遭到酷刑折磨。再加上殖民地当局管理混乱，根本不管刚果人的死活，一时间，刚果境内饥荒和疾病肆虐。按照现代历史学家的估算，恐怕有一千万刚果人死在了利奥波德二世的暴政之下。

后来，这样的暴行连很多欧洲人都看不下去了。英国大作家约瑟夫·康拉德年轻时当过水手，他曾经在刚果亲眼目睹了很多可怕的事情。后来康拉德写了一部小说《黑暗之心》，书中就揭露了刚果自由邦的恐怖。另外，一些传教士和外交官也发表了详细的报告，让外界知道利奥波德二世在刚果都犯下了哪些恶行。一时间，国际上掀起了对利奥波德二世的谴责。"福尔摩斯"系列小说的作者柯南·道尔爵士就曾经说，比利时人在刚果的罪行是"史上最伤天害理的"。

说到这里，我想和你讨论一个问题。英国、法国大力抨击比利时，那么它们对待自己的殖民地是不是比利奥波德二世要仁慈一些呢？其实并不是。事实上，当时国际社会之所以掀起对利奥波德二世的谴责，并迫使比利时政府做出改进，一个重要原因是：比利时是一个弱小的国家。英法等大国在非洲和亚洲的殖民地同样犯下了大量罪行，却很少受到这样的追究和批评，因为没人敢，就是有人敢批评，英法也不在乎。殖民主义是罪恶的，英法殖民者并不比比利时殖民者更善良。

总而言之，比利时政府无法承受巨大的舆论压力，在1908年强迫国王把刚果自由邦让出来，变成了比利时王国的殖民地，称为"比属刚果"。利奥波德二世花了很大力气来掩盖自己的罪行，他烧毁了刚果自由邦的所有档案，还说即便刚果自由邦已经不再属于他，"世人也没有权利知道我在那里做了什么"。

那么，在比利时政府的统治下，刚果人得到的待遇是否比之前更人道呢？其实，他们受到的还是残暴的殖民统治和剥削，只是程度比以前减轻了一些而已。1909年，利奥波德二世去世，在位时间长达44年。刚果直到1960年才获得独立。

37

波费里奥时代：

走向现代的墨西哥

　　了解了英法等欧洲列强在非洲大陆的所作所为，这一站的历史之旅我们回到美洲。前面我们提到过，美国在西进运动的过程中，夺走了墨西哥的大片领土。不过，你可能想不到，万里之外的法国其实也曾经入侵过墨西哥，而且不止一次。

　　1519 年，西班牙人就入侵了墨西哥。在随后的三百年时间里，墨西哥一直是西班牙的殖民地。后来，拿破仑上台，西班牙被拿破仑的军队打得手忙脚乱，墨西哥抓住这个机会发动起义，在1821年独立建国了。

不过，成为独立国家并不代表万事大吉，更不代表墨西哥的百姓能过上太平日子。在随后的四十年里，墨西哥政局动荡，经常发生政变，还出了一连串腐败的军事独裁者，国家可以说是一团糟。也正是因为局势不稳，墨西哥的经济状况很差，政府找法国、英国、西班牙等国借了很多钱，而且短时间内显然是还不起的。

欧洲列强当然不能接受。于是，英、法、西班牙联合出兵，接管了墨西哥的海关，代表墨西哥政府收取关

贝尼托·胡亚雷斯

税，用这些关税来抵债。这对任何国家都是一种巨大的耻辱，墨西哥的爱国者当然也是接受不了的。此时，墨西哥终于出现了一位出色的新领导人，他的名字叫贝尼托·胡亚雷斯。他是个印第安人，当过律师，精明强干，而且是坚定的爱国者。

身为墨西哥总统，胡亚雷斯坚决抵制列强的无理要求，在他的抗议下，英国和西班牙灰溜溜地撤军了，但是法国人赖着不走，硬是留了下来。直到1862年，墨西哥军队才终于打败了法国军队。墨西哥人以为，总算能把侵略者彻底赶走了，但是他们没想到法国皇帝拿破仑三世并不甘心失败，他又派了25 000名士兵到墨西哥。

说到这里，你可能觉得有点儿奇怪了：墨西哥政府到底欠了法国多少钱？拿破仑三世为什不依不饶地非打仗不可呢？

历史学家算过账，其实，拿破仑三世为远征墨西哥而投入的资源已经远远超过墨西哥欠的债款了。换句话说，拿破仑三世坚持派兵，做的是赔本买卖。拿破仑三世之所以对遥远的墨西哥如此执着，主要是因为野心。拿破仑三世瞄准的可不是那点债款，他真正的打算是在美洲建立一个由法国来主导的新帝国；而且，对于谁来当这个新帝国的皇帝，他也已经有了主意。拿破仑三世并不准备亲自当这个皇帝，他心目中的人选是当时奥地利皇帝的弟弟，马克西米利安。

马克西米利安身为皇帝的弟弟，距离皇位只有一步之遥却可望不可即；而现在就有一个机会拥有自己的帝国，这对他的吸引力肯定是很大的。另外，马克西米利安的妻子就是比利时国王利奥波德二世的妹妹，她的野心甚至比丈夫还要大得多，面对这样天上掉下来的馅饼，她也会动心的。

果然，马克西米利安被拿破仑三世描绘的美好前景说服了。1864年，他宣布放弃对奥地利皇位的继承权，带着妻子到了墨西哥。然后，在法国人的支持下，马克西米利安自立为墨西哥皇帝。事实上，马克西米利安其实是拿破仑三世的挡箭牌，他承担了风险，可是大部分好处归了拿破仑三世。

先前激烈反抗法国军队的墨西哥人面对突然冒出来的奥地利人皇帝，当然是更加反感了。在总统胡亚雷斯的领导下，墨西哥人打败了马克西米利安的所谓"帝国军队"。在这场战争中，一位名叫波费里奥·迪亚斯的墨西哥将军崭露头角，立下大功，成为广受敬仰的民族英雄。

1867年5月，也就是马克西米利安到墨西哥的差不多3年后，他被墨西哥人抓住了。这位出身奥地利的墨西哥皇帝受到了军法审判，一个月之后被执行死刑。这一年，他只有34岁。

现在，法国人和奥地利人都被赶跑了，墨西哥总算可以安宁了吧？还没有。

刚才提到，在反对马克西米利安皇帝的战争当中，有一个名叫波费里奥·迪亚斯的将军逐渐崛起。迪亚斯将军的势力壮大之后，就发动了针对胡亚雷斯总统的武装反叛，理由是胡亚雷斯连续担任两届总统，这一行为违反了当时墨西哥的法律，而且胡亚雷斯在成功连任的大选中舞弊。不过，没过多久，胡亚雷斯去世了，之前的副总统接替了他的位置，迪亚斯将军的反叛理由就站不住脚了。

可是，这位新总统在一届任期结束之后也想连任。结果，迪亚斯又冒了出来。他以"反对连任"为口号，再次发动武装反叛。最后，迪亚斯打败了新总统，并且逼迫他到海外流亡。第二年，迪亚斯正式当选为墨西哥总统。

说到这里，我想请你猜一猜：迪亚斯两次反叛，打的旗号都是反对总统连任，那他自己上台之后能不能做到不连任呢？

你可能猜到了，他也做不到。

说起来很讽刺，迪亚斯从1876到1880年，以及1884年到1911年，一共担任了七届墨西哥总统，在任时间长达31年。因此，这段时期后来也被命名为"波费里奥时代"。

那么，波费里奥·迪亚斯做了这么久的总统，他给墨西哥带来了什么呢？

客观地说，他不算是一个差劲的总统。迪亚斯是一个务实主义者。他在政治上属于自由派，但是并不像当时的激进自由派那样咄咄逼人地反对天主教会。先前的胡亚雷斯总统属于激进自由派，在激进自由派看来，天主教会代表着落后和腐败，所以他们致力于剥夺教会的财产，不准教会干预教育，甚至还禁止神父在公共场合穿教袍。所以在之前的墨西哥，围绕着天主教会出现了一系列的冲突。

相比之下，迪亚斯对教会的态度就比较温和。他知道，教会有群众基础，广大农民支持它，反对教会的其实只有少数城市知识分子。更重要的是，墨西哥自从独

立以来已经历了太多的战争、内乱、政变和动荡，现在
最需要的是安定。

为了维护墨西哥的安定，迪亚斯可以做出很多妥协，
同时他也没有放弃一些严厉的手段。当时墨西哥存在大
量的反对派，于是，迪亚斯让他们做一道选择题："要面
包还是大棍？"意思是只要支持他，就可以得到好处，也
就是"面包"；如果不支持他，就会遭到残暴的镇压，也
就是"大棍"。一些曾经反对迪亚斯的政治家也得到了安
抚，甚至还在他的内阁里担任很重要的职位。

迪亚斯曾经说过一句名言："墨西哥需要的不是政
治，而是行政。"意思是，当时的墨西哥不需要政治斗争，
而是需要在一个强大的领导人，也就是在他的掌控之下，
平息内乱，集中力量搞好经济。

这两件事都没那么容易，具体该怎么办呢？迪亚斯
做了一个大胆的选择：他让墨西哥与之前的敌人美国和
解了。在他的领导下，墨西哥和美国的关系越来越好。
同时，他发展军队和警察，镇压反叛分子，改善墨西哥
国内的治安状况，创造安全的投资环境，然后邀请美国
富商来墨西哥投资、兴办工厂。

除此之外，迪亚斯还建设了纵贯全国的铁路和电报

线路。在他任内，墨西哥的铁路里程增加了10倍，其中很多线路今天还在运行。此外，他还大力发展农业与采矿业。

从某种角度看，迪亚斯在位的"波费里奥时代"是墨西哥经济的黄金时代，当时墨西哥的货币1比索可以兑换3.2美元，墨西哥的经济实力甚至可以和英、法、德这几个西欧强国相提并论。

但是，从本质上来说，迪亚斯的独裁并不是一种进步的统治。他领导的政府非常腐败，而且只有一小群人从他的统治中得到了巨大的利益，而整个墨西哥的贫富差距越来越大。比如，迪亚斯为了发展大农场经济，曾经通过法律或者强制的手段剥夺普通农民的土地，强迫他们把土地转让给一些大农场主，严重侵犯了农民的利益。到了1900年，墨西哥中央高原地区90%的土地都被大地主兼并了。全国有950万农民失去土地，只能为大地主打工。迪亚斯的一个朋友甚至靠着这层关系，霸占了多达1200万英亩土地。

除了地主兼并土地，墨西哥还有大片的土地落入了外国人手中。墨西哥发展经济借助了美国商人的力量，结果时间一长，墨西哥经济的很大一部分就被美国人控制了。在迪亚斯31年统治的末尾，美国企业已经控制了墨西哥矿产资源、铁路系统和石油工业的将近90%。对于这种状况，越来越多的墨西哥人感到非常愤怒，就连迪亚斯自己也哀叹："墨西哥太倒霉，离上帝太远，离美国太近！"

迪亚斯做了31年总统之后，到1910年，他已经80岁了，可他还想继续当总统。在他的安排下，墨西哥举行了一次明显有暗箱操作的腐败选举，结果是迪亚斯再次当选。墨西哥人民忍无可忍，发动起义，革命爆发了。1911年5月，迪亚斯被推翻，推翻他的人所用的正是他当年夺权的手段。最后，迪亚斯流亡到法国，1915年在巴黎去世。

今天的墨西哥人对迪亚斯怎么看呢？准确地说，他还是一位争议人物。毫无疑问，迪亚斯是个军事独裁者，给国家带来了很多苦难。但是，他在墨西哥经历了几十年动乱之后让国家稳定下来，并且给墨西哥带来了高速的经济发展，让墨西哥走向现代化。所以，今天仍然有墨西哥人把他看作是一位英雄。

38

争霸东亚：日俄战争

前面我们介绍了日本明治维新。经过这一轮改革，日本很快成为一个现代化的工业强国。国家的实力大增，日本人的心态也跟着发生了改变：一方面，他们变得非常自信；另一方面，他们变得侵略成性，走上了对外扩张的道路。具体向哪里扩张呢？日本和朝鲜半岛离得很近。日本本土资源匮乏，而朝鲜拥有丰富的煤矿和铁矿资源，这些都是日本的工业所必需的。所以，明治维新之后不久，日本就盯上了邻国朝鲜。

当时的朝鲜有自己的国王，不过，在很长一段时间里，朝鲜其实是清朝的附庸国，在很多事情上，都听从清政府的意见。

日本国力变强之后，想要和朝鲜签订不平等条约，强迫朝鲜接受一些对日本有好处的贸易条件，用这种方式来掠夺朝鲜的资源。

这样一来，朝鲜就出现了两个政治派系：一个派系更亲近清朝；另一个更亲近日本。两派之间经常发生血腥冲突，造成了政治动乱。中日矛盾也逐渐升级。

1894年6月，日本出兵朝鲜，抓了当时的朝鲜国王高宗（1897年改称皇帝），然后扶植了一个亲日政府。7月，清政府与日本之间就爆发了甲午战争。

当时的日本海军已经从全世界最厉害的英国海军那里学到了很多东西，管理指挥都比较先进，还拥有现代化的装备和舰船。所以，日本舰队轻轻松松地就打败了大清的北洋水师。

甲午战争结束后，中国作为战败国，被迫和日本签订了屈辱的《马关条约》。根据条约，中国不仅要向日本赔偿巨款，还要把辽东半岛割让给日本。中国还被迫承认朝鲜从此独立，不再是中国的附庸国。日本在亚洲的扩张一时间势不可遏。

日本的一连串胜利引起了另一个大国的警惕，那就是俄国。

19世纪晚期，不只是日本在东方扩张，俄国也一直在向亚洲发展势力。俄国人在本国广袤的土地上修建了超过9000公里长的西伯利亚铁路，连通了首都莫斯科和东部边境。这条铁路大大缩短了从莫斯科到俄国东部的交通时间，也极大地促进了俄国社会内部的变革。历史学家估计，当时大约有400万农民从俄国西部出发，坐在拥挤的车厢里，来到西伯利亚寻找新的工作和机会。

不过，铁路的用途不仅仅是方便人们离家找工作。就在西伯利亚铁路对外开放的那一年，一列又一列火车从莫斯科开往东方，运送了大量的军队和战争物资。这些火车上装的，全都是俄国在东方称霸的野心。

事实上，俄国人不光修了西伯利亚铁路，他们在中国东北地区也修了铁路。你可能要问了：俄国人怎么能在中国修铁路呢？其实，当时俄国政府已经和清政府签订了条约，把中国东北的旅顺和大连湾租下来作为军事港口。条约还规定，俄国有权从西伯利亚铁路修一条支线通往这块租界。到了19世纪最后几年，已经有一支俄国舰队和大量的俄国士兵驻扎在中国东北地区。

这么一个充满野心的俄国，当然容不下一个同样野心勃勃的日本。

1894年甲午战争爆发时，俄国刚刚迎来一位新沙皇：尼古拉二世。眼看着日本把中国打得惨败，又通过《马关条约》得到了辽东半岛，尼古拉二世认为，绝不能就这么放任日本坐大。于是，俄国联合了德国、法国，一起出面强迫日本放弃辽东半岛。这件事被称为"三国干涉还辽"。最后，日本只好把辽东半岛还给了清政府。

俄国皇帝尼古拉二世

当然了，俄国强迫日本交还辽东半岛不是因为它有多么热心肠，而是因为它也盯上了这片土地。

俄国在甲午战争之后干涉日本、占领中国的旅顺港、向中国东北地区扩张等一系列举动，也刺激了尼古拉二世的帝国主义野心。他开始得寸进尺，强迫大清把东北地区租借给俄国许多年，还想要吞并朝鲜。关于吞并朝鲜的理由，尼古拉二世还做过一番解释："我自己并不想要朝鲜，但我也不能容忍日本人涉足那里。如果他们敢尝试，那就是开战的理由。"

俄国对日本这么不友好，又在中国集结了这么多的军事力量，这自然也引起了日本的警觉。日本领导人认为，俄国在亚洲的野心已经构成了对日本的直接威胁。

远在西欧的德国皇帝威廉二世也没有置身事外。他给尼古拉二世写了很多信，鼓励他控制"满洲"（列强蔑称中国的东三省为"满洲"）和附近的朝鲜半岛，还说只有俄国能阻止日本称霸太平洋。在信里，威廉二世把日本的崛起称为"黄祸"。这是一种不折不扣的种族主义言论。

日本人原本还打算跟俄国谈判，他们提出了一种折衷的解决方案：俄国占领"满洲"，日本占领朝鲜，两国互不干涉。尼古拉二世不同意。他的胃口太大了，也根本没把日本放在眼里。他的打算是把"满洲"和朝鲜都吃掉。日本人闻言恼羞成怒，不过尼古拉二世并不在乎，他相信俄国绝对有能力轻松打败日本。用他的话说，日本只是一个"野蛮国家"，日本人是一群"猕猴"，而"日本军队是一个天大的笑话"。

于是，为了争夺东北亚的霸权，日俄战争爆发了。

1904年2月8日，10艘日本战舰袭击了停泊在旅顺港的俄国舰队。3艘俄军主力舰被击伤，旅顺港陷入混乱。战争已经打响，俄国主帅阿列克谢耶夫只有6万军队，却要防守东北大片地区。俄国要想取胜，就必须快速地向远东输送军队。然而，要运输军队，西伯利亚铁路是唯一的途径，从莫斯科往远东部署一个团一般需要一个月，至少也要15天。

袭击旅顺港的第二天，日军在朝鲜登陆。他们几乎没有遇到俄军的任何抵抗，于是就开始大举进军。4月1日，俄军太平洋舰队的旗舰又触雷沉没，635人丧生，其中包括这支舰队的总司令、著名海军将领马卡罗夫。

4月17日，在鸭绿江战役中，俄国军队试图阻挡日军，但是，他们被日本打败了。这也是近代历史上西方人第一次在陆战中被东方人打败。

取得胜利的日军迅速在中国的辽东半岛登陆；另一边，俄军主帅阿列克谢耶夫根本不敢去袭击日军的桥头阵地。很快，日军南下，开始攻打旅顺港。俄军指挥官内部却先吵了起来：一方面，旅顺港的威望太高，不能放弃；另一方面，旅顺港的位置又太暴露了，根本守不住。俄军救援旅顺港的尝试失败之后，这座城市的命运就注定了。

由于俄国的太平洋舰队已经基本上覆灭，尼古拉二世决定派遣波罗的海舰队绕过半个地球去与日军作战。这就是所谓的第二太平洋舰队，它包括42艘舰船和1.2万水兵，总司令是五十五岁的罗热斯特文斯基。

9月27日，第二太平洋舰队启航了。尼古拉二世在日记里写道："上帝，保佑它的路途，让它安然无恙地抵达目的地，为了俄国，完成它的艰巨使命。"

但是，看看地图就知道，从波罗的海出发去东亚，路途实在是太遥远了。这就给了日本人充足的时间做好充分的准备。

而且，第二太平洋舰队这条路走得也不顺利。进入北海之后，总司令罗热斯特文斯基就很害怕遭到日本人的攻击。一天夜里，他发现附近的海面上有船，觉得那肯定是日本人，就命令"开火！"士兵们慌慌张张地开了炮。结果，那只是一艘英国渔船，两名无辜的渔民就这样莫名其妙地被打死了。

英国人非常愤怒，威胁要发动战争来报复。没有办法，俄国人只好向受害者家属赔偿了6.5万英镑，来平息英国人的怒火。当时的6.5万英镑可是一笔天文数字的巨款。

在中国的东北，局势对俄军也很不利。1905年初的盛京（今沈阳）战役中，俄军再一次被日军打得大败，双方的总伤亡人数超过了15万。

唯一的好消息是，第二太平洋舰队此时终于进入了印度洋，做好了战斗准备。5月14日，两国舰队在日本与朝鲜之间的对马海峡交战，这是自拿破仑时代以来规模最大的海战。远道而来的俄军舰队被以逸待劳的日本海军全部歼灭，超过四千人死亡，五千多人被俘，其中包括第二太平洋舰队总司令罗热斯特文斯基。俄军21艘舰船被击沉；日军只有117人战死，3艘鱼雷艇沉没。

俄军已经是日本的手下败将了，眼看日本马上就能如愿以偿地成为东亚的霸主。就在这个时候，美国冒了出来。时任总统西奥多·罗斯福主动提出与日本调停，来促成和平。美国干涉日俄战争，最重要的原因是不愿意看到任何一个国家独霸东亚，不管是日本还是俄国。在美国总统罗斯福的调停下，1905年9月8日，日本和俄国在美国的朴茨茅斯签署了和约。

但是，与此同时，战争的惨败导致俄国国内于1905年爆发了一场大规模的革命。四面受敌的沙皇尼古拉二世被迫同意进行大规模改革、施行多党政治，并颁布新的宪法。但是，这样能否挽救摇摇欲坠的俄罗斯帝国呢？答案我们在下次历史之旅中再揭晓吧。

39

拉斯普京：圣人还是江湖骗子？

拉斯普京是俄国历史上最有名的一位江湖医生。这么说不只是因为他是俄国沙皇的御用医生，还因为拉斯普京在担任沙皇御医的时候，对俄国历史产生了非常重要的影响。甚至可以说，俄罗斯帝国的灭亡，跟这个文化不高、根本不懂医学的"大师"有着密切的联系。

拉斯普京来自俄国西伯利亚地区，年轻的时候是个农民。但他不愿老老实实种地，更喜欢去当流氓混混。他偷过马，又经常喝得醉醺醺的，在村里是个怪人。他的长相也很奇怪，有多奇怪？看看下图就知道了。

拉斯普京

一天，拉斯普京身上发生了一件奇怪的事情。他去本地一家修道院朝圣，回来之后就仿佛换了一个人，变得非常虔诚，喜欢谈他怎样信仰上帝。拉斯普京没上过学，但自学成才，学会了读书写字，并且记忆力惊人，把《圣经》的很多内容背得滚瓜烂熟。慢慢地，他在农村就有了很多追随者，大家开始相信如今的拉斯普京已经不是过去那个不务正业的酒鬼了。

后来，拉斯普京逐渐成了一个神圣的"长老"和"大师"，自称拥有一种神奇的力量，能和上帝直接沟通，还包治百病。很多达官贵人，尤其是贵妇人，成了他的忠实信徒。很多人说拉斯普京确实能治病。就这样，他的名气越来越大，甚至传到了俄罗斯的首都圣彼得堡。

恰巧此时，沙皇尼古拉二世的家庭里发生了一件大事：皇后亚历山德拉为他生下了一个儿子。之前沙皇和皇后已经生了四个女儿，现在他们期盼已久的男性继承人终于出生了。对俄国王室来说，这可是件大喜事。沙皇给儿子取名为阿列克谢。整个宫廷也因为皇太子的诞生，一派喜气洋洋。

但尼古拉二世一家的快乐并没有持续很久，一件奇怪的事情发生在小皇子的身上。医生把阿列克谢的脐带剪断之后，他的肚脐还在流血，起初大家都觉得流一点血不会有大碍，但没想到血一直没止住。

沙皇的一位亲戚听说了这件事，致电沙皇，建议他问问医生小皇子是不是得了血友病。听到血友病这三个字，沙皇当即两眼一黑，站都站不住了。

什么是血友病呢？这种病最大的特点是患者伤口的流血止不住。对血友病人来说，受一点小伤都是能要命的。这是因为他们的基因出了问题，凝血功能有异常，如果不采取措施，很容易就因失血过多而死亡。

血友病还有一个特点：出问题的基因由女性携带，

在男性身上发作。带有这一基因的女性本身和正常人一样，伤口也会自动结痂；然而，她生下的男孩就会像沙皇的小皇子一样，伤口止不住地流血。

在欧洲，血友病还被称为"王室病"。它出现在英国维多利亚女王身上，当时的欧洲流行联姻，血友病就通过女王的九个儿女从英国传播到了整个欧洲。尼古拉二世的皇后正是维多利亚女王的外孙女。

在医学尚不发达的20世纪初，血友病是一种可怕的遗传病，因为缺乏有效的治疗手段，血友病患者大概只能活到十三岁。

唯一的皇太子患有血友病，沙皇该怎么办呢？沙皇一家决定隐瞒儿子的病情。随着小皇子渐渐成长，沙皇一家承受的压力也在不断增加。沙皇夫妇除了要保证小皇子的健康，还不能让别人知道小皇子的病情，因为这会影响皇室的权威。除了几位皇室亲戚，全俄国上下很少有人知道真相。沙皇不愿意把皇位传给弟弟或其他亲戚，也曾考虑过修改宪法，把皇位传给女儿，但他最后还是决定，"小不点"阿列克谢一定要继承皇位。

家里是心爱的小儿子身患血友病，整个俄国也是危

机四起：对外，在日俄战争中遭受挫折；对内，反叛和
革命运动不断发展，这都让沙皇焦头烂额。尼古拉斯二
世承受着极大的压力。这个时候，有一个人帮助沙皇夫
妇缓解了压力，因此得到了宠信。他就是拉斯普京。

沙皇夫妇尝试了多种方法，小皇子的病情始终不见
起色。这时，一位贵妇人向沙皇夫妇引荐拉斯普京，说
他是能治百病的名医。沙皇抱着将信将疑的态度打算试
试，看拉斯普京是不是真的有治病的神力。

结果，奇迹发生了。在拉斯普京的照料之下，小皇
子阿列克谢的血居然止住了。

拉斯普京为什么能帮助小皇子止住血，科学也没办
法解释。可能是他能够安抚小皇子紧张害怕的情绪——
心理作用对病情有很大的影响；也有可能是他能安抚小
皇子的母亲，也就是皇后的紧张情绪，让宫廷里的气氛
稍微轻松一些。

渐渐地，沙皇夫妇越来越离不开拉斯普京了。小皇
子每次发病，医生都束手无策，这个时候就只能请拉斯
普京来。他在皇子床前祈祷，用所谓的"神力"给他治
疗。有好几次，小皇子已经命悬一线，都在拉斯普京的
"治疗"下奇迹般地恢复了。因此，沙皇夫妇对拉斯普京

无比信任。

拉斯普京能获得沙皇夫妇的宠信，除了因为他能治小皇子阿列克谢的病，还因为他是个天生的表演家。拉斯普京没文化，但野心勃勃，很懂人性，宫廷里的大官心里在想什么，他一看就知道。

拉斯普京深受器重，甚至成为沙皇夫妇在私事、宗教和政治等方面的全能顾问。但同时，拉斯普京也在鬼鬼祟祟地扩张权力，吹嘘人脉，炫耀皇后写给他的信。他向那些有事求沙皇的人收取贿赂，甚至干预文武官员的任免。得罪他的人、不相信他有神力的人，就会被他排挤掉。对他阿谀奉承的人、贿赂讨好的人，就会得到举荐。

不管是朝堂上还是宫廷里，都有不少人对沙皇夫妇极度宠信拉斯普京非常反感。越来越多的人指责拉斯普京是个怪物、奸臣，把皇宫搞得乌烟瘴气。传统的贵族也受不了拉斯普京对朝政的干预和对权力的贪婪。于是，一群贵族联合起来，准备杀掉拉斯普京。其中就有费利克斯·尤苏波夫公爵和沙皇的堂弟德米特里大公。

1916年12月，也就是第一次世界大战期间，俄国节节败退、国家风雨飘摇。费利克斯·尤苏波夫公爵把拉斯普京邀请到家中作客。德米特里大公等人在楼上紧张地等待。公爵把拉斯普京带进一个地下室，屋内摆着一张餐桌，像是在开聚会。贵族们请拉斯普京吃了有毒的蛋糕，他却没有倒下，还请公爵弹吉他唱歌。过了两个小时，拉斯普京居然还好端端的，公爵着急了。难道这个神神叨叨的家伙真的有神力？

公爵借着宴会间隙，到楼上和其他参与刺杀的人商量对策。最后他们决定，必须杀死拉斯普京。公爵拿着德米特里大公的手枪回到了地下室。可就是拿上了手枪，杀死拉斯普京的过程也是一波三折。

吃了毒蛋糕的拉斯普京没倒下，还向公爵要了杯酒喝。他说："我头晕目眩，肚子里要烧起来了，再给我一杯酒。"说完，他还欣赏起了公爵屋里的一个水晶十字架。

公爵说："你最好看着那十字架，做个祈祷。"然后，他从背后抽出手枪，打中了拉斯普京前胸，子弹穿过他的身体，从后背射出。公爵松了一口气，觉得拉斯普京这次应该死了。

但是，在检查拉斯普京的身体时，公爵发现他还没有死。拉斯普京突然睁开双眼，愤怒地跳起来抓住公爵。公爵又朝拉斯普京开枪，子弹又一次击穿了他的身体，但是拉斯普京仍然活着。最后，有人往拉斯普京的脑门打了一枪。这致命一击终于让他死了。

拉斯普京是俄国历史上最怪异的人物之一。但是，他真的是祸国殃民的奸臣吗？

拉斯普京是个贪婪的人，但实际上他对朝政的影响是非常有限的。关于拉斯普京有很多怪诞的传说，但这些都是俄国的达官贵人对拉斯普京生平事迹的夸张甚至虚构，因为他们对拉斯普京这样一个出身卑贱的人得到沙皇的极度宠信感到非常愤怒和不满。

败坏了俄国的不是拉斯普京，恰恰是沙皇和那些达官贵人。

拉斯普京死了，但这根本不能解决俄国内外交困的难题。杀死拉斯普京的尤苏波夫公爵等人毕竟是沙皇的亲戚，他们最终得到了宽恕。但是，没过多久，俄罗斯帝国就在战争与革命的洪流中灭亡了。

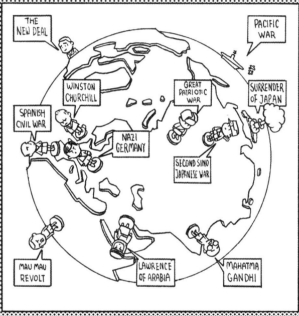

三

纷纷扰扰的二十世纪

40

萨拉热窝刺杀事件：

第一次世界大战的爆发

　　这一站，我们回到西欧，继续这场世界历史之旅。之前讲过，普鲁士在统一德意志的过程中把法国打得落花流水。德国人强迫法国割地赔款，还在法国国王原来的宫殿凡尔赛宫里宣布德意志帝国建国。这对非常有民族自豪感的法国人来说是奇耻大辱，很多法国人耿耿于怀，一心想要复仇。

　　这一边，法国死死盯住德国；另一边，英国也在警惕德国。德国崛起之后没过多久，就开始发展海军。这让传统的海军强国英国非常担心：毕竟英国是靠强大的海军维护对殖民地的统治，德国海军发展起来了，那英国在海上不就没那么安全了？所以在很多英国人看来，德国是敌人。

德国的崛起还让另一个国家感到害怕，那就是它的邻居俄国。在东亚和日本争霸的俄国此时忙于日俄战争，之前俄国还不太需要担心西边，但眼看德国国力飞速提升，俄国就不得不提防这位邻居了。

有了共同的敌人，英国、法国和俄国很容易就走到了一起。

既然英国、法国、俄国这些大国都对德国不满，那德国在欧洲不就被孤立了吗？这时候，我们就要讲到奥地利了。

普奥战争中，普鲁士打败奥地利，成为德意志的头号强国。虽然普鲁士赢了，但在铁血首相俾斯麦的领导下，普鲁士没有对战败的对手提出苛刻的条件，而是致力于和解。于是，这两个说德语的国家在19世纪末化敌为友，越走越近。

1867年2月，奥地利和匈牙利联合在一起，由哈布斯堡家族统治，史称"奥匈帝国"。奥匈帝国不像英法那样在亚非有大量殖民地，便想着在巴尔干半岛扩张势力，这就刺激了邻居塞尔维亚，因为它也想在巴尔干半岛扩张势力。塞尔维亚虽然是个小国，但它的扩张欲望非常强，还有个老大哥俄国撑腰，一点儿没有要对奥匈帝国让步的意思。俄国虽然与巴尔干半岛并不接壤，但非常重视塞尔维亚这位小兄弟，因为他们同属于斯拉夫人。俄国支持塞尔维亚扩张，就和奥匈帝国的利益有冲突了。

俄国和奥匈帝国有冲突，又提防着德国，而德国和奥匈帝国本来就走得近，又都对俄国有意见，就组成了联盟。这令英、法、俄这些欧洲大国更加担忧，于是它们也结成联盟。

就这样，20世纪初欧洲出现了两大阵营。一边是德国、奥匈帝国等国家组成的同盟国，另外一边是英国、法国和俄国等国家组成的协约国。这就是第一次世界大战的两大阵营。双方都加紧武装和战备，虎视眈眈。

不过，虽然已经有了两套对立的盟约、有了两个针锋相对的阵营，但是战争要真正打起来还要有一个导火索。这个导火索就是萨拉热窝事件。

要真正理解这个事件，我们得把历史的时钟往回拨一点，谈谈巴尔干半岛的近代史。

在四五百年前，奥斯曼帝国统治着整个巴尔干半岛。因为历史的原因，巴尔干半岛的民族和宗教状况非常复杂，但奥斯曼帝国非常强大，在它的强力统治下，半岛上的各民族也算相安无事。

几百年过去了，如今的奥斯曼帝国国力已经大不如前。巴尔干半岛上的很多民族，比如希腊人、塞尔维亚人、保加利亚人等，一看奥斯曼帝国衰落了，就纷纷独立，建立了自己的国家。这些民族要独立，国力衰退的奥斯曼帝国也无力阻挡。

在奥斯曼帝国的势力逐渐退出巴尔干之后，奥匈帝国趁虚而入，想要在巴尔干半岛分一杯羹。这样一来，奥匈帝国和巴尔干半岛上的许多民族发生了矛盾。而奥匈帝国在巴尔干的主要对手，正是塞尔维亚。

1908年，奥匈帝国的皇帝弗朗茨·约瑟夫宣布吞并了巴尔干半岛上的波黑地区。弗朗茨·约瑟夫这边一宣布，巴尔干半岛就炸开了锅。炸开锅的原因是，大家的意见不统一。

先来看奥匈帝国是怎么想的。早在1878年，奥斯曼帝国就把波黑地区交给奥匈帝国占领和管理。30年后，奥匈帝国觉得这个地区早就是自己的了，皇帝的宣言只不过是把事实跟大家公开说一遍而已，应该不会有什么问题。

但是，波黑人民虽然被奥匈帝国管了30年，却从不觉得自己是奥匈帝国的臣民，甚至想着有朝一日，像巴尔干半岛上的其他国家一样独立出去，建立自己的国家。同时，波黑地区生活着大量塞尔维亚族人，旁边就是刚独立的塞尔维亚王国。所以，波黑当地的一部分塞尔维亚族人觉得自己应该归入旁边的塞尔维亚王国。

就是这小小一片地方，奥匈帝国、波黑地区的人民，以及塞尔维亚王国都各有各的想法。奥匈帝国直接宣称吞并了波黑地区，其他人肯定不同意，这就为未来的冲突埋下了种子。

说完巴尔干半岛的情况，再来介绍一下萨拉热窝事件的主角，弗朗茨·斐迪南大公。

弗朗茨·斐迪南大公是奥匈帝国的皇储，也就是下一任皇帝。虽然他同情波黑地区的人民，也主张给他们更多的自由和自治权，但他毕竟是奥匈帝国的皇储，在一些激进的塞尔维亚人看来，他是阻止塞尔维亚走向强大的绊脚石。于是，斐迪南大公成了他们的目标。

1914年6月28日是非常特殊的一天。数百年前的这一天，原本在巴尔干称霸一方的塞尔维亚在奥斯曼帝国手下吃了个大败仗，从此国力越来越弱，最后直接被奥斯曼帝国吞并了。弗朗茨·斐迪南大公与夫人偏偏决定在这一天视察波黑地区的首府萨拉热窝，所以很多塞尔维亚人认为他选择这一天访问是在故意侮辱塞尔维亚人。

这天上午，一个名叫加夫里洛·普林西普的塞尔维亚大学生刺杀了正在视察的弗朗茨·斐迪南大公与夫人。普林西普自己也没想到的是，他的枪声引发了世界大战。

弗朗茨·斐迪南的死引起了一连串的连锁反应。为了报复皇储被杀，奥匈帝国入侵塞尔维亚。于是，塞尔维亚的斯拉夫盟友俄国动员了军队，准备开战。奥匈帝国的盟友德国向俄国宣战。俄国的盟友法国也动员了军队，于是德国也向法国宣战，并入侵中立国比利时。英国是法国的盟友，并且是比利时中立地位的担保人，所以英国也加入了战争。

到了1914年8月，整个欧洲都卷入了战争，第一次

萨拉热窝事件

世界大战就这样开始了。一战刚开始时，英国外交大臣爱德华·格雷爵士说了一句名言："全欧洲的灯纷纷熄灭，我们有生之年看不到它们重新点亮了。"随后几年里，奥斯曼帝国、日本和美国相继参战。

第一次世界大战爆发之初，无论在伦敦、巴黎还是柏林，大多数人都欢欣鼓舞，觉得自己的国家很快就能胜利。法国人叫嚣"去柏林过圣诞节"，德国人也以为很快就能打进巴黎。

然而，绝大多数人都忽略了一个关键的细节：在过去的四十年里，武器已经发生了翻天覆地的变化，机枪、长射程的大炮、带刺铁丝网这些新式武器登上了历史舞台。过去，这些新式武器基本上用来对付试图抵抗帝国主义侵略的殖民地人民这样没有新式武器的人，比如1898年，在非洲苏丹的恩图曼战役中，英国人用机枪对付挥舞长矛冲锋的土著骑兵。一个上午的时间，英军就消灭了1万名敌人，自己只损失了47名士兵。

但如果敌人也有机枪，会发生什么情况？

结果就是，在第一次世界大战的四年里，有大约一千万军人和六百万平民死亡。欧洲各国在第一次世界大战上纷纷用上新式武器，它们给欧洲人民带来了毁灭性的打击。

一战的惨烈还不止于此。在这场世界大混战中，欧洲的六个帝国主义国家中的四个——德意志帝国、奥匈帝国、奥斯曼帝国和俄罗斯帝国彻底灭亡；英法两国元气大伤，再也回不到鼎盛时期的国力。世界格局全面改写。

41

丘吉尔的大失败：加里波利战役

第一次世界大战于1914年8月爆发。几个参战的大国都自以为能轻松打败敌人，比如英法两国就自信地认为可以迅速打垮德军，圣诞节前回家。没想到德军的战斗力超强，一下子就深入法国境内，打到了距离巴黎很近的地方。到圣诞节，已有100万英法军人伤亡。一时间，法国陷入了生存危机。好在法国人在民族危亡的关头迸发出了极大的爱国主义热情，再加上英国人的拼死支持，总算在法国北部稳住了战线。德军的进攻势头也慢了下来，双方僵持不下，打起了堑壕战。

双方都挖掘了数百公里长的堑壕，从比利时北海沿岸的奥斯坦德附近一直延伸到法国与瑞士的边境，构成一条蜿蜒曲折的庞大战线。

堑壕内的生活是非常艰苦和危险的。防御体系由带刺铁丝网、沙袋和机枪火力点构成，堑壕内部临时搭建的住所往往潮湿、泥泞而寒冷。在如此恶劣的条件下，疫病很容易传播；比如，"战壕足"就是长时间潮湿和肮脏导致脚部感染和溃疡。包括毒气、榴弹炮和空袭在内的新武器和新战术让堑壕生活更加严酷。双方都是每隔一段时间就发动进攻，士兵爬出堑壕，徒步走向敌人的机枪火网，然后纷纷倒下。为了打破僵局而发动的大规模战役，比如1916年的凡尔登战役、1916年的索姆河战役和1917年的帕森达勒战役通常伤亡惨重，得不偿失。

与此同时，奥斯曼帝国与德国结盟，加入了战争。

当时英国政坛有一位明星，就是温斯顿·丘吉尔。丘吉尔年仅三十七岁就被任命为海军大臣，他雄心勃勃，相信自己是军事战略家。他告诉一位朋友："我有成功军人的潜力，我能在脑海里筹划大规模行动。"没过多久，他就问首相："除了让我们的军队去法国北部啃铁丝网之外，就没有别的办法吗？"

丘吉尔提出了一个解决方案，目标是迫使奥斯曼人退出战争，并让希腊、罗马尼亚和保加利亚等中立国站到协约国这边。他的计划是派一支军队进攻达达尼尔海峡，然后占领奥斯曼帝国的首都君士坦丁堡（即伊斯坦布尔）。欧洲政治家把奥斯曼帝国称为"欧洲病夫"，相信它已然奄奄一息。大家普遍认为，奥斯曼帝国的瓦解指日可待。

这个大胆的计划风险很高。首先，要派陆军在海峡北岸，即加里波利半岛登陆，夺取具有战略意义的达达尼尔海峡；然后，再派舰队北上攻打君士坦丁堡。丘吉尔知道他的计划未免过于宏大，需要相当规模的后勤准备和雄厚兵力。他写道："占领加里波利所需的代价无疑很昂贵，但此战之后就无需再与土耳其交锋。5万精锐陆军再加上制海权，土耳其的威胁就结束了。"加里波利计划要么是精彩的战略，要么是危险的赌博。事实证明，它是一场灾难。

英国陆军部拒绝调5万人给丘吉尔。在德国的军事援助之下，奥斯曼人在海峡布设了水雷。英国舰队前进的过程中触雷，损失惨重。英国陆海军高层都踌躇不决。在加里波利半岛的登陆推迟了一个月，土耳其人利用这机会向加里波利干燥而崎岖的山顶地带调遣了6万兵力，做好防御准备。德国人为土耳其军队提供军事筹划，土军还拥有一位才华横溢的年轻指挥官穆斯塔法·凯末尔。他就是后来的土耳其民族英雄"凯末尔·阿塔图尔克"。阿塔图尔克的意思是"土耳其之父"。

参加此役的还有澳大利亚和新西兰部队。这两个国家是大英帝国的殖民地，人民踊跃报名参军，支援大英帝国。澳新人民感到，参加大战是值得骄傲的民族荣誉。

1915年4月25日，英国、法国、澳大利亚和新西兰军队在加里波利半岛的一处狭窄海滩登陆。这个地点选得极差：奥斯曼人拥有先进的德制机枪，登陆部队当即遭遇暴风骤雨般的火力阻击。

接下来是长达数月的劫难。土军居高临下，防御工事巩固，协约国军队只得爬山仰攻。双方都吃苦受罪，大量军人死于伤病。协约国军队顶着酷暑多次进攻，始终不能拿下加里波利半岛。仅第一个月，他们就死伤4.5万人。加里波利战役陷入僵局，和法国的作战一模一样。士兵们蹲伏在堑壕内，战友的尸体就在附近，在阳光下腐烂。土耳其士兵受的苦难更严重，但他们是在为祖国而战，而协约国士兵可不是。

凯末尔

糟糕的计划、优柔寡断、兵力不足、部队缺乏经验、装备匮乏和盲目自信都对协约国军队造成了极大的负面影响。前线将士憎恨丘吉尔，一名英国军官在家信中写道："至于温斯顿，我希望他像这里的许多人一样，受尽折磨而死。"天气转冷，开始下雪，协约国指挥官认定继续作战无济于事。9 万大军在两周内偷偷撤离，几乎没有伤亡。撤退可能是整个战役期间协议约国军队唯一成功的行动。

双方的损失都很重。协约国伤亡可能有 20 万人，奥斯曼军队损失 25 万人。澳大利亚和新西兰的伤亡人数约

3.5万，看似不多，但这两个国家的总人口少，所以仍然是惨重损失。

虽然加里波利的灾难不能怪到丘吉尔一个人头上，比如高层给他的兵力少于他的要求；筹划和领导作战的陆海军将领昏聩无能，也要负很大责任；但是与此次战败联系最紧密的是丘吉尔。他的声望一落千丈。他写道："我完了。"他被免去海军大臣职务。为了挽回声誉，他勇敢地参军，去法国作战。

第一次世界大战末期，丘吉尔重返政坛，但加里波利战役的失败后来困扰了他27年。他在议会起身准备讲话的时候，他的政敌就叫嚷"勿忘达达尼尔！"大家普遍觉得他靠不住，判断力有问题。一位政治评论家说："加里波利的鬼魂会永远纠缠他。"

如果说加里波利战役产生了长期的影响，那么影响对象并不是英国，而是其他国家。对土耳其、澳大利亚和新西兰来说，此役都成为本国历史的重大事件。至于奥斯曼帝国，虽然它在1915年英勇奋战，但最后还是崩溃了。后来它变成共和国，凯末尔·阿塔图尔克成为首任总统。他领导土耳其走向了现代化。

在澳大利亚和新西兰，加里波利战役也被视为本国发展为独立国家道路上的里程碑。这是澳新第一次出兵作战，而战士的优良素质，即所谓"澳新军团精神"，也成为锻造澳大利亚和新西兰民族认同的关键。所以，4月25日在两国都是全国性节日，每年都有成千上万人去参观土耳其的澳新军团湾（当年澳新军团就是在这里登陆的）和战场遗址。

阿塔图尔克对在加里波利半岛战斗和死亡的所有人都表达了尊重。在加里波利战役爆发二十周年之际，阿塔图尔克曾说："你们，把儿子送到遥远国家的母亲们，擦干泪水吧；你们的儿子如今躺在我们的怀抱里，安息了。他们在这片土地失去了生命，他们也变成了我们的儿子。"在澳新军团登陆的海滩，阿塔图尔克的这一席话被镌刻在大理石上。

加里波利战役没能像丘吉尔预想的那样改变战局。英法联军还需要在欧洲战场继续"啃铁丝网"好几年。德国军队虽然拥有许多优秀的军事家和素质很高的士兵，但英国掌握了制海权，能够从海上封锁德国；而德国本土资源有限，到战争末期，甚至连吃饭都成了问题。现代战争不是看谁更勇敢善战，而是看谁的经济实力和组织能力更强。所以，德国最终战败一点都不奇怪。1918

年德国投降之后，国内爆发了革命，帝制被推翻，德国变成了一个共和国。

英法两国在一战中都损失惨重，这场战争对它们来说是极大的伤痛。法国的损失尤其大，所以战后的法国致力于对德国报复，这就使得两国的仇恨更深，为下一场世界大战埋下了伏笔。英国从一战中吸取的教训则是尽量避免战争，避免招惹德国，所以英国后来为了维持和平做出了很多错误的选择。

除了德国之外，另两个主要战败国奥匈帝国和奥斯曼帝国也都爆发了革命，推翻帝制，发生了分裂。这两个曾经的超级大国从地图上就此消失。俄罗斯帝国则在战争还没有结束时就发生了革命，一个新国家——苏联随之诞生。

第一次世界大战没有解决列强纷争的问题，反而加深了各民族之间的仇恨。所以，很多人说，世界大战并没有在1918年结束，而是中场休息，之后还会继续。那就是第二次世界大战了。

42

阿拉伯的劳伦斯与中东格局

　　在之前的世界古代史旅行中，我们了解过古代阿拉伯地区是如何发展和兴盛起来的，也讲过奥斯曼帝国成为一方霸主的故事。

　　原本拥有自己帝国的阿拉伯人成了奥斯曼帝国的臣民，但是他们并不甘于被奥斯曼帝国统治，他们依然想脱离奥斯曼帝国，建立自己的独立国家。

　　到了近代，奥斯曼帝国的国力已大不如前。18世纪末，拿破仑入侵奥斯曼帝国，欧洲其他列强也开始瓜分奥斯曼帝国的领土和属地，建立殖民地。大量领土丢失、国内政治混乱等因素都让这个曾经的欧亚霸主实力大大削弱。

一战前，巴尔干半岛民族独立浪潮兴起。阿拉伯人一看，这边奥斯曼帝国已经奄奄一息，那边很多民族都成功独立；此时正是摆脱奥斯曼帝国、建立阿拉伯国家的好机会。但是，阿拉伯人的独立之路远没有他们想的顺利，最大的阻碍就来自阿拉伯人内部。

为什么这么说？这和阿拉伯民族的构成有关系。因为历史的原因，阿拉伯人内部成分很复杂，有不同的势力派系。其中一股强大的势力是谢里夫家族，他们是先知穆罕默德的后裔，谢里夫家族的族长侯赛因统治着伊斯兰教的圣地麦加；另外一支重要的势力是沙特家族。不同势力都想占据领导地位，彼此很难团结。

阿拉伯地区的这种状态被英国人看在眼里。

第一次世界大战爆发之后，奥斯曼帝国加入同盟国，战争形势对协约国很不利。时任英国海军大臣丘吉尔想通过控制达达尼尔海峡为协约国取得优势，发动了加里波利战役，但不幸失败了。

正面进攻失败，英国人就想了一个新的办法，那就是从敌人的堡垒内部把它攻破。英国人想借助谢里夫家族的势力，在中东，也就是奥斯曼帝国的大后方掀起一场起义，这样他们就可以和阿拉伯人内外夹攻，共同打败奥斯曼帝国。谢里夫家族也希望借助英国的力量，从英国获取金钱和现代化的武器，脱离奥斯曼帝国的统治，建立自己的阿拉伯国家。

英国和谢里夫家族有共同的目标和共同的敌人，双方准备合作。于是，英国军队就派人与谢里夫家族联络，这个人就是托马斯·爱德华·劳伦斯。他当时是英国军队的情报人员，是个下级军官，过去是牛津大学的历史高材生。他精通阿拉伯语，熟悉阿拉伯文化。让他担任英国军队与阿拉伯人之间的联络员，真是再合适不过了。

为了共同抗击奥斯曼帝国，英国政府答应在战后帮助阿拉伯人建国。但是，英国政府耍了一个政治手腕，除了拉拢中东地区的阿拉伯人，还和中东地区另一个民族犹太人也达成了协议，许诺将来在今中东巴勒斯坦和以色列地区帮助他们建立"犹太人家园"。犹太人和阿拉伯人本来就在这个地区有利益冲突，彼此都认为这块地方应该归自己的民族所有。英国对双方的承诺必定实现不了。除此之外，英国还同法国有秘密协议，约定在战后与法国一同接管巴勒斯坦地区。这根本就是三个相互矛盾、相互冲突的承诺。

英国政府对阿拉伯人的承诺注定不会兑现。劳伦斯作为一线人员，开始并不知道自己的祖国如此两面三刀。后来他渐渐发现了这一点，非常痛苦。他真诚地希望帮助阿拉伯人独立建国，而英国政府则纯粹是利用阿拉伯人而已。

怎么办呢？劳伦斯想通过游击战的方式，帮助阿拉伯人在军事上取得更大优势，以便将来与英国谈判时有强大的砝码来讨价还价。

为什么要通过游击战，而不是其他方式？原来，劳伦斯凭借独特的观察力注意到，阿拉伯军队虽然纪律不严、没有组织、训练方式老旧，但是机动性强、熟悉当地的地形地貌。这些特质让阿拉伯军队更适合打游击战，而不宜去计较一城一地的得失，更不能与敌人打阵地战。

于是，他率领阿拉伯人以游击战术破坏奥斯曼军队的铁路、桥梁、燃料储存仓库……阿拉伯人的游击战打得很成功。这些出色的战绩与劳伦斯的英明领导分不开。他也因此获得了一个绰号，叫作"阿拉伯的劳伦斯"。

值得一提的是，劳伦斯是军人，也是作家。在行军

身穿阿拉伯服装的劳伦斯

过程中，他一直在写作。他的著作《智慧七柱》记述了他亲眼见证、亲自参与的"阿拉伯大起义"的经过，也可以算是一部自传，一出版就迅速走红。就连英国国王和王后，以及丘吉尔都非常崇拜劳伦斯。

劳伦斯希望阿拉伯人能在自己武力夺取的地方建立国家。但是最终，英国撕毁了与阿拉伯人的协议，联合法国占领了巴勒斯坦和叙利亚地区。换句话说，阿拉伯人被英国人愚弄了。阿拉伯人的战斗和牺牲最终换来的是英国人的背叛。

这让劳伦斯非常痛苦。尽管他功成名就，在英国也很受大众的崇拜，但他拒绝接受国王的授勋，后来隐姓埋名，在军队里当了一名小兵，最后死于车祸。这是一个理想主义者的悲剧。

谢里夫家族借助英国人的力量建立大阿拉伯国家的理想没有实现，中东地区也在欧洲大国的干预下四分五裂。首先，沙特家族建立了沙特阿拉伯。英国两面下注，同时支持了谢里夫家族和沙特家族。沙特家族实力也不容小觑，打起仗来非常强悍。他们在第一次世界大战之后打败了谢里夫家族，把后者从麦加驱逐出去，然后建立了今天的沙特阿拉伯这个国家。

其次，谢里夫家族的后裔建立了约旦和伊拉克王国。丘吉尔担任英国殖民事务大臣时，曾在劳伦斯的建议之下对谢里夫家族稍作补偿，扶持谢里夫家族族长侯赛因的两个儿子分别建立了约旦王国和伊拉克王国。阿拉伯世界就这样被分割成多个国家。

中东的另一个重要地区巴勒斯坦则由英国控制。犹太人虽然自古是巴勒斯坦地区的主要民族之一，但在公元1世纪被罗马帝国驱逐出去之后，就成了一个在全世界流浪的民族。19世纪，很多犹太人主张回到巴勒斯坦圣地，重新建立自己的国家。但是这时候，阿拉伯人已经在巴勒斯坦生活了数百年，在他们看来，巴勒斯坦应该属于阿拉伯人。

一战后，犹太人想要建立独立国家的愿望愈发强烈。越来越多的犹太人回到巴勒斯坦，与居住在那里的阿拉伯人的摩擦冲突也越来越大。但英国人还在用老把戏：两边承诺，但承诺都不兑现。

还有一股势力是埃及。19世纪中后期，埃及已经被英国殖民势力控制了。埃及政府在一战后实际上仍是英国的傀儡。中东的其他地区，比如叙利亚、黎巴嫩，原本就是法国的殖民地，战后还是由法国继续接管。

一战后中东的格局大致就是这样形成的。说完一战时期中东的情况，下一站我们再回到欧洲，看看一战时期一些重要的战役。

43

从索姆河到停战：
第一次世界大战

在讲到加里波利战役的时候我们提到过，英法联军和德军在欧洲西部陷入了僵局，双方挖了大大小小的堑壕，打起堑壕战。即使有堑壕的保护，双方的损失依然很大，而且还是分不出个胜负高低。

1916 年，一战进入白热化阶段；这一年也是战争史上死亡人数最多的年份之一。在西线战场，英法军队和德军之间发生了两次规模庞大的战役，延续了将近一整年，各方总伤亡达到 200 万人。这就是凡尔登战役和索姆河战役。

我们先来说说第一场重大战役，就是著名的索姆河战役。

一位德国军官曾说："索姆河，整个世界史上不可能有比这更恐怖的词。"从这句话，咱们可以看得出，索姆河战役非常残酷。

1916年，英法军队为了缓解战线压力，决定在法国北方的索姆河区域实施作战，突破德军的防守，并计划把德军击退到法德边境，从而获得战争优势。7月1日，在连续一周使用大炮轰击敌方阵地之后，英法军队在索姆河流域发动进攻，德军拼死防守。

因为双方都使用了新式武器，杀伤力非常大，索姆河战役死伤无数。一位曾在索姆河作战的英军上尉描述死尸"堆积起来……成了六英尺高的小山。温热的人血在阳光照耀下发出一种独特的令人作呕的气味，我当时觉得永远没办法把这气味从我鼻孔里赶走了"。数百万人在24公里长的战线上厮杀。战役首日，英军就损失了将近6万人。

索姆河战役一共持续了140天。树木被炮弹撕成碎片，飞机扫射、轰炸敌军阵地，坦克首次投入实战。英法军队在1916年11月停止进攻，花了4个月，仅仅前进了11公里，为了这11公里，协约国方面付出了死伤约60万人的代价。

双方都不能说自己是胜利者，英军总司令道格拉斯·黑格爵士这样评价索姆河战役：协约国在索姆河的战斗帮助法国在同样血腥的凡尔登战役中坚持了下来。索姆河的残杀没有取得什么成果，血腥的战争还将继续下去。

黑格提到的凡尔登战役是一战中破坏性最大、时间最长的战役，伤亡人数仅次于索姆河战役，被称为"凡尔登绞肉机"。

凡尔登是法国东北部的一座小城市，邻近通往巴黎的交通要道，有"巴黎钥匙"之称。德国要想拿下法国，凡尔登是必经之地。1916年，和英法联军处于僵持状态的德军决定拿下凡尔登，扭转胶着的战况。他们的想法是，一举夺取凡尔登，不仅能沉重打击法军士气；而且占领了凡尔登，就打通了德军迈向巴黎的通道；占领了巴黎，法国不攻自灭了。剩下的英、俄两军也就没什么好怕的。

德军准备了1200门大炮和大量兵力，准备先发制人。法军在德军的猛烈炮火下伤亡惨重，战役的第一天就失守了第一道防线。但德军没想到的是，法军的援军马上就赶到了。当时法军总司令、著名的霞飞将军一看前线抵挡不住，当即下令组织3900辆卡车给前线输送士兵和物资。短短一周内，法军就补充了19万兵力和2.5万吨弹药及其他物资。这是战争史上第一次大规模的公路输送。

法军在凡尔登坚守了5个月之后，索姆河战役打响，德国没法在凡尔登投入更多的兵力，法军逐渐收复了失去的阵地。

1916年12月，凡尔登战役以法军胜利宣告结束，整场战役双方伤亡人数近100万人。可以说，这次决定性战役是第一次世界大战的转折点。德国从这场战役开始逐步走向最后的失败。

之前我们讲过，一战之所以死伤无数，一个很重要的原因就是交战双方都用上了新式武器。你可能也注意到了，前面说到索姆河战役的时候，我提到了坦克。这是坦克第一次在战场上正式运用，不过第一次大规模使用坦克还是后来的康布雷战役。

索姆河战役时，坦克刚研发出来不久，整场战役英国只投入了18辆。但到了1917年康布雷战役时，参战的坦克数量达到了400辆。这些坦克还有不同的功能，有的专门用来作战，有的给其他坦克提供补给，还有的装载了无线电，专门在战场上与后方指挥进行联络。虽然坦克最后没有为英国赢下康布雷战役，但是这场战役对战争史的贡献非常大，坦克被证实能够大规模地运用到战场上，并发挥非常大的作用。从此以后，各国都开始将坦克投入战场，战争面貌发生了巨大改变。

除了坦克之外，另外一种新技术也改变了战争的面貌，那就是飞机。

第一次世界大战爆发之初，人们甚至没想过飞机还能作战。这不仅是因为飞行技术还很新鲜，还因为国际法禁止飞机配备武器。然而，在一战开始几周之后，飞机就发挥了强大的作用，比如，侦察机可以提供有关敌方军队行动的宝贵情报。

到1915年7月，德国已经研发并装备了能配机枪的双翼战斗机，机枪可以透过旋转的螺旋桨发射。不久之后，英国、法国也都有了自己的战斗机。

　　一战期间最著名的战斗机飞行员是德国的曼弗雷
德·冯·里希特霍芬。他是一位普鲁士贵族，1915年转入
德国空勤部队。他是航空史上最著名的王牌飞行员之一，
是第一次世界大战中击落敌机数量最多的飞行员，官方
数字公布的最终战绩是80架敌机。他经常驾驶一架红色
的战斗机，射击技术非常高超，再加上他有贵族血统，
人们把他称为"红男爵"。里希特霍芬还获得了"蓝马克
斯勋章"，这是当时德国最高的军事荣誉。虽然是王牌飞
行员，但里希特霍芬还是在索姆河上空阵亡了。就连敌

传奇飞行员曼弗雷德·冯·里希特霍芬

人对他也很尊敬。澳大利亚军队为他举行了特殊的军事葬礼。澳大利亚军官为里希特霍芬扶灵，仪仗队鸣枪致敬。协约国空军的一些单位送来花圈。其中一个花圈上写着"致我们勇敢而高尚的敌人"。

在第一次世界大战期间，除了坦克和飞机，战舰也发挥了重要的作用。日德兰海战就是历史上规模最大的战舰对决，250艘舰船在丹麦的北海海岸附近集结，经过36小时的战斗，总共有25艘舰船沉没。英国皇家海军的规模比德国海军大，所以即便在此次战役中英军损失更多，但总的来讲英军仍然占上风。英国皇家海军通过这场战役证明自己有能力维持对德国的海上封锁，这也是一战中协约国能取得胜利的重要原因。

但决定一战战局的不是飞机、坦克和战舰，而是新盟军美国的加入。1917年4月6日，美国国会以绝对多数票决定参战，反对德国。从这时开始，第一次世界大战同盟国失败、协约国胜利的结局就基本确定了。

1917年之前，美国保持中立，只为协约国提供金钱、物资和弹药。为什么后来美国要加入战局呢？欧洲国家在欧洲打仗，与美国有什么关系？原来，德国潜艇在大西洋横行就已经让美国不满；1917年1月美国收到情报称德国正在煽动墨西哥入侵美国，这就让美国忍无可忍了。

决定参战之后，美国迅速扩充军力，征募了400万人。1918年春天，大批美军陆续抵达法国。美军的强大兵力在欧洲战场上发挥了重要作用，最终迫使德军和其他同盟国军队撤离法国并接受停战。

1918年10月底，其他同盟国眼看德国在法国吃了败仗，再与强大的协约国抗衡已经没有胜算，于是纷纷开始寻求停战，开展和谈。不久之后，德国代表在法国北部贡比涅附近的一节火车车厢内签署了停战协定，该协定于11月11日上午11时正式生效。第一次世界大战结束了。

战败之后的德国，从帝制走向了共和制。但是，战争的乌云一直笼罩在德国人的头顶。德国在一战中的失败也为它发动二战埋下了种子。

44

两战之间：

从《凡尔赛和约》到纳粹上台

1918年11月，第一次世界大战终于结束了。德国国内爆发了革命，德国皇帝威廉二世被迫退位。德国从一个君主国变成了共和国，人们习惯称它为"魏玛共和国"。魏玛共和国并不是一个正式的称呼，人们之所以这么叫，是因为这段时期德国实行的宪法是在魏玛这座城市召开的国民议会上通过的。

不过，对战败的德国来说，建立共和国可能还不算是最大的变化。为什么这么说呢？战后第二年，也就是1919年，英国、法国这些赢家强迫德国签署了《凡尔赛和约》，其中规定了一系列极其严苛的条款。比如，德国的一些工业区被其他欧洲国家占领，德国军队的规模被限制在10万人以下；另外，条约还要求德国缴纳1320亿马克的战争赔款——很显然，这是一个天文数字。

战胜国狮子大开口，虽然有报复的因素在内，不过它们更主要的目的还是想尽可能削弱德国的实力，防止德国元气恢复之后再次挑起侵略战争。

那么，我想问问你，英法这么做能不能达到这个目的呢？今天，我们已经知道了后面的历史，再回过头来看，就会发现《凡尔赛和约》实在是太苛刻了，以致于起了适得其反的作用：德国人被套上了如此沉重的枷锁之后，迟早有一天会在愤怒中爆发。

1919年，英国的经济学家凯恩斯写了一本书，针对《凡尔赛和约》可能引发的后果做出了预言。他写道："这种把德国的整整一代人化为奴隶的政策……即便没有为整个欧洲文明的毁灭播下种子……也应当是可鄙的、令人憎恶的。"

法国人也未必不知道这一点。当时有一位法国元帅曾经说："这不是和约。这是期限二十年的停战协定。"也就是说，法国人很明白德国人将来一定会报复，所以爆发新的战争只不过是时间问题。

　　对战败的德国来说，更糟糕的还在后面。没过两年，经济危机爆发了。《凡尔赛和约》要求的巨额赔款远远超出了德国的能力，更何况好几年的战争早已经让德国经济一蹶不振。为了还债，德国政府开始大量印刷纸币，所以德国很快就出现了严重的通货膨胀。

　　通货膨胀是什么意思？简单地说，物价普遍上涨，同样的东西变贵了，那么同样面值的钱能够买到的东西不就少了吗？换句话说，钱的购买力下降了。上世纪20年代，德国的情况就是这样。德国货币的单位是马克，战争结束不久，大约50马克可以兑换1美元。然而，从那时起德国货币就开始稳步贬值。1920年2月，1美元可以兑换99.11马克；1921年11月，1美元可兑换262.96马克。1922年7月，1美元可兑换670马克。1922年12月，1美元可兑换7368马克。随后马克兵败如山倒，到1923年11月末，1美元居然可以兑换4 210 500 000 000马克！

　　随着马克金额后面的0越来越多，物价持续飙升。1923年7月16日，柏林一张电车票的价格是3000马克，

7月30日涨价到6000马克，8月20日涨价到10万马克。在通货膨胀最严重的时候，一杯啤酒要1500亿马克，一片面包要800亿马克，一块酸菜要40亿马克。马克纸币完全是废纸。柏林人用面值1000马克的钞票点烟，用数百万马克的纸币擦屁股。

奥地利大作家斯蒂芬·茨威格在回忆录里生动地描绘了当时德国的乱象："早晨用五万马克买一份报纸，晚上就得用十万马克……我给我的出版商寄一部我写了一年的手稿，为了保险起见，我要求立即预付一万册的稿酬，可等支票汇到，面值还不够顶一星期前寄稿件的邮资……十四天以后我就会在排水沟里见到面值十万马克的钞票：那是一个乞丐看不上眼而扔掉的。一根鞋带比先前的一只鞋还要贵，不，比先前拥有两千双鞋子的一片豪华商店还要贵……刚刚成年的男孩在港口捡到被人遗忘的一箱肥皂，就可以坐着小轿车兜几个月风，因为只要每天卖出一块肥皂，就可以生活得像贵族一般。"

当然了，那些等着德国交赔款的战胜国肯定不愿看到这种局面。法国不再接受现金形式的战争赔款，而是派遣军队直接从德国的工业区掠夺原材料。这就对德国造成了更大的打击，也让很多德国人更加仇恨法国，对

"无用"的魏玛共和国更加不满。

这个时候，美国站了出来。美国向德国提供了大量投资，帮助德国经济恢复了正常。但是，超级通货膨胀已经严重地损害了魏玛共和国的公信力，也让狮子大开口的战胜国显得面目可憎。雪上加霜的是，德国政治和经济的双重灾难已经酝酿出了一些极端主义政治运动的萌芽。回头看这段历史，可以说，那些像废纸一样的钞票早早地决定了德国的未来。

具体来说，因为在丧权辱国的《凡尔赛和约》上签了字，魏玛共和国在德国人心中就成了一个背负国耻的政府。另外，共和国的改革不够彻底，大量反对共和民主的保守派仍然掌握着权力和财富，再加上广大人民的生活蒙受了严重的经济困难，所以魏玛共和国的政权长期处于风雨飘摇的状态。

无能的政府、糟糕的经济、愤怒的民众……种种因素的共同作用之下，德国出现了许多极端思想，比如主张洗雪国耻、撕毁《凡尔赛和约》、重建军队、向法国报仇、恢复德国的旧疆界，乃至扩大德国的国土、争取"生存空间"，等等。

1920年，一个当时默默无闻的小党在德国成立。后来，它发展成了"民族社会主义德国工人党"，也就是我们熟悉的"纳粹党"。"纳粹"这两个词实际上是该党德文名称缩写的音译。1921年，纳粹党迎来了一个新领袖，阿道夫·希特勒。

希特勒根本不是德国人，他出生于奥地利，第一次世界大战期间在德国的军队里当过兵。对于《凡尔赛和约》，他和很多德国人一样，充满了怨恨。不过，除此之外，他还有一整套不合逻辑的反动思想，包括种族主义、反犹主义、反马克思主义、强烈的极端民族主义等。我们可以将这些思想合称为法西斯主义。

你可能会想，法西斯主义既荒唐又恶毒，这是显而易见的事情，为什么会有那么多人赞同希特勒呢？

我想告诉你，当时的德国人和今天的你不一样。德国的国民自信心正处在低潮，人们内心充满了仇恨、抱怨、沮丧和愤怒，这些负面情绪越积越多，就等着找到一个突破口发泄出来。而希特勒是一个很有感染力的公共演说家，他特别擅长用简单易懂的语言讲普通民众爱听的话、煽动他们的情绪。希特勒很快就找到了自己的听众，这些人非常愿意听他的爆炸性演讲。接着，他又成功地把这些听众转化成了他的追随者，也就是纳粹党人。20世纪20年代初，纳粹党在德国南部的巴伐利亚迅速扩张，影响力越来越强。到1923年，希特勒已经做好准备，要尝试夺权了。

这一年秋天，自信的希特勒在慕尼黑发动了一次政变，也就是所谓的"啤酒馆政变"。希特勒相信，夺取巴伐利亚政权然后控制全德国的时机已经成熟了，于是，他和慕尼黑的著名政治家卡尔一起密谋，打算发动反叛，先进军柏林，然后推举战争英雄埃里希·鲁登道夫为德国的新领导人，开创一个新时代。

但是，就在希特勒摩拳擦掌、打算大干一场的时候，卡尔却打了退堂鼓，放弃了这个计划。希特勒感到既失望又不甘心，于是，在11月8日这天晚上，他带着几名得力干将和600名冲锋队员包围了一家啤酒馆。卡尔当时正在那里发表演讲。

希特勒带人闯入啤酒馆，他用左轮手枪放了一枪，然后宣布要推翻巴伐利亚政府。

这个夜晚的气氛很紧张。不过，第二天上午，这些叛乱者走上慕尼黑街头的时候，显然还没有做好准备。他们既没有明晰的计划，也没有足够的力量。警察和他们发生了一场小规模枪战，最后，纳粹党人被驱散了。

希特勒被控犯有叛国罪，但是，他在监狱里服刑的时间只有一年多一点，而且在里面还享受了优待。利用坐牢的这段时间，希特勒向手下口述了一部回忆录，也就是那部臭名远扬的《我的奋斗》。书里全都是他宣扬仇恨的极端思想。

啤酒馆政变期间的纳粹分子

在这段时间，以及整个20世纪20年代，纳粹党都被视为由暴徒组成的边缘群体，很多人觉得它不过是一个笑话，不把它当回事。但是，希特勒出狱之后，很快就东山再起，获得了更大的名望和影响力。到了1933年春天，希特勒已经手握大权，成为了德国的独裁者。

希特勒是怎么做到这一点的呢？

一个重要原因是1929年到1933年，发生了一场席卷整个欧美世界的经济危机，也就是"大萧条"。希特勒把德国民族主义者对《凡尔赛和约》的怨恨与普通德国人对大萧条时期艰难困苦的不满结合了起来，用富有煽动性的语言竭力鼓吹极端反犹和反共思想。他让人们相信，德国的困难是这些国内敌人造成的，而法西斯主义才是让德国摆脱困境、恢复荣光的出路。

从1929年起，纳粹党在德国大选中稳步取得进展，在议会中的势力越来越大。另一边，纳粹党的打手们在街头斗殴中也击败了别的派别。就这样，凭借着希特勒的个人魅力和打手们的打打杀杀，再加上咄咄逼人的宣传攻势，纳粹党在1932年11月的国会选举中赢得了最多的席位，成为德国第一大党。

当时的德国总统兴登堡年纪已经很大了，在旁人的劝说之下，他在1933年任命希特勒为德国总理。就任不到两个月，希特勒就施展一系列手段为自己的独裁统治铺平了道路。第二年，兴登堡总统去世，但是德国没有举行新的总统选举。内阁通过了一项法案，把总统的权力也转交给希特勒，并且整个德国的军队都开始向希特勒宣誓效忠，而不是向国家宣誓效忠。从那以后，德国走上了军国主义的道路。新的战争危机已经在酝酿之中。

45

艰辛时代：大萧条与罗斯福新政

在开始这次的历史旅行之前，我要先和你说一件发生在美国的怪事。

1932，美国爱荷华州的很多农民把自己辛辛苦苦生产的牛奶全倒掉了。爱荷华州是美国的农业和畜牧业重镇，养奶牛的农民成千上万，你可以想象有多少牛奶被白白浪费掉了。

这还不算，在农民米洛·雷诺的领导下，人们还封锁了公路，拦截搜查过路的卡车。如果发现卡车上装着牛奶，农民们就不由分说地冲上去，把车上的牛奶全都倒进路边的水沟。

爱荷华州旁边的威斯康星州也发生了奶农把牛奶倒掉的事件。在威斯康星州，奶农们每天闯入乳品厂三次，把十几吨的牛奶倒在地上。

要弄清楚这件怪事，就要说到美国的社会大背景了：当时的美国正处于大萧条当中。我在前面介绍希特勒崛起的时候，也提到过1929年至1933年发生了一场席卷整个欧美世界的经济危机，这场经济危机就始于美国的大萧条。

在一战结束后，大家都觉得仗打完了，生活就回归和平了，美国人更是对此深信不疑。之前提到过，正是因为美国加入了协约国的阵营，战争才得以快速结束，所以当时的美国人觉得自己的国家非常强大，未来的生活一定会很美好。

但是，谁也没想到，美国的金融中心纽约华尔街发生了当时历史上最严重的金融危机，股市大崩溃。怎么个崩溃法？所有股票只跌不涨，很多投资股市的人都破产了。很多企业也把资金投到股市，这又导致了大量企业破产。企业破产了，员工也就失业了。当时，每4个美国人中就有1个丢掉了工作，失业人数高达1370万人。

有工作的人日子也不好过，因为企业收益不好，员工的工资也跟着大幅减少。

一边是千百万人破产、失业，工资减少；另一边企业为了保持利润，维持食品、生活用品等商品的价格，丝毫不降价。人们没钱买东西，把持着企业的资本家也不降价销售，可以说整个美国的经济活动都趋于停滞。

不降价就没人消费，资本家最后还是只好把商品的价格降下来。商品价格是降下来了，那利润怎么办？为了保证利润，资本家把剥削的大刀挥向了向负责生产的农民、工人。

在棉花田里，最强壮、手脚最麻利的熟练工人，从太阳升起一直辛苦劳作到太阳下山，一共14个小时，一天也赚不了1美元。一个农民花1.1美元把羊送到市场，最终得到的回报还不到1美元。

养奶牛的农民算了一笔账，发现收牛奶的经销商只花2美分，就能从他们手上买到1桶牛奶，奶农根本赚不到钱。可如果不及时把牛奶卖掉，牛奶坏掉就更亏了。而这桶牛奶一运到城里就能卖8美分。经销商光买入卖出，就能赚上6美分。奶农拼死拼活地生产，最后还是要亏本。

罗斯福

这就是前面提到的那件"怪事"发生的原因。奶农被资本家们剥削得太狠，他们宁愿把牛奶毁掉，也拒绝做亏本买卖、让资本家挣钱。

大萧条是美国自独立战争和内战以来面临的最严重危机。在独立战争和内战时期，美国都出现了带领人们走出逆境的总统，他们就是华盛顿和林肯。在大萧条背景下的20世纪30年代，美国也出现了这样一位受人爱戴的领导人，他就是罗斯福总统。

在1932年的大选中，纽约州的州长富兰克林·德拉诺·罗斯福以压倒性优势取胜，当选为美国总统。

值得一提的是，罗斯福双腿瘫痪，需要坐轮椅。但身体的残疾并没有压倒他，他凭借乐观向上和坚忍不拔的精神，成为美国总统，并将用自己的精神来鼓舞全体美国人。

在就职演说当中，罗斯福指责大萧条出现的主要原因就是资本家对利润的追求。他这么说道：

"贪得无厌的银行家的种种行径，将受到舆论与法庭的起诉，将受到人类的唾弃……幸福并不在于单纯地占有金钱；幸福还在于取得成就后的喜悦，在于努力创造时的激情。我们务必不能再忘记劳动带来的喜悦和激励，而去疯狂地追逐那转瞬即逝的利润。"

罗斯福正式就职之后，立刻开始他的"新政"，着手解决大萧条出现的问题。

罗斯福"新政"的口号是"救济、复兴和改革"。"救济"指的是解决千百万失业人口和贫困人口的生存问题；"复兴"的意思是把经济恢复到正常状态；"改革"则是进行长期的政治和经济改革，从根本上解决大萧条问题。为了给全国人民鼓舞斗志，罗斯福还发明了"炉边谈话"，就是通过无线电广播向全国人民定期讲话，解释自己的政策。当时的美国，家家户户都有收音机，人们一般会用收音机来收听新闻。通过无线电和收音机，美国全国上下的百姓都能知道罗斯福要怎么给国民解决困难。

我们先来看罗斯福是怎么解决"救济"问题的。罗斯福的第一步就是建立了许多有利于救济工作的新机构，比如"联邦紧急救济总署"。这个机构主要给美国各州政府拨款，让他们有钱来开展救济工作。联邦政府拨给州政府的钱相当于今天的98亿美元，看得出罗斯福总统是下定决心要解决大家的问题。还有一个叫"公共工程管理局"的机构，负责主持大规模的公共基础设施建设，比如修建堤坝、桥梁和学校。为什么要建这些基础设施呢？修建大型工程需要大量人力，这些工程一开起来，数百万人的就业难题就能解决了。罗斯福还建立了美国的社会保障法案体系，为老年人、短期失业者、儿童和残疾人提供社会保障，最容易受到经济危机影响的弱势群体得到了政府的照顾。

接着是振兴经济的"复兴"措施。罗斯福建立了美国史上最大的国有企业——田纳西河谷管理局。这个机构在田纳西河建造水坝和发电站，一来能控制田纳西河的洪水，二来能为田纳西州增加收益。管理局还在田纳西河谷地区推进农业现代化，改善农民的家庭生活条件，让长期处于贫困状态的田纳西农民生活有了新的变化。

在"改革"方面，罗斯福对银行体系进行了革新。在新政之前，银行存款是没有制度保障的。也就是说，如果银行破产，那么你存在银行里的钱一分钱都拿不回来。现在，法律规定银行必须保障储户——也就是存钱者的利益。

罗斯福还打击垄断的大工业，推动工会运动，保护工人的利益，比如规定了工作时长的上限和最低工资。新加入的工会会员数以百万计，他们都成了罗斯福的铁杆支持者。

不过，罗斯福也做出了一些比较有争议的决定。比如，为了节约政府开支，他大量削减军队开支，包括减少退伍军人及其家属的福利金，这引起了激烈的反对。

在罗斯福新政推行的过程中，一位受雇调查和记录美国贫困情况的调查员拍下了大萧条时期最著名的一张照片。这位调研员名叫多萝西·兰格，她是一位摄影师。1936年，她在加利福尼亚101号高速公路的沿线遇见了一位满面愁容的年轻母亲，给她拍了一张后来闻名世界的照片。为了养活十个孩子，这位名叫弗洛伦斯的母亲带着孩子们到全国各地寻找采摘蔬菜的艰苦工作。和其

他千百万美国人一样，弗洛伦斯一家浑身脏兮兮、饥肠
辘辘、身无分文，完全代表了当时美国人的生活状况。
今天很多人一想到"大萧条"这个词，脑海里立即浮现出
这张照片。

美国新政实施不久，弗洛伦斯一家后来的生活条件
就得到改善，但在当时，这张照片迅速成为经典，打动
了千百万人的心。

"新政"让美国经济得以复苏，增强了美国人的自信。
"新政"引发的争议，以及"新政"的长期后果，至今仍
然是美国历史学家探讨的话题。不过，历史学家们普遍
认可，罗斯福是美国历史上最受人爱戴的总统之一，他
的总统任期在美国政治和社会当中划出了一条崭新的分
界线。罗斯福也是唯一一位在任超过两届的美国总统。
除了挽救美国经济，他还领导美国打赢了第二次世界大
战。罗斯福当了四届总统，最后于1945年4月，也就是
第二次世界大战期间在任上去世。

46

非暴力不合作：
圣雄甘地与印度独立运动

在第一次世界大战期间，大英帝国调动了它分布在世界各地的殖民地，为战争提供兵力。之前介绍加里波利战役时，我们提到了澳大利亚与新西兰士兵的英勇奋战。其实，英国的另一个主要殖民地印度也积极参与了帝国的战争事业。

第一次世界大战爆发后，英国募集了超过100万的印度士兵。只靠英国人，是招不到这么多士兵的。除了英国人，还有很多印度人也积极鼓动和组织印度人参战，帮助宗主国英国赢得战争。当中，有一位著名的印度人莫罕达斯·甘地，也就是我们熟知的"圣雄甘地"。

你可能知道，甘地是领导印度人反对英国殖民统治的民族英雄，那么，他为什么会号召印度人为了英国去抛头颅洒热血呢？

要弄清楚甘地的转变，咱们还得先从他年轻时说起。

甘地出生在印度西部的一个富裕家庭，父亲还当过一个小国的首相，他的生活条件比当时很多印度人好很多。十八岁的时候，甘地就远渡重洋去英国留学，并获得了律师资格。当时的甘地非常害羞，怎么看都是个普通的年轻人。不过，有一件事情可以让我们了解到他的过人之处，那就是他拥有坚韧不屈的品格。

甘地是素食主义者。在伦敦时，他加入了一个素食主义协会。这个协会的领导人名叫阿诺德·希尔斯，是当时英国社会德高望重的大人物。希尔斯比甘地年长十几岁，对这个远在异乡、勤奋刻苦的印度人很器重。甘地也对他很敬仰。

但是，因为一件事情，甘地却和希尔斯发生了争执。原来，协会里有一位成员在宣传新发明的避孕手段。这其实是社会进步、女性地位提升的好事，但是思想保守的希尔斯认为这是不道德的，想把他逐出协会。甘地却认为这位成员有权坚持他的立场，希尔斯不应当把他开除。

在决定是否开除这位成员的会议上，甘地写了一份辩护书，想为他辩护，但是甘地太害羞了，没有公开讲话的勇气，只好请朋友代他朗读。这位宣扬进步的成员最后还是被协会开除了，不过这件小事却体现出了甘地勇于捍卫自己的立场、敢于挑战权威的精神。

成为律师之后，甘地就到南非去工作了。当时的南非也是英国的殖民地，社会等级森严，处于社会顶层的是白人，而土著黑人和大量的外来印度移民处于社会底层，种族歧视非常严重。尽管甘地是个在伦敦大学受教育、获得了英国律师资格的高级知识分子，但作为印度人，他到南非之后还是立刻就感受到了严重的种族歧视。比如，在公共马车上，他不能和白人乘客坐在一起；有一次他在大街上行走时被警察无缘无故一脚踢进阴沟；还有一次，他明明买了火车一等座的票，却被警察赶出车厢，害得他在火车站的冷风里坐了一夜。

甘地刚到南非的时候，认为自己"首先是英国人，然后才是印度人"，但亲眼观察和亲身经历的种族歧视让他开始对"英国人"这个身份产生了怀疑。渐渐地，甘地对以英国人为代表的白人群体大失所望。他坚定地站出来，为捍卫印度人的权利而斗争。身为律师，又有着坚韧、不畏强权的性格，甘地很快就成了影响力很大的印度民权领袖。

甘地的影响力有多大？第一次世界大战爆发之后，就连印度副王，也就是在印度最高级别的英国官员，也请他来帮助英国招募印度士兵。这就是开头提到的，英国为了打败同盟国向各个殖民地征召士兵的事情。

甘地同意了，他认为："我们必须有自卫的能力，也就是使用武器的能力。所以我们有义务参军。"他也希望能用印度人的流血牺牲换取英国政府的让步，让他们给印度人自治的权利。

然而，战争结束之后，英国政府还想像以前一样统治印度，只愿意开展有限度的改革，而不肯给印度人自治权。这与要求自治的印度人民的利益是冲突的。甘地见英国政府没有兑现承诺，就不再拥护英国政府，开始坚决地反对英国的殖民统治。在甘地的带领下，印度各地都开展了反对英国统治、争取自治的运动。

1919年，印度发生了臭名昭著的阿姆利则惨案，英国政府和印度人民的冲突升级了。这一天，在阿姆利则市，一支英国军队向和平示威的印度人开枪，造成数百人死亡，数千人受伤。这件事让甘地更坚定了为印度争取独立的决心。但是，他并不希望更多的印度人在流血冲突中受伤，甚至失去生命。他坚决反对暴力，主张用非暴力不合作的策略。

什么是非暴力不合作呢？简单来说，就是印度人民通过不流血的方式，身体力行地向英国政府发出抗议。这些方式包括绝食抗议、不与英国政府合作、抵制英国商品、抵制英国学校、辞退政府工作、拒绝缴税，放弃英国政府授予的称号和荣誉，等等。

除此之外，甘地还主张印度人拒绝穿英国生产的服装，所有印度人都应该穿由本国土布制成的衣服。甘地宣传说，印度女性，不论贫富，应该每天花一定的时间织布，来支持独立运动。印度社会重男轻女很严重，在很多人看来，女性不应该参加独立运动这种政治事务。甘地鼓励鼓励女性从事纺织业，相当于把女性也拉进了独立运动，这样的举措非常进步，也赢得了广大印度女性的支持。

因为甘地成功地影响了印度各个阶层，大部分印度人都在支持独立运动，所以他被英国政府视作眼中钉。为了打击甘地，英国政府多次将他投入监狱，但他毫不畏惧，坚持斗争。

1930年，甘地将注意力集中于一种简单又常见的商品：食盐。你可能会想，食盐不是厨房里的佐料吗，跟印度的独立运动又有什么关系呢？

圣雄甘地在纺纱时会见印度第一任总理尼赫鲁

原来，英国政府不仅垄断了印度的食盐生产，而且向印度人销售食盐时还会大幅加价。甘地推断，如果印度人拒绝服从英国颁布的食盐法，就会给英国政府造成巨大的经济损失，这就达到了不使用暴力也能打击英国政府的目的。这年3月，甘地离开修行地，开始徒步前往三百多公里外的印度西海岸，打算在那里利用海水制造食盐。甘地自己造盐的做法当然是违反英国法律的，但他依然坚持这么做。他在往印度西海岸走的时候，不断向追随者重复自己的理念："我们决心动用一切资源，开展非暴力的斗争。"

　　一个月后，甘地到达盐场时，已经有成千上万人追随他。虽然甘地在去往盐场的路上没有使用暴力对抗英国政府，但英国政府并不会因此放过他。很快，甘地被逮捕，坐了好几个星期的牢。他的许多追随者也遭到警察的殴打，但他们都坚持甘地的拒绝暴力的理念，不管警察怎么打他们，他们都不还手。

　　甘地的抗议具有重要的象征意义，在印度各地激发了更多的食盐反叛和其他形式的"公民不服从"运动。英国政府气急败坏、对印度人民进行暴力镇压，这也让外界看到了英国在进行殖民统治时，并不会真正考虑殖民地人民的利益。

印度人民争取自治的运动一直在持续，直到第二次世界大战给印度带来了独立的机会。二战期间，印度人积极参加英国军队，为打败纳粹德国和日本法西斯做出了巨大的贡献。共有250万印度人参加了二战。印度人为大英帝国所做的贡献和牺牲那么大，英国人也没有办法继续阻挠他们独立了。

二战结束之后的1947年，印度正式独立。但是，原先的印度被拆分成了两个国家，以印度教徒为主的印度和以穆斯林为主的巴基斯坦。这也被称为印巴分治。再后来，孟加拉又从巴基斯坦分裂出去。

印巴分治的本意是尽量避免伊斯兰教和印度教之间的冲突，却还是酿成了大祸。分治的计划执行得非常仓促，在印度还有大量信仰伊斯兰教的穆斯林居民，而巴基斯坦境内也有大量的印度教徒。这些人突然间成了少数群体，两国政府也没准备好安置他们的措施。

这样的局面很快就引起了种族主义者和宗教极端主义者的不满。印巴分治后不久，印度旁遮普地区就发生暴乱和种族屠杀，约20万至50万人在屠杀中丧生。大约1400万人民为了躲避谋杀、"种族清洗"和暴乱而背井离乡，这是人类历史上最大规模的迁徙之一。

　　分治的本意是避免内战，却造成了血腥和恐怖的混乱。看到这些冲突和悲剧，甘地非常伤心，这和他当初主张的"非暴力不合作"大相径庭。不愿意看到印度人民自相残杀的甘地开始绝食，并告示大家，停战之后他才会进食。他的努力使局势一度稳定。但是，1948年1月，一个狂热的印度教徒认为甘地对穆斯林的态度过于温和，刺杀了甘地。

　　印度总理尼赫鲁在甘地去世后这么评价他："光芒已经走出我们的生命，现在遍地一片漆黑。"看得出，甘地对印度乃至整个世界都产生了重要的影响。

47

格尔尼卡的伤痕：西班牙内战

在上一站历史之旅中，我们讲述了印度人民在甘地的领导下追求独立自治，但最终又因为印巴分治而发生流血冲突的故事。而在欧洲，西班牙人民也一样经历了严重的内部动乱。

西班牙是第一个向美洲殖民的国家。从某种意义上说，世界的近代史就是由西班牙开启的。正是因为西班牙抢占了殖民优势，所以在 15 世纪到 16 世纪，西班牙也曾经是欧洲大陆一霸。

但是，回顾我们的历史旅程，你就会发现在之后的三百多年里，欧洲霸主变成了英国、法国等列强，西班牙早就排不上号了。到了19世纪末和20世纪初，曾经无比强大的西班牙帝国已经成了一个相对落后和贫穷的欧洲国家。

为什么会出现这种情况呢？

原因有很多。比方说，从18世纪到19世纪，西班牙经历了好几场战争，损失惨重；19世纪末，西班牙的很多美洲殖民地也都独立了；更要命的是，西班牙的政治体制混乱，这严重阻碍了它的发展。

英法等欧洲强国早已发展出比较完善的议会民主制，可直到20世纪初，西班牙的政治体制还是更接近古老的封建专制。虽然从名义上来说，西班牙有宪法也有议会，但是从政府到军队，大部分重要职位上坐着的还是传统的保守派贵族和地主。他们霸占了绝大多数的土地和资源，过着奢侈的生活，平民百姓的日子却非常困苦。另外，当时西班牙各地的发展很不均衡：东北部的加泰罗尼亚省已经有了现代化的工业，也有了风起云涌的工人运动；可更多的地方还是落后的中世纪风格的农业地区。由于一些历史原因，巴斯克和加泰罗尼亚等地区的人民并不认为自己是西班牙人，他们不太服从中央政府，反而要求自治，甚至是独立。总之，20世纪初的西班牙就像一个火药桶，随时可能爆炸。

1936年2月，西班牙举行了一次大选。参选的主要有两大派，一派是支持变革的左翼联盟，其成员包括社会主义者、无政府主义者和资产阶级自由派等；另一派是更保守的右翼联盟，其中包括民族主义者、保王党、贵族、地主、天主教会、保守派军人、法西斯分子等。西班牙的众议院一共有473个席位，一个党派获得超过半数的席位，就可以组织政府。由于当时很多西班牙人都希望通过改革来改变现状，所以左翼联盟获胜并组建了新政府。可是，愤怒的右翼联盟并不打算接受这个结局。在保守派政治家佛朗哥将军的领导下，右翼联盟发动了军事政变。左翼联盟也不甘示弱，组织了武装力量来保卫刚刚诞生的共和国。于是，西班牙内战爆发了。

内战从1936年开始，持续了整整三年。可以说，这是整个20世纪最血腥的冲突之一，西班牙被它彻底撕成了"两半"：一半是佛朗哥将军领导的国民军，一半是左翼联盟领导的共和国。国民军在政治上是保守派，他们捍卫西班牙的传统思想、支持天主教会维持原有的崇高地位，对阶级结构的态度也非常保守，换句话说，就是他们希望官员和地主们继续当"上等人"，贫穷的百姓继续当穷人。共和国则代表主张变革的一方，他们希望改善劳工的生活条件，让数百年来饱受压迫的农民过上好日子，还要解放女性。你可能看出来了，这一时期的西班牙共和国受到了马克思主义和俄国革命的影响。

战争就在这两派之间展开了。这是一场漫长、血腥、令人精疲力竭的战争。兄弟相残，国家分裂。无论是国民军还是共和国，都显示出令人难以置信的野蛮和凶残。屠杀随时随地都可能发生，成千上万的人被搜捕、关进

佛朗哥

集中营或者被直接打死。

二者相比，国民军的军事力量更强一些，不过西方世界总体上更同情西班牙共和国。尽管欧洲的大多数国家和美国都保持了中立，但很多欧美人自发加入了国际旅，为共和国战斗。英国的著名作家乔治·奥威尔也是其中一员，后来他写了一本书叫作《向加泰罗尼亚致敬》，记述了他在共和军参与战斗的经历。他写道："如果你问我为什么要参加民兵，我的回答是：'反抗法西斯主义。'如果你问我为什么而战，我的回答是：'为了基本的体面。'"

不过，并非所有国家在西班牙内战中都选择中立，还有三个国家有组织地干预了这场战争，那就是苏联、德国和意大利。你可能猜到了：共产主义苏联支持的是西班牙共和国，法西斯德国和意大利站在国民军一边。三国所提供的援助规模相差甚远：苏联的援助并不是特别有组织；德国不但送去了武器装备和军事战略专家，甚至还送去了一支强大的空军。纳粹德国怎么这么"慷慨"呢？这一方面是出于政治上的考虑；另一方面，德国利用这次机会进行了第二次世界大战的彩排，在西班牙试验了各种新式武器和空战策略。尤其值得一提的是，他们测试了空中闪电战的威力，用飞机大规模地轰炸了平民。

1937年4月26日，德国飞机出现在西班牙西北部上空，对小城格尔尼卡发动了空袭，大约两三千人在袭击中丧生。如果只看死亡人数，这在当时并不算是规模特别大的战斗。但是，这场空袭震惊了整个西方世界，因为在此之前，至少在理论上，打仗只是军队之间的事情，交战双方都不会去攻击不参与战斗的平民，无论对方是哪国人。但是，在这次空袭当中，非战斗人员，也就是手无寸铁的平民也成了攻击目标。可以说，这和屠杀没什么区别。格尔尼卡事件发生之后，西方世界纷纷谴责德国。你可能听说过西班牙著名画家毕加索的代表作《格尔尼卡》，这幅著名的战争油画讲的就是这件事。

佛朗哥的国民军在得到纳粹德国的帮助之后，实力更强了。虽然战争刚开始的时候，共和国控制着首都马德里和加泰罗尼亚地区的首府巴塞罗那，军队作战也十分英勇，但他们最终还是没能打赢国民军。1939年1月，在经历了无数次狂轰滥炸之后，巴塞罗那陷落。随后，佛朗哥的军队为了报复支持共和国的加泰罗尼亚人，在巴塞罗那烧杀抢掠了好几天。数万名巴塞罗那难民翻山越岭逃到了法国南部。

随后，佛朗哥政府开始压制加泰罗尼亚地区所有和自治相关的迹象：禁止人们说加泰罗尼亚语，加泰罗尼亚报纸被查禁，连加泰罗尼亚风格的名字都不让用了。不过，加泰罗尼亚人不会忘记他们遭受的苦难，也从来没有放弃追求自由。事实上，一直到今天，加泰罗尼亚还有自己的独立运动，很多加泰罗尼亚人要求脱离西班牙独立。如果你关注国际新闻，可能看到过相关的消息。

1939年4月1日，西班牙内战正式结束，共和国灭亡了，国民军取得了胜利。从那以后直到1975年去世，佛朗哥一直是西班牙的独裁者。在佛朗哥掌权期间，内战这个话题在西班牙是绝对的禁忌，人们不能谈论这场战争，更不可能详细探讨谁犯下了怎样的暴行。由于这个原因，西班牙内战的死亡人数一直无法确定，有人估计死者数量可能高达100万，而当时西班牙的人口一共也只有2600万。

1975年佛朗哥死后，西班牙人民再一次迎来了自己的国王，也就是波旁王朝的胡安·卡洛斯一世。在人们的努力下，西班牙成为实行君主立宪制度的民主国家，迅速自由化。不过，佛朗哥的阴魂仍然纠缠着西班牙，谈论西班牙内战依然是一件很困难的事情。

48

第二次世界大战：

丘吉尔与英国的至暗时刻

　　在第二次世界大战之前，英国几乎一直充当着世界局势的主宰者。那时候的英国比所有欧洲邻国都富裕，也比其他的世界大国更积极地参与全球政治。英国海军是世界第一，空军也不错，就连它规模不大的陆军，也在全球享有盛誉。

　　这么一个世界霸主，在二战时期却经历了巨大的危机，甚至险些亡国。历史上称为英国的至暗时刻。

　　要理解是什么危机让曾经的欧洲霸主经历生死攸关的至暗时刻，我们还得去了解二战是怎么发生的。

之前介绍一战后的德国时，我们讲过德国人对《凡尔赛和约》非常憎恨，大萧条的冲击更使国家经济陷入崩溃。趁此时机，纳粹党崛起，德国走向了军国主义的道路。

在大萧条的影响下，德国是这个样子，其他国家的情况也令人担忧。法西斯主义就借着这个机会发展起来了。西班牙内战、日本发动九一八事变都和法西斯主义盛行脱不开关系，世界局势日趋紧张。

1939年9月，德国对波兰发动闪击战，第二次世界大战在欧洲战场打响了。纳粹德国在西班牙内战中的军事试验马上就看到了成效，训练有素的德军迅速占领了波兰、比利时、荷兰、丹麦、挪威等国家，欧洲国家接连沦陷，乌云在欧洲大陆上空盘踞。

1940年，在纳粹德国的强大攻势下，英国在对德战线上节节败退。实力强大的英国海军和空军遇到了劲敌，难以取胜。最糟糕的是，面对纳粹狂潮，英国陆军开始崩溃了。25年前的第一次世界大战期间，英国远征军曾是阻止德国占领法国的决定性力量；1940年，英国远征军和欧洲大陆的其他军队一样，被德军轻松击败。

欧洲战场上接连失利，德国军队迅速占领了西欧大部分地区，英国还是第一次遭遇如此危险的局面。这时候，战争经验丰富的温斯顿·丘吉尔被英国政府推举为首相。

因为加里波利战役的失败，很多英国人都觉得丘吉尔没有资格担任这个重要的职务。在宣布他成为首相的时候，英国议会无人喝彩，鸦雀无声。丘吉尔在后来的回忆录中写道："我一辈子都在为了这个时刻、这番考验而做准备。"他回忆起了许多年前在加里波利的失败，明白自己现在必须成功。

1940年5月，刚刚被任命为首相的丘吉尔在伦敦发表演说，向大众宣布了目前欧洲黑暗的军事形势。他说："敌人很快就会向我们大举进攻。"

欧洲老牌强国法国被希特勒的战争机器打得落花流水，最后也沦陷了。丘吉尔相信，英国就是德国的下一个目标。他说，现在自由世界的命运取决于英国的抵抗。如果希特勒取得更多进展，那么文明的西方将会"陷入新的黑暗时代的深渊。被扭曲和滥用的科学的光芒会让这个黑暗时代更加歹毒，或许还更加漫长"。

法国沦陷时，法国和比利时边境还有大量与法军并肩作战的英国远征军。为了保存这部分力量，英国政府决定把40多万英法军队撤往英国。这就是发生在1940年5月的敦刻尔克大撤退。

　　敦刻尔克是法国北部的一座港口城市，和英国只有一海之隔。在德国军队的接连追击下，英法联军撤退到敦刻尔克，40多万英法联军唯一的生路就是从这里撤回英国。英军海军中将伯特伦·拉姆齐是这次撤退行动的总指挥。

　　一开始，只有海军的船只参与救援。拉姆齐很快发现，要把所有人救出来，仅靠海军的力量完全不够。为了凑齐足够多的船只，拉姆齐向英国政府申请动员所有

丘吉尔

英国人参加这次大撤退。英国人把自家的渔船、救生艇都拿了出来。900多艘大大小小的船只在英国皇家空军的掩护下穿过海峡，趁着敦刻尔克的防线还在坚持，尽可能多地救出滞留在海岸上的士兵。

这场撤退非常困难，德国的海军、空军实力强劲，而陆地上，德国陆军也非常凶猛。海滩上的环境极其凶险，英法官兵排成队在沙丘之中苦等了将近一周，德国空军的飞机不断飞来，用机枪扫射他们。

拉姆齐原来以为只能救出4万多人，但整个撤退行动迅速高效，共有30多万人被救出。但敦刻尔克海滩上一片狼藉，数千门大炮被丢弃在法国沿海，联军还抛弃了数万车辆与数十万吨燃料、弹药和其他物资。

在随后几个月里，英国遭到了德国的全面围攻，全英国的人民经历了一段非常黑暗的日子。

在天上，是德国的轰炸机隆隆作响。1940年夏秋两季，德国空军对英国的机场和港口设施发动了轰炸。1940年底，德国空军开始大规模轰炸英国城市，摧毁了伦敦、考文垂、格拉斯哥和其他几十个重要城镇的大片区域，大量英国人死于德军轰炸。为了躲避德国的轰炸机，英国人民只能在防空洞等地下设施里生活。

在海上，德国潜艇把不列颠群岛团团围住，切断了英国与外界的贸易联系。德国人盘算：既然轰炸不能让英国屈服，那没有饭吃你们总归会投降吧。因为物资紧缺，英国国内几乎所有东西都只能按固定额度配发给大众，人们只能获得一些必要的食物、衣服等生活用品来维持基本的生存。

面对这样凶残的攻击，英国政府里有很多人相信努力与希特勒议和才是英国活下来的唯一出路，并要求丘吉尔与希特勒开启和谈。但是丘吉尔拒绝了，并努力激励英国人民继续战斗。

丘吉尔在议会中发表了坚持抗击法西斯的演说，还向全英国人民发表了广播讲话，鼓励所有英国人民团结一心，共同打击敌人。他在一次著名的演讲中宣布："我们将不惜一切代价保卫本土，我们将在海滩作战，我们将在敌人的登陆点作战，我们将在田野和街头作战，我们将在山区作战。我们绝不投降。"

丘吉尔认识到，英国在这场战争里要争取生存机会，必须赢得美国的支持。于是，他和他的政府开始寻求与美国政府合作，请求美国人援助。在丘吉尔的努力下，1941年春，美国国会同意向英国无偿提供战争物资。价值数十亿美金的食品、燃油和机器被运过了大西洋，超过了弥补敦刻尔克损失所需的数额。

1941年底，美国人给英国送去了第二件礼物：美国正式加入了战争。罗斯福总统宣布，他的第一步打算不是集中力量打败日本，尽管日本已经攻击了珍珠港的美国人；美国将奉行"德国优先"的政策，首先支援英国。

丘吉尔最终带领英国人民打赢了德国，获得了二战的胜利。他也成了英国人坚毅不屈精神的象征，当时的美国新闻界描述他为"在正确时间做正确工作的正确的人"。

丘吉尔带领英国人民度过了至暗时刻。今天我们回顾历史，可以说，英国人民选择坚持抵抗而不是跟纳粹和谈，对于二战欧洲战场局面的扭转，起到了至关重要的作用。

49

第二次世界大战：从北非到广岛

上一章，我们介绍了二战前期英国经历的"至暗时刻"。第二次世界大战作为人类有史以来规模最大的战争，波及的范围远远不只是西欧这一个地方。我们这就来说一说二战其他几个重要战场上的转折点。

第一个转折点发生在北非的大沙漠。

1940年到1941年，希特勒的军队一边横扫欧洲，一边在北非开辟了第二个战场。一开始，是希特勒的盟友——臭名远扬的意大利独裁者墨索里尼派军队入侵了英国的殖民地埃及。埃及的战略意义非同一般：谁占领了埃及，谁就得到了地中海的南岸、就能控制苏伊士运河。要知道，苏伊士运河当时可是连接英国与印度和澳大利亚等地的重要补给线。

墨索里尼的如意算盘虽然打得很响，可是意大利军队的能力并不足以实现他的野心。很快，意大利人就被埃及的英国守军打得惨败。为了支援意大利军队，也为了得到埃及，希特勒派出手下的大将隆美尔将军，让他率领装甲军团来到北非。

隆美尔是一位军事奇才，他手里的兵力和物资都比英军差得很远，可是他竟能用一堆木头造的假坦克把英国人骗得晕头转向，然后将他们分割、包抄，一块一块地"吃"掉英军，夺走了他们的物资补给。结果，在相当长的一段时间里，隆美尔把英军打得落花流水。英国人束手无策，反而很佩服隆美尔，连丘吉尔都说他是一位伟大的将军。

隆美尔在北非的大沙漠中把"兵不厌诈"发挥到了极致，所以人们给他起了一个绰号，叫作"沙漠之狐"。不过，隆美尔虽然拥有天才的战术，但德军的致命问题却不是能靠战术解决的，那就是缺少补给。在沙漠中，补

蒙哥马利

给至关重要。德国要把援兵和物资输送到北非，必须跨越地中海才行，而德国到埃及路程遥远。当时地中海的制海权和制空权还牢牢地掌握在英国人手里。所以，隆美尔的部队很难得到增援和物资补给。英军在物质和兵力上的优势渐渐显现出来。此外，在英军当中，又出现了一位优秀的将领蒙哥马利将军，在他的领导下，英军的战斗力得到了不小的提升。

1942年的10月到11月，在北非发生了著名的阿拉曼战役。德军缺乏补给，又接连中了英国人的计策，最后几乎弹尽粮绝，输给了英国人。阿拉曼战役是二战中盟军面对纳粹取得的第一次重大胜利。虽然北非的战斗后来还持续几个月，但是可以说，隆美尔在北非沙漠取得的成功已经随着阿拉曼战役的失败而结束了。1943年5月，德国和意大利军队在突尼斯被盟军打败；随后，盟军乘胜追击，攻入意大利。9月，意大利向盟军投降。今天，人们普遍认为，阿拉曼战役是二战的一个重要转折点。

除了阿拉曼战役，还有一个重要转折点，那就是发生在苏联的斯大林格勒保卫战。事实上，德军入侵苏联与隆美尔在北非作战，差不多发生在同一时间。北非的隆美尔一直得不到有力的援助，与德军迟迟无法从苏联战场分身有一定的关系。我会在《少年二战史》中详细介绍斯大林格勒保卫战，欢迎你去看。

在1941年前后的这段时间，除了北非和苏联战场的重大战事，还发生了一件非常重要的事，那就是日本轰炸了美国在太平洋上的海军基地珍珠港，今天人们通常把这次事件称为"偷袭珍珠港"或者"珍珠港事件"。珍珠港事件最重要的影响，就是美国加入了二战。

1941年12月7日，日本在没有宣战的情况下，派出300多架战斗机和轰炸机对美国夏威夷珍珠港军事基地发动偷袭。经过几个小时的狂轰滥炸，十几艘美军舰船被摧毁或者遭到重创，300多架飞机被炸毁或击伤，2400多名美国士兵死亡，还有1000多人负伤。而日军的损失几乎可以忽略不计。

珍珠港遭到了毁灭性的打击，而偷袭事件完全出乎美国人的意料，民众感到非常愤怒。事件发生的第二天，美国总统富兰克林·罗斯福发表了著名的《国耻演说》。他表示，发生珍珠港事件的这一天是"一个耻辱的日子"。就在这一天，美国对日本宣战了。换句话说，美国成了同盟国的一员，要和其他盟国一起反对纳粹。

珍珠港事件改变了二战的进程——如果没有这起事件，二战持续的时间恐怕还要长得多。为什么这么说呢？因为当时美国已经是全世界最强大的国家之一，它拥有大量的人口、雄厚的财力和顶尖的工业水平，可是，它是一个中立国。尽管在珍珠港事件的前两年，美国也向盟国提供了一些金钱和物资援助，但是总体而言，美国一直是抱着明哲保身的态度。面对这么一个强大又中立的美国，英国人是千方百计地想要把它拉到盟国这一边，希特勒则非常不愿意看到美国太早加入战争。结果，因为珍珠港事件，美国在1941年12月8日正式向日本宣战。

四天之后，德国也向美国宣战。

进入战争状态之后，美国就开始用它庞大的工业力量为盟国的事业服务，对抗纳粹。事实证明，珍珠港事件虽然造成了惨重的损失，但是对美国而言还远远不到难以承受的地步。日本激怒美国的行为，给协约国招来了一个危险而强大的敌人。

不过，在太平洋战场，日本一开始打得很顺利。1942年上半年，日军接连入侵了新加坡、新几内亚、所罗门群岛和缅甸，甚至还轰炸了澳大利亚。直到1942年6月，在太平洋的中途岛爆发了中途岛海战，日本顺风顺水的局面终于被美国海军打破了。

中途岛海战之前，日军两艘航空母舰在战斗中受损，无法参战，这就缩小了美国舰队和日本舰队的实力差距。日本海军的无线电密码也被美军破译了一部分，这就让美军可以提前了解日军的战术。

6月初，在中途岛附近海域，美军发现了日本海军机动舰队，双方爆发激烈的战斗。最终，美军付出了一艘航母的代价，击沉了日军的四艘航母，对日本海军造成了沉重打击。

日军落败之后，很快就乱了阵脚。事实上，从入侵中国开始算起，到中途岛海战这个时候，日本人的战线已经拉得太长了，而他们的敌人——美国、英国、苏联和中国已经重整旗鼓，准备发起反攻。

1942年8月，盟军以美国海军陆战队为先锋，攻入所罗门群岛的瓜达尔卡纳尔岛（简称"瓜岛"），目标是阻止日军建立战略性的空军基地。8月6日到7日夜间，美军趁着夜色在瓜岛登陆，打了日军一个措手不及。不过，美军没能速战速决。在接下来的半年里，发生了一场残酷的陆海空混合战斗。由于瓜岛属于热带气候，岛上炎热潮湿，热带雨林遍布，美军和日军的损失都很惨重。尽管当时人人都知道日军迟早是要失败的，但是他们一直坚持到第二年的2月才终于从瓜岛撤退。

瓜岛战役也是一次具有转折点意义的战役。在瓜岛战役之前，太平洋战场上的日军和盟军还能打成平手；瓜岛战役之后，这种势均力敌的局面就开始发生变化了，胜利的天平逐渐向盟军倾斜。在1943年11月的开罗峰会上，美国总统罗斯福、英国首相丘吉尔和中国当时的领导人蒋介石发表联合声明，宣布要"坚持艰苦、漫长的作战，最终迫使日本无条件投降"。

我们先回到欧洲。苏联红军在1945年初逼近了德国首都柏林。4月底，希特勒在柏林自杀。5月2日，柏林向红军投降。5月7日和8日（欧战胜利日），阿尔弗雷德·约德尔将军和威廉·凯特尔元帅代表德国签署了无条件投降书。欧洲战争结束了。

不过，在亚洲战场，日本还在抵抗。1945年春天，包括东京在内，日本的十几座城市已经被盟军的燃烧弹炸得面目全非，日本还是不肯投降。之后，两颗原子弹就分别落在了广岛和长崎这两座城市，至少有16万日本人在原子弹的威力下丧生。

由于害怕遭到更多的核打击，再加上苏联也发出了咄咄逼人的威胁，当时在位的日本裕仁天皇终于同意投降了。1945年8月15日，裕仁天皇有生以来第一次通过无线电向全日本人民讲话。他说："如仍继续作战，则不仅导致我民族之灭亡，并将破坏人类之文明。"

至此，第二次世界大战终于结束了。

50

反犹主义

战争是非常残酷的。在纳粹德国主宰下的欧洲，发生过一场邪恶残酷的屠杀，那就是犹太人大屠杀。

希特勒领导下的纳粹德国是一个反犹主义的国家。什么叫反犹主义呢？以希特勒为例，他相信德国人是最优秀的民族，而犹太人是低劣的民族，没有资格生存。他要消灭犹太人，为优秀的德国人争取"生存空间"。

今天我们当然知道，反犹主义和其他任何形式的种族主义一样，是极其荒唐的，也是罪恶的；但是在那个时候，反犹主义十分盛行。

反犹主义的历史也是非常悠久的。在遥远的古代，绝大多数宗教都是多神教，而犹太教是一神教，这就让犹太人很难融入其他社会，被其他势力（比如罗马帝国）征服之后也很容易与征服者发生冲突，于是遭到更残酷的镇压。比如罗马帝国就占领了耶路撒冷，摧毁了犹太教的圣殿，迫使犹太人从此流亡到全世界。

有了基督教之后，很多基督徒认为犹太人是害死耶稣的凶手，所以基督徒对犹太人也抱着敌视和歧视的态度，这种宗教层面的反犹主义一直持续到今天。

在中世纪欧洲，因为犹太人在社会层面遭受歧视，被禁止拥有土地或者从事很多行业，所以他们往往经商或者从事放债（用今天的话说就是银行业和金融业）。这让他们很容易遭到忌恨和抢掠，并遭到基督徒的迫害、驱逐甚至屠杀。欧洲出现了很多莫名其妙的阴谋论，比如说犹太人举行宗教仪式的时候会杀死基督徒的儿童作献祭，黑死病是犹太人造成的，等等。有很多愚蠢的人相信这些丑恶的谣言，更有很多用心歹毒的人故意造谣传谣，以达到自己的目的（比如欠了犹太人的钱但想赖账）。我们之前在介绍西班牙宗教裁判所的时候，就讲过西班牙驱逐犹太人的行动。类似的驱逐和迫害犹太人的事件在很多国家都发生过。

到了近代，又出现了新的阴谋论，说犹太人要掌控各国的财政和统治集团，犹太人要主宰世界等等。

具体到德国，我们之前讲过，在弗里德里希大王的时代，普鲁士是比较宽容的，犹太人在普鲁士和之后的德国能够安居乐业，成为社会的重要组成部分，对德国的经济文化发展都很有贡献。但是，反犹主义的潜流一直存在，等到国家陷入危机的时候就会爆发出来。

在第一次世界大战期间，德国损失惨重，于是就有人把犹太人当作替罪羊，在毫无根据的情况下说犹太人不爱国、不肯参军。但实际上，在一战期间，德国犹太人普遍是非常爱国的，并且踊跃参军。当时，德国犹太人的总人口大约55万，其中有约10万人参军，比例将近五分之一；而德国总人口中参军的比例约为六分之一。德国犹太人有8万人上了前线，其中12 000人阵亡（比例为15%，而整个德国陆军的阵亡比例是11%）。35 000名犹太军人获得勋章，23 000人获得晋升。从这些数据来看，甚至可以说犹太人比德意志族的人更爱国。

反犹分子可不管真相是什么。等到德国战败，他们又诬陷是犹太人造成了这场灾难。在30年代初德国严重的经济危机期间，老百姓的生活太苦了，于是很多居心不良的人——包括希特勒在内，就煽动反犹的仇恨情绪，说人们的苦难都是犹太资本家造成的。在当时的德国，从事银行业、金融业和商贸的犹太人很多，其中成功人士也很多，但要说犹太人主宰了德国的经济，那纯属胡扯，何况绝大部分德国犹太人都是爱国者。

希特勒强大的演说能力给反犹情绪添火浇油。还没当上德国元首时，希特勒就在自传里写满了荒诞不经的反犹言论。他成为德国元首、掌握大权之后，对犹太人的骚扰、迫害和后来的大规模谋杀更是成了纳粹政策的核心目标。

1933年希特勒掌权之后，犹太人就被禁止在医药、法律、电影和新闻等行业工作。犹太儿童被德国学校开除。犹太人被禁止拥有农田。1935年通过的《纽伦堡法案》剥夺了德国犹太人的公民权和基本权利。犹太人和非犹太人的婚姻被禁止。与此同时，疯狂的反犹宣传在为这些法律摇旗呐喊。

1938年11月9日至10日夜间，纳粹的准军事组织冲锋队在德国全境发动了一系列反犹迫害活动，对犹太会堂和犹太人商店进行打砸抢烧。数千家商店遭到严重破坏，被砸碎的玻璃像水晶一样在月光下闪闪发光。这一夜也因此被命名为"水晶之夜"。

后来，纳粹党的宣传部长戈培尔在向外国媒体发表讲话时宣称，这些反犹活动是德国人民自发的行动。戈培尔的说法是彻头彻尾的谎言。纳粹对犹太人的迫害很快会变得更加凶狠和残酷。

波兰是当时欧洲犹太人数量最多的国家。德军于1939年夏季入侵波兰之后，首都华沙落入纳粹魔爪。这对华沙的大量犹太居民来说是一场灾难。

纳粹在波兰的总督先是强迫犹太人佩戴白色袖章来表明身份，冻结犹太人的银行账户，然后将犹太人从郊区和乡村集中到华沙市中心。3米高的围墙把华沙犹太人隔离区环绕起来，隔离区面积仅3.4平方公里，却容纳了40万人。区内生活条件极其恶劣，口粮供应仅有每人每天150大卡，相当于一天只吃两根香蕉。

1942年，纳粹开始将犹太人押上火车，送往东边的特雷布林卡集中营，在那里通过枪决和施放毒气等手段杀害他们。

纳粹建立了很多集中营和灭绝营来大规模地屠杀犹

太人，除了特雷布林卡之外，还有臭名昭著的奥斯维辛集中营和布痕瓦尔德集中营。

以布痕瓦尔德集中营为例，自1937年以来，布痕瓦尔德集中营接收了将近25万囚徒，他们都是根据纳粹的凶残意识形态政策被选来受死的，其中包括犹太人、战俘、斯拉夫人、残疾人和精神病患者。超过5万人在布痕瓦尔德死亡：被绞死、被枪杀、饿死、劳累至死，或者被当作残酷的医学实验对象。

了解了纳粹对犹太人惨无人道的迫害。下面请你跟我一起思考一个更深入的问题：普通的德国人对犹太人的死负有责任吗？

对于这个问题，很多德国平民的说法都是：屠杀犹太人的事情都是希特勒和他的爪牙党卫军做的，我们不知情，更没有参与。这实际上是一种虚弱无力的自我辩解。为了屠杀数百万犹太人，德国投入了大量人力物力，军队、警察、看守就不说了，运输数百万犹太人需要铁路，大量的铁路员工在那么多年里怎么可能什么都看不见、什么都不知道呢？逮捕和运输犹太人的时候，德国

德国控制下的波兰的奥斯维辛集中营。

一些匈牙利犹太人经火车到达的场景，绝大部分被直接送往毒气室

百姓怎么可能什么都看不见、什么都不知道呢？

数百万犹太人突然失踪，留下了空荡荡的房子和财产。这些财物一部分进了纳粹党干部的口袋，一部分也分给了普通的德国人。难道他们不会奇怪，这些东西是从哪里来的？参与逮捕、运输和屠杀犹太人的德国军人和警察多不胜数，他们也做不到守口如瓶，还是会泄露真相。所以，"一切都是纳粹党的错，与德国老百姓无关"，这是一个谎言。普通人是犯罪的共谋者和受益者。

这并不是说，每一个平民都是罪犯。但德国社会作为一个整体参与犯罪，这是不争的事实。好在战后德国也做了比较真诚的忏悔，并且花了很大力气来检讨反思，并教育下一代。

上面说的是平民的情况。那么，那些直接参与屠杀的德国军人、警察和其他公务人员呢？他们为自己辩解的常用借口是："那都是上级的命令，我只是服从命令而已。如果我不服从命令，我自己会受惩罚。"这个谎言同样是可耻地为自己开脱。

其实，纳粹党和党卫军领导人也知道，执行大屠杀是一件非常可怕的事情，所以对于部下他们是不强求的。也就是说，假如上级命令一个党卫军士兵去屠杀犹太人，如果他不能照做，是可以向上级说明的。按照党卫军领导人希姆莱的命令，这名士兵会立刻被调离，不会受惩罚。

那么，选择服从命令的那些人，全都是可怕的恶魔吗？其实他们很多都是普通人出身，比如工人、农民、医生，甚至拥有博士学位的学者。他们为什么会做出杀人的行径，这就是一个值得思考并存在争议的话题了。我是这么认为的：一个恶的制度，会把普通人变成恶魔；而一个善的制度，会约束普通人内心中的恶。不知道你是怎么看的呢？

纳粹的屠杀一共夺去了1500万至2000万人的生命，其中包括600万犹太人。这是罄竹难书的罪行，也为后来的人们敲响了警钟。

51

刺杀元首：反对希特勒的德国人

　　盟军成功登陆诺曼底不久，纳粹德国的元首希特勒遭遇了一次几乎致命的刺杀。不过，这场刺杀并不是盟军安排的，而是德国内部的反对者发动的，刺杀者名叫克劳斯·冯·施陶芬贝格。

　　施陶芬贝格出身贵族，是一位优秀的军人，也曾是希特勒的崇拜者和支持者。早在1932年希特勒还没上台的时候，施陶芬贝格就鼓吹希特勒的种族思想和对外侵略意图。为了掌控权力，希特勒屠杀了纳粹党内的一些反

施陶芬贝格伯爵

对派，也杀了一些对他不很忠诚的军官。但施陶芬贝格
并不觉得希特勒这么做是践踏法律，反而为他鼓掌喝彩。

希特勒仇恨波兰人和犹太人，施陶芬贝格照单全收。
1939年战争爆发，施陶芬贝格所在的部队参加了对波兰
的进攻和占领行动。他完全赞同侵略波兰，也认同把所谓
"低贱"的波兰人当作奴隶劳工。战争初期德军的轻松胜
利让施陶芬贝格感到陶醉，觉得元首真的是个军事天才。

但是，在苏联前线，施陶芬贝格亲眼目睹的一些事
情让他逐渐开始了心灵深处的转变。根据一位战友的说
法，施陶芬贝格曾经在部队里公开表示：屠杀犹太人是

犯罪，不能再继续下去了。虽然之前施陶芬贝格和当时的很多德国人一样是种族主义者，歧视犹太人，但他亲眼看到成千上万的犹太人、战俘、平民被枪决然后丢进万人坑，听说了集中营和灭绝营的惨剧之后，还是被震撼了。

不久之后，施陶芬贝格被调往北非，加入了隆美尔元帅的非洲军。1943年4月，施陶芬贝格遭到美军战斗机的扫射，失去了左眼、右手和左手的两根指头。身体的痛楚，德军在斯大林格勒惨败的消息，再加上在北非亲眼目睹美军压倒性的物质优势，这一切都让他深刻地体会到：德国必败，希特勒正在把德国引向地狱。于是，施陶芬贝格开始积极地与其他志同道合的人士联络，筹划刺杀希特勒，推翻纳粹政权，争取与西方议和，给德国留一条生路。

施陶芬贝格等人一起设计了一个"女武神"计划。他们的设想是：在杀死希特勒之后，发布假命令，以希特勒的亲信党卫军叛变为借口，让陆军控制各大城市、解除党卫军的武装并逮捕纳粹领导人，然后建立新政府并与西方盟国停战。

可是，派谁去刺杀希特勒呢？希特勒所到之处守卫森严，普通人别说见到他了，就连他人在哪里都不知道。

施陶芬贝格因为作战受伤成了战斗英雄，受到了希特勒的赏识。希特勒把施陶芬贝格提拔到重要的岗位上，这就让他有机会时常见到希特勒。于是，施陶芬贝格决定亲自执行刺杀计划。

就在施陶芬贝格做好行刺准备的时候，西方盟军已经在诺曼底登陆。眼看德国就要战败了，刺杀和政变还有意义吗？

施陶芬贝格感到困惑，就去问他的同志特雷斯科。特雷斯科的回答是："无论如何都一定要刺杀。即便刺杀不成功，柏林的政变也必须发动。现在的问题不是政变有没有实际意义，而是要向全世界、向历史证明，为了反对希特勒，德国的抵抗运动愿意付出自己的一切。"

也就是说，他们愿意以自己的生命为代价，证明德国人并非都是纳粹，德国人并非都没有良心。施陶芬贝格坚定了决心。

1944年7月20日，刺杀的机会终于来了。希特勒召唤施陶芬贝格前往他的大本营参加会议，施陶芬贝格悄悄在手提箱里带了两颗定时炸弹。

本来会议要在一个混凝土碉堡里进行。那样的话，因为空间密闭，炸弹爆炸的威力会非常大。但是因为天气太热，会议地点改到了一间木屋，并且木屋的窗户都是打开的。这一点会对爆炸的效果产生很大影响，但施陶芬贝格也没有别的办法了。

紧接着，第二个不利因素出现了。会议临时改了时间，从下午1点提前到了12点半。施陶芬贝格匆忙找了个借口，拎着手提包来到洗手间，对炸弹进行最后的调试。但因为他失去了右手，左手又只有3个手指，操作起来很困难。就在他争分夺秒地操作时，一个警卫敲门催促他快点，会议马上要开始了。于是施陶芬贝格只准备好了一枚定时炸弹，把另一枚交给副官，后来丢弃了。如果有两枚炸弹同时爆炸的话，希特勒必死无疑；但因为只有一枚炸弹可用，威力减半，再加上木屋是开放空间，所以情况并不乐观。

施陶芬贝格迟到了。他走进会议室，向希特勒问候，和高级将领们打了招呼，然后落座，把装有炸弹的公文包放在会议桌下，尽可能靠近希特勒。这个会议桌也值得一说，桌腿就是一块厚实的大木板，对爆炸的冲击波具有一定的防御作用。这是第三个不利因素。

可以想象，此时的施陶芬贝格，听着高级将领们的报告和希特勒的唠叨，神经绷得紧紧的。这种时刻，只有具备钢铁般顽强的意志，才能像施陶芬贝格那样保持镇静，不露马脚。

几分钟后，施陶芬贝格借口接电话走出会议室。他离开后，地上的公文包被一名军官从原位移到另一边的桌脚。这导致炸弹在爆炸时威力更加减弱，希特勒逃过一劫，那名军官则被炸弹炸断了一条腿，后来不治身亡。刺杀活动就因为4个偶然的因素失败了。

12点40分至50分期间，炸弹引爆，将会议室整个摧毁。在爆炸中，三名军官和一位速记员死亡，主要目标希特勒却和其他人一样只受了轻伤。他的裤子被烧焦，耳膜被震破，除此之外没受什么伤害。

与此同时，施陶芬贝格带着副官十万火急地逃出大本营。在路上，他听到了爆炸声，整个大本营立即戒严，道路被封锁。施陶芬贝格的汽车多次被岗哨拦下，但他虚张声势骗过了哨兵，有惊无险地离开了大本营，赶到最近的机场飞回柏林，之后和同谋者们立即开始第二阶段行动——发动军事政变对抗纳粹领导人。

施陶芬贝格并没有亲眼看见希特勒死亡，但他相信炸弹的威力，而且此时箭在弦上不得不发，所以他向密谋集团的成员们一口咬定希特勒已死。于是，大家开始行动，占领了柏林的一些关键地点，逮捕了一些纳粹领导人。

但宣传部长戈培尔在广播中宣布希特勒没有死，随后希特勒本人在广播里发表讲话，密谋集团的政变就失败了。他们很快遭到镇压，施陶芬贝格当晚就被枪决。他临死前的最后一句话是："神圣的德意志万岁！"

关于施陶芬贝格的刺杀行动，人们有不同看法。一种认为，他刺杀国家领导人，发动政变，企图颠覆政府，所以他是坏人、叛徒、卖国贼；另一种说法则认为，因为施陶芬贝格反对的是罪恶，所以他是真正的爱国者。还有一种声音认为，施陶芬贝格不是平民而是军人，军人以服从命令为天职，更不应该发动叛变了。你觉得这些说法有道理吗？

我们且来看看德军名将的做法。古德里安虽然经常批评希特勒的决定，但都是从军事层面批评的，自始至终他对希特勒政权是忠诚的。当然，古德里安最后也逃不过被希特勒免职的命运。

曼施泰因是德军中的优秀将领，也最有威望。施陶
芬贝格等人很想争取曼施泰因，但曼施泰因直截了当地
拒绝背叛希特勒，说"普鲁士的元帅不会哗变"，但他并
没有告发这些人的"谋逆"。曼施泰因的态度其实代表了
很大一批德军军官和高级将领的立场：他们内心里知道
希特勒的荒唐和暴行是没有好下场的，但他们不敢反抗
希特勒，而是以"我是军人，军人就要服从上级的命令"
为借口替自己开脱。最终，曼施泰因因为军事思想与希
特勒不和，被罢免了，退休在家。

那么隆美尔呢？他绝顶聪明，还和美军交过手，怎
么会不知道德国必败？他身边的很多参谋军官也都是抵
抗运动的参与者。因此，隆美尔和抵抗运动有着千丝万
缕的联系，只是没有下定决心直接参加抵抗。他也认为，
在国家危难关头攻击领导人，可能会让德国军队和他本
人背上卖国的历史骂名，也有可能导致德国发生内战，
所以他不同意刺杀希特勒。但他与抵抗分子的联系还是
引起了希特勒的怀疑。希特勒不愿意公开审判和处死隆
美尔这样的名将，以免引起社会动荡。他逼迫隆美尔自
杀，对外说他死于心脏病，还为他举办了隆重的国葬。

今天，大多数人都认为施陶芬贝格是英雄。虽然刺

杀失败了，但正如特雷斯科所说，他们成了德国人良心的代表。施陶芬贝格的壮举在战后的德国家喻户晓，多个城市立有他的纪念碑或以他的名字命名街道与广场。每年7月20日，联邦德国政府都会举行纪念活动，联邦国防军军人会郑重宣誓，纪念施陶芬贝格。军人，虽然以服从命令为天职，但服从正义，比服从命令更重要。

52

自由的起点：去殖民化浪潮

我们的世界历史之旅已经接近尾声，回过头看，近代史上的很多故事都与西方列强的扩张和殖民密切相关。在这个过程当中，亚洲、非洲和拉丁美洲人民受尽了屈辱。那么，亚非拉人民是怎样摆脱殖民统治，建立自己的国家的呢？

要回答这个问题。还是要回到咱们讲过很多次的第二次世界大战。

第二次世界大战把全世界的旧有秩序都打乱了。英国、法国、意大利、西班牙等近代的传统老牌帝国主义国家，在二战之后都丧失了霸权地位。取代它们的是两个新兴超级大国：美国和苏联。这两个超级大国对待亚非拉地区殖民地的态度和过去的帝国也都不一样。苏联是社会主义国家，反对帝国主义是它一直以来的主张，苏联经常为亚非拉人民提供支持，帮助他们反抗殖民者；而美国对殖民事业不是很感兴趣，它不打算像老牌帝国那样建立"日不落帝国"，更关心的是怎么和苏联对抗。

换句话说，旧的霸主没落了，新的超级大国要么支持亚非拉解放，要么也不反对。所以，二战之后的国际环境对亚非拉的独立运动很有利，全世界范围内也掀起了一股去殖民化的浪潮。这股浪潮对我们今天的世界有着深刻的影响。

在整个去殖民化浪潮当中，最激烈的一次斗争可能要数1954年到1962年的阿尔及利亚民族解放战争。之前在介绍法国七月革命的时候，我曾经提到过，1830年法国国王查理十世派远征军侵占了北非的阿尔及利亚，从那以后，这个国家就成了法国的殖民地。尽管在二战期间，法国曾经承诺要授予阿尔及利亚自治权，但是战争结束之后，法国就反悔了。阿尔及利亚人民当然不会同意。于是，1954年冬天，阿尔及利亚人开始了反抗殖民统治的武装斗争，他们组建了"阿尔及利亚民族解放阵线"，与法国人打起了游击战。

当时的法国刚刚摆脱纳粹的统治不久，处于法兰西第四共和国时期。在镇压阿尔及利亚独立运动的过程中，法国一共投入了50万军队。这场残酷的战争持续了整整8年，造成了许多灾难和悲剧。法国著名作家阿尔贝·加缪就是在阿尔及利亚出生的。他曾经说："阿尔及利亚是一个美妙的国家，无与伦比的泉水给它带来鲜花与光明，人们却在这里受苦……"

法兰西第四共和国虽然投入了大量兵力，却迟迟不能平息阿尔及利亚起义，最后共和国更因此而垮台。阿尔及利亚获得自由已经是大势所趋，但是仍然有一些特别顽固、极端的法国人要与历史趋势作对。就在法国政府准备向"阿尔及利亚民族解放阵线"让步、给予阿尔及利亚自由的时候，这些极端分子居然发动了武装反叛，对抗法国政府，企图保住白人在阿尔及利亚的殖民统治。

著名的法国政治家、曾经在二战期间领导法国人抵抗纳粹的戴高乐将军坚决主张给阿尔及利亚自由，结果竟因此多次遭遇极端分子的刺杀。幸好这些暗杀行动都没有得手。

1962年，阿尔及利亚举行全民公决，"阿尔及利亚独立"这个选项获得了绝对多数票。阿尔及利亚的自由已成定局。这一下，将近90万法国殖民者只能乖乖回到了自己的老家法国了。值得一提的是，戴高乐将军在1958年主导建立了新的法兰西第五共和国，也就是今天的法国。

这是阿尔及利亚赢得自由的故事。差不多同一时间，非洲东部的肯尼亚也发生了反对英国殖民统治的起义。

英国对东非的殖民从19世纪90年代就开始了。在东非，英国人从当地人手中夺走了肥沃的土地，然后授予白人定居者。当地土著居民遭到了十分残酷的剥削和压迫，用繁重的劳动换取微薄的薪水。这样的局面一直到二战结束都没有改善。

1952年，出现了一个叫作"茅茅"的东非秘密社团。他们攻击白人的农场，屠杀白人定居者以及与殖民者合作的非洲人。为了镇压"茅茅"，英国人设立了许多集中营，把所有他们怀疑是"茅茅"成员的非洲人都关在集中营里，这些可怜的囚犯加起来有数十万人。英国人对他们进行了非常残酷的虐待，犯下了大量的罪行。

英国人残酷镇压"茅茅"起义，到了1956年，已经基本上把起义镇压下去。但是，很多涉嫌参与起义的人还被关在集中营里，又受了好几年的折磨。这些囚犯当中，有一位是肯尼亚学者和政治活动家肯雅塔。英国人指控他是茅茅起义的领导人，判处他7年徒刑。

虽然"茅茅"运动陷入了低谷，肯尼亚人民争取自由解放的努力一刻也没有停止，英国殖民政府面临着巨大的压力。到了1963年，肯尼亚终于举行公开选举，不出大家所料，肯尼亚人自己的政党赢得了多数席位。1964年，肯尼亚成为独立的共和国，肯雅塔就是新共和国的第一任总统。他在一次演讲中说："上帝说这是我们的土地，我们的民族要在这片土地上繁荣昌盛……"

2013年，英国政府同意向"茅茅"起义期间遭受折磨的幸存者支付数百万英镑的赔偿金。

这是东非国家肯尼亚赢得自由的故事。我们再来看看南非。从表面上看，南非早在1910年就获得独立了，并且根据1931年英国通过的《威斯敏斯特法令》，南非已经获得完全的自由，不再受英国立法机关的监管。值得一提的是，加拿大、澳大利亚和新西兰也是根据《威斯敏斯特法令》获得独立的。

但是，独立的南非并没有真正赢得自由。在很长一段时间里面，南非的第一大政党南非国民党都被阿非利卡人控制。阿非利卡人是白人，是荷兰殖民者的后代。从1948年开始，在阿非利卡人的操纵下，南非通过了一系列种族主义立法，设立了种族隔离制度。白人之外的南非公民的权利遭到了严重侵犯。南非的各种公共场所都实施种族隔离，特定区域只有白人能进去；跨种族的婚姻也被禁止；很多人都被迫离开家，因为他们必须住到种族隔离的居民区里面去。

为了反对这种不合理的种族隔离制度，南非人民经历了漫长而艰辛的斗争。在这个过程中出现了一位非常有名的英雄，纳尔逊·曼德拉。曼德拉出身于名门世家，是一位律师和政治活动家。从40年代起，他就加入了反对种族隔离制度的党派，为这项事业不停奔走，而这一点当然惹恼了当时南非的白人政府。

1956年12月，曼德拉和其他几十位反种族隔离活动家一起被捕，他们被指控犯有叛国罪。法院的庭审持续了四年多，直到1961年3月才最终判决曼德拉和其他被告无罪。

曼德拉

但是，曼德拉的苦难还没有结束。1962年他又被抓了起来。这一次给他安的罪名是蓄意破坏，法院判处他终身监禁。在法庭上，曼德拉说："我憎恨任何形式的种族歧视。我毕生与它斗争……会斗争到我的最后一息。"

曼德拉在监狱里待了整整27年，直到1990年才获得自由。随后四年里，南非政府面临着巨大的国际压力，1994年种族隔离制度终于被废除。漫长的斗争总算结束了，饱受苦难的南非人民迎来了新的时代。

殖民主义的时代落幕了，很多弱小的民族摆脱了殖民统治，获得了政治独立。但是，在今天的世界，种族歧视仍然很严重；贫富差距仍然很大。虽然人类已经取得了很大的进步，但是要想让所有人都能安居乐业，还需要我们每一个人的努力。

胭砚计划（按出版时间顺序）：

《给年轻读者的日本亚文化论》，［日］宇野常宽著，刘凯译

《皮扎尼克：最后的天真》，［阿根廷］塞萨尔·艾拉著，汪天艾、李佳钟译

《科塔萨尔：我们共同的国度》，［乌拉圭］克里斯蒂娜·佩里·罗西著，黄韵颐译

《巴罗哈：命运岔口的抉择》，［西］爱德华多·门多萨著，卜珊译

《少年世界史·近代》，陆大鹏著

《少年世界史·古代》，陆大鹏著

《男孩的心与身 —— 13 岁之前你要知道的事情》，［日］山形照惠著，张传宇译

《噢，孩子们 —— 千禧一代家庭史》，王洪喆主编

《同盟的真相：美国如何秘密统治日本》，［日］矢部宏治著，沙青青译

《回放》，叶三著

《大欢喜：论语章句评唱》，李永晶著

《多情的不安》，［智利］特蕾莎·威尔姆斯·蒙特著，李佳钟译

《在大理石的沉默中》，［智利］特蕾莎·威尔姆斯·蒙特著，李佳钟译

《〈李白〉及其他诗歌》，［墨］何塞·胡安·塔布拉达著，张礼骏译

《珠唾集》，［西］拉蒙·戈麦斯·德拉·塞尔纳著，范晔译

《雪岭逐鹿：爱尔兰传奇》，邱方哲著

《青春燃烧：日本动漫与战后左翼运动》，徐靖著

《自我的幻觉术》，汪天艾著

《阿尔塔索尔》，［智利］比森特·维多夫罗著，李佳钟译

《海东五百年：朝鲜王朝（1392—1910）兴衰史》，丁晨楠著

《昭和风，平成雨：当代日本的过去与现在》，沙青青著

《送你一颗子弹》，刘瑜著

《平成史讲义》，［日］吉见俊哉编著，奚伶译

《平成史》，［日］保阪正康著，黄立俊译

《看得见的与看不见的》，［法］弗雷德里克·巴斯夏著，于海燕译

《群山自黄金》，［阿根廷］莱奥波尔多·卢贡内斯著，张礼骏译

《诗人的迟缓》，范晔著

《亲爱的老爱尔兰》，邱方哲著

《故事新编》，刘以鬯著

《国家根本与皇帝世仆 —— 清代旗人的法律地位》，鹿智钧著

胭+砚
project

图书在版编目（CIP）数据

少年世界史.近代 / 陆大鹏著. -- 桂林：漓江出
版社, 2023.3
ISBN 978-7-5407-9384-5

Ⅰ.①少… Ⅱ.①陆… Ⅲ.①世界史－近代史－少年
读物 Ⅳ.①K109

中国国家版本馆CIP数据核字(2023)第042455号

少年世界史·近代
SHAONIAN SHIJIESHI · JINDAI

作　　者	陆大鹏
出 版 人	刘迪才
品牌监制	彭毅文
责任编辑	彭毅文
特约编辑	张伊
助理编辑	张心宇
插画绘制	张兴
排版设计	七月合作社
责任校对	张英杰
责任监印	陈娅妮
出　　版	漓江出版社有限公司
社　　址	广西桂林市南环路22号
邮　　编	541002
微信公众号	lijiangpress
发　　行	北京联合天畅文化传播有限公司
发行电话	010-64258472
印　　制	北京盛通印刷股份有限公司
开　　本	787 mm×1092 mm　1 / 32
印　　张	16
字　　数	246 千字
版　　次	2023 年 7 月第 1 版
印　　次	2023 年 7 月第 1 次印刷
书　　号	ISBN 978-7-5407-9384-5
定　　价	68.00 元